働く人のキャリアの停滞
―伸び悩みから飛躍へのステップ―

山本　寛［編著］

創 成 社

まえがき

　近年，書店に行くと，「キャリア」と名のつく本が，ビジネス書や就活対策本のコーナーなどを中心に，数多くみられる。それらの書籍の多くでは，キャリアは，「キャリアアップ」とか「キャリア発達」という観点でとらえられている。その上で，キャリアアップのためにした方がよいことや，してはいけないことなどについて詳しく書かれている。そうした中，以下のような疑問を持つのは編者だけだろうか。

1　キャリアの「アップ」や「発達」といわれるが，多くの働く人々のキャリアは本当に「アップ」したり，「発達」し続けているのだろうか？
2　実際は紆余曲折があり，継続的に発達し続けている（例　キャリア・アップ）とはいえないのではないか？
3　むしろ長期間停滞し，伸び悩み，場合によっては下降することもあるというのが実態ではないだろうか？

編者自身のこれまでのキャリアを振り返っても，正直な所，山あり谷ありであり，バブル経済花盛りの頃想定された株価や土地の価格のように，ずっと右肩上がりなどということは決してなかった。そして，皆さんの周りには以下のような人はいないだろうか。

　「もう，自分でもよう分からんところなんです。とりあえず今の仕事をキープするのをどうすればいいか，っていうことしか今考えていないんです。」（o氏，43歳，男性技術者：第8章）

　「師長さん，私，燃え尽きました。疲れてもう仕事を続けられません。看護の仕事も辞めたいです。」（集中治療室で働く30代前半の看護師Bさん：第7章）

　「…仮にあたしが男性でも，自分のキャリアって，大体こう，<u>入社5年目くらいになってくるとわかってきちゃうじゃない…</u>」（C氏，27歳で自発的に離職：

第4章）

「…「飛んでくるボールが恐い」「打ち方が分からない」「自分のテニスが分からない」という最悪な状態になり，負け続けた結果，テニスを4歳で始めて以来，初めて辞めたいと思った時でもありました…」（元プロテニス選手杉山愛氏：第9章）

以上は，本書に掲載された働く人へのインタビュー記録のほんの一部である。

このように，働く人や学生の皆さんが自分のキャリアを考えていくときには，むしろそれを停滞や伸び悩み（マイナス）の面から考えていった方がより実態に近いのではないだろうか。少子高齢化が進行し，経済成長率の低い状態が続き，衰退国家といわれているわが国で，多くの人のキャリアがずっと発達し続けるなどといったことはそもそも現実的ではないのかもしれない。

それでは，もう少し具体的にキャリアの停滞の問題を考えてみよう。企業で働く人々のキャリアやキャリア・アップというと，まずは管理職への昇進が頭に浮かぶ人も多いだろう。昇進をキャリア・アップというイメージでとらえない人の方が少ないかもしれない。しかし，昇進したいかどうかは別として，近年社員の昇進が全体的として停滞している企業が多くみられる。つまり，課長や部長に昇進する年齢が遅れてきているということだ。その原因として，管理職の階層（例えば課長）をなくすという「フラット化」が進んでいることや，前後の世代より人口が多い第二次ベビーブーム世代が管理職への昇進の時期にさしかかっていることなどが原因といわれている。これらは社会や企業全体の構造的な問題であり，働く人一人ひとりの努力で簡単に変えられるような問題ではない。

他方，働く人の職場の現状を見てみよう。筆者は仕事柄ビジネス・パーソン，中でも人事や教育に携わっている方々と話すことが多い。その中で，最近多くの人々の口から聞かれるのが，モチベーションの低下や成長実感のなさを訴える社員が自社で増えているという声だ。一言でいうと，「仕事で燃えることが少なくなってきた」ということだ。確かに，さまざまなアンケート調査の結果をみても，「目の前の仕事に忙殺される」，「忙しいだけで，仕事に喜びを見出

せない」,「さらなる仕事を考える時間がない」という人々が増えている。これらの背景としては,採用抑制が長く続いたことによる人手不足や,高学歴化,仕事の専門化が進行し,やりがいや自己実現を重視し,仕事内容にこだわる人々が増加しているということがあるだろう。また,就職が厳しかった時期が長く続いたため,多くの学生が就職活動の一環として「自己分析」を集中的に行い,自分の適性に合った仕事ややりがいのある仕事を求める人が多くなってきたことも関係しているだろう。これらも広い意味でキャリアの停滞や伸び悩みといえる。

このように,キャリアの停滞は,現代社会で多くの人々が陥っていると考えられる重要な問題である。編者が調べたところ,キャリアの停滞を示す「キャリア・プラトー現象」について,これまで多くの論文やレポートが外国で発表され,キャリアに関する代表的な辞典といえる "Encyclopedia of career development" にも,同現象について6頁にわたり詳細に記述されている。また,あくまでも編者の肌感覚ではあるが,依頼されるキャリア関連の講演のテーマの中でも,近年特にキャリアの停滞に関するものが多い。すなわち,この問題についての人々の潜在的な関心は高いのではないかと感じてきた。

他方,キャリアの停滞や伸び悩みに関して書籍としてまとまって出版されたものは,30年近く前(1988年)の『「仕事に燃えなくなったとき」どうするか』(バードウィック(Bardwick, J. M.))以外,わが国はもとより諸外国でもほとんど見当たらないのが現状である(この本は現在絶版)。また,現代における労働や雇用の現状を反映しているという点では,編者が2000年に刊行した『昇進の研究―キャリア・プラトー現象の観点から―』(創成社刊)がある。この本は現在までに5版(増補改訂版)を重ねており,一定数の方々にはこの問題について知ってもらっているのではないかと考えている。しかし,同書は専門書であり,一般の方々向けの書籍ではない。そこで,現代における働く人々のキャリアの停滞に関して現状でわかっていること,わかっていないことを,一般の方々向けに書籍にまとめて世に問うことには意義があると考えた。

このような動機から,編者は,キャリアの停滞や伸び悩みの問題を,学会や組織現場で高く評価され,第一線で活躍されている方々に,それぞれの切り口

で一般の方向けに執筆してもらうよう依頼した。その結果，研究に向けたエネルギーに満ちあふれている若手の方から，中堅の実力者，さらには斯界でも有名な先生まで，多くの方々に集まって頂いた。キャリアの停滞の問題に関するわが国の専門家のほとんどが揃っているのではないかと考えている。

　本書はこのような働く人のキャリアが停滞している現状にメスを入れていく。それと同時に，停滞の現状にはどのような個人差があるのか，また，キャリアの停滞は働く人にどのような影響をおよぼすのかについても論じていく。加えて，社員のキャリアの停滞に対して企業などの組織はどのような対応をしているのか，またそもそもそうした対応が可能なのかどうかを論じていく。以下に，簡単に本書の構成について触れておこう。

　第1部では，働く人のキャリアの停滞とはそもそもどのようなものかについていろいろな角度から論じる。キャリアの停滞には多様な意味合いがあるからだ。第1章では，働く人の多くがキャリアとして重視する昇進や仕事の挑戦性（やりがい）の停滞を取り上げる。第2章では，昇進できないことではなく，仕事の中身が組織にとって今より重要なポジションに移動できないというキャリアの停滞を，金融機関を題材に論じる。さらに，第3章，第4章では，若者のキャリアの停滞について論じる。キャリアの停滞は，社会人になって10年目くらいまでの若者にも十分あり得る問題だからだ。第3章では，自分のキャリアが定まっていないにもかかわらず，キャリアへの関心が低いという若者特有のキャリアの停滞について論じる。第4章では，若者の多くが感じる将来に関する不透明感と，その中で感じる希望の2つによって若者のキャリアの停滞を論じる。

　第2部では，企業で働く人々のキャリアの停滞に焦点を絞り，それを，組織のマネジメントやモチベーションとの関係から論じる。両方とも，企業に勤める社員のキャリアの停滞と切っても切れない関係があるからだ。第5章では，一般にキャリアの停滞がみられやすいと考えられる中年期の社員の停滞がモチベーションにどのように影響するのかを論じる。第6章では，前述したフラット化に代表される組織の構造の変化とキャリアの停滞との関係を論じる。

　第3部では，第1部，第2部と異なり，専門職やスポーツ選手のキャリアの

停滞について論じる。キャリアの停滞は，ありとあらゆる場面の働く人に重要な問題であると同時に，職種や職業によって共通する点と異なる点があるからだ。第7章では，少子高齢化に伴い，その重要性がますます高まっている看護職に特有のキャリアの停滞を取り上げる。第8章では，天然資源の乏しいわが国でこれまでの高い経済成長を支え，今後もイノベーション（技術革新）の担い手として期待される技術者に特有のキャリアの停滞を論じる。第9章では，一般の働く人と比べ，早い時期での引退，そして引退後のセカンドキャリアを考えていかねばならないスポーツ選手におけるキャリアの停滞について論じる。

最後の終章では，キャリアの停滞について，結局何がわかって何がわかっていないのかについてまとめ，わが国を中心とする現代社会で生きていく人々にとっての処方箋と各章に共通する今後の課題を示す。

このように，本書は現代人のキャリアの停滞について，さまざまな職業や年齢層の実態を取り上げている。そのため，読者の皆さんに関係がありそうな章，興味を持った章から読んでもらって構わない。さらに，多くの章で実際にキャリアの停滞状態にある人や抜け出した人の生の声や事例が取り上げられており，具体的にイメージしやすくなっているのではないかと思っている。

本書は，現在働いている人々，就職活動をしている学生の皆さん，さらには，再就職を考えている主婦の方々など，働くことにかかわっているすべての人に読んでもらいたいと思っている。なぜなら自分のキャリアというのは，普段は考えなくても，就職，転職，再就職，リストラ，会社の倒産，昇進，配置転換などキャリアのさまざまな節目で考え，決断しなくてはならない問題だからだ。そして，法律などにより多くの人々の雇用期間が延長し，これらのことを考えなければならない期間は人生において確実に長くなっている。これまでは55歳，そして60歳までであった職業人生が，65歳さらには70歳へと延びようとしている。キャリアの問題は人の一生の問題といって過言ではないのだ。また，本書はキャリア・カウンセラーなど何らかの形で他人からキャリアについての相談に乗る必要がある人にも読んでもらいたい。さらに，課長など管理職や管理的立場にいる人々である。現代の管理職は，優秀な若手社員が転職してしまうという多くの企業が抱えている問題を背景に，彼らと直接接し，悩みを

聞かなければならないという重要な立場にあるからだ。

　本書の刊行にあたり，創成社代表取締役社長の塚田尚寛氏および出版部の西田徹氏には大変お世話になった。厚くお礼を申し上げたい。その他名前を挙げるのは差し控えるが，研究の途上では多くの方々にご支援を賜った。これらの方々にも衷心よりお礼を申し上げたい。

2016年2月

執筆者を代表して
編者　山本　寛

目　次

まえがき

第1章　昇進と仕事におけるキャリアの停滞 ―――― 1
第1節　停滞とは，キャリアの停滞とは何か ……………………………1
第2節　昇進におけるキャリアの停滞とは何か …………………………4
第3節　昇進におけるキャリアの停滞―要因，影響と組織・社員の取り組み…11
第4節　仕事におけるキャリアの停滞とは何か …………………………18
第5節　仕事におけるキャリアの停滞―要因，影響と組織・社員の取り組み…20
第6節　ダブルプラトーとは何か―昇進と仕事両方の停滞 ……………24

第2章　キャリアにおける中心方向への移動の停滞 ―――― 27
第1節　はじめに …………………………………………………………27
第2節　中心方向への移動とは何か ………………………………………27
第3節　中心方向への移動の例 ……………………………………………38
第4節　中心方向への移動の停滞とは何か ………………………………41
第5節　中心方向への移動の停滞の例 ……………………………………42
第6節　中心方向への移動の停滞による問題点とその克服 ……………46
第7節　おわりに …………………………………………………………48

第3章　キャリア・ドリフトという停滞 ―――― 52
第1節　はじめに …………………………………………………………52
第2節　キャリア・ドリフトとは何か ……………………………………56
第3節　キャリア・ドリフトを引き起こすもの …………………………60
第4節　キャリア・ドリフトをもたらすもの ……………………………65

第5節　おわりに ……………………………………………………… 69

第4章　霧の中の希望とキャリアの停滞 ―― 75
　　第1節　未来を知りたいか，知りたくないか ……………………… 75
　　第2節　キャリアの霧と希望 ………………………………………… 76
　　第3節　語りの「枠組み」か，人生の「本質」か ……………………… 84
　　第4節　認知バイアスと心理的免疫機構 …………………………… 95
　　第5節　おわりに ……………………………………………………… 100

第5章　中年期のキャリアの停滞と仕事の動機づけ ―― 104
　　第1節　ライフステージの中での中年期 …………………………… 104
　　第2節　キャリア停滞（プラトー化）が仕事の動機づけの
　　　　　　低下に及ぼす影響 …………………………………………… 106
　　第3節　キャリア停滞（プラトー化）が仕事の動機づけ
　　　　　　低下に及ぼす影響の個人差 ………………………………… 111
　　第4節　キャリア停滞からの復活 …………………………………… 117
　　第5節　新たなキャリアステージに向けて ………………………… 123

第6章　組織フラット化との関係にみる
　　　　　新たなキャリア・プラトー現象の考え方 ―― 133
　　第1節　はじめに ……………………………………………………… 133
　　第2節　日本におけるキャリア意識 ………………………………… 135
　　第3節　先行研究にみる組織フラット化とキャリア概念の関係 … 140
　　第4節　キャリア・プラトー現象は昇進だけの問題ではない …… 145
　　第5節　フラット化した組織での新たなキャリア ………………… 150

第7章　看護職のキャリアの停滞 ―― 157
　　第1節　看護職の資格と教育制度 …………………………………… 157
　　第2節　看護職のキャリア形成 ……………………………………… 159

第 3 節　先行研究にみる看護職者におけるキャリアの停滞 …………… 164
第 4 節　事例にみる中堅看護職者のキャリアの停滞 …………………… 169

第 8 章　技術者のキャリアの停滞 ──────── 178
第 1 節　はじめに ………………………………………………………… 178
第 2 節　技術者の技術的能力の限界 ……………………………………… 179
第 3 節　アンケートデータから見た能力限界感と年齢の関係 ………… 182
第 4 節　能力限界感の形成メカニズムの検討 …………………………… 186
第 5 節　まとめと実践的提言 ……………………………………………… 199

第 9 章　スポーツ選手のキャリアの停滞 ──────── 204
第 1 節　スポーツ選手に関するキャリアの諸問題 ……………………… 204
第 2 節　スポーツ選手のキャリア発達段階モデル ……………………… 209
第 3 節　スポーツ選手のキャリアとストレスのメカニズム …………… 212
第 4 節　スポーツ選手へのキャリア支援の統合モデル ………………… 218
第 5 節　スポーツ選手のキャリア停滞問題と今後の課題 ……………… 224
第 6 節　事例によるキャリアの停滞とキャリア・トランジション …… 229

終　章　働く人のキャリアの停滞について
何がわかってきたか ──────── 238
第 1 節　キャリアの停滞やそれに対する対策としてわかってきたこと … 238
第 2 節　今後の課題 ……………………………………………………… 247
第 3 節　結　語 …………………………………………………………… 253

事項索引　255
人名索引　258

《著者紹介》（執筆順）

山本　寛（やまもと・ひろし）担当：編集，まえがき，第1章，終章
　青山学院大学経営学部・大学院経営学研究科教授

石毛昭範（いしげ・あきのり）担当：第2章
　拓殖大学商学部教授

鈴木竜太（すずき・りゅうた）担当：第3章
　神戸大学大学院経営学研究科教授

加藤一郎（かとう・いちろう）担当：第4章
　釧路公立大学経済学部教授

今城志保（いましろ・しほ）担当：第5章
　リクルートマネジメントソリューションズ
　組織行動研究所主任研究員

櫻田涼子（さくらだ・りょうこ）担当：第6章
　甲南大学経営学部准教授

松下由美子（まつした・ゆみこ）担当：第7章
　佐久大学看護学部・看護学研究科教授

古田克利（ふるた・かつとし）担当：第8章
　関西外国語大学英語キャリア学部専任講師

水野基樹（みずの・もとき）担当：第9章
　順天堂大学スポーツ健康科学部准教授

第1章
昇進と仕事におけるキャリアの停滞

　本章では，働く人のキャリアの停滞（プラトー化）の全体像を示す。特に，これまで主な対象と考えられてきた昇進と仕事における停滞について，その原因，影響や企業など組織の取り組みについて述べていく。そして最後に，昇進と仕事の両方の停滞を意味するダブルプラトーについて論じる。

第1節　停滞とは，キャリアの停滞とは何か

1－1　停滞（プラトー化）とは何か

　キャリアの停滞について論じる前に，これ以降の各章でとりあげられ，停滞を意味するプラトー化について触れておきたい。
　もともとプラトー（plateau）とは，直訳すると「高原状態」を指す。高原と呼ばれる地形は，インドのデカン高原も日本の乗鞍高原もいずれも標高が海抜数百～数千メートルあり，到達するまでは上に登る必要がある。しかし，到達してしまうと平坦な形状が続き，台形型をしている。このことから，plateauは「停滞」と意訳されるようになった。プラトーと類似している状態に，勉強やスポーツなどでよく使われるスランプ（状態）がある。一般にスランプという場合，勉強やスポーツなどで通常は高いレベルの能力を持ち，パフォーマンスを発揮する人が持っている能力を発揮できなくなり，パフォーマンスのレベルが低下する状態を示す。つまり，両方ともある一定レベルまで到達していることは似ているが，プラトーがそれ以上向上せず横ばいになっている状態を示すのに対し，スランプではレベルが低下（下降）しているという点が異なる。また，スランプは，一時的な状態を示すことが多い。

このような意味合いを持つプラトー（状態），さらにその状態に陥るまたは陥る過程を示すプラトー化は，本書のテーマである働く人のキャリア以外にも多くの分野で使われている。例えば，ダイエット，筋力トレーニングの効果測定や脳卒中などの後遺障害のリハビリによる機能回復の限界などである。

1－2　キャリアの停滞とは何か

それでは，キャリアの停滞（プラトー化）とはどのようなものだろうか。

まずは，図表1－1を見て頂きたい。この図はキャリアのプラトー化を視覚的にわかりやすく説明している。縦軸はキャリアの到達度である。キャリアの発達の程度と言い換えてもよい。キャリアにはさまざまな意味があるが，ここでは，とりあえず働く人が履歴書に記入する勤務歴や転職歴などの「職業経歴」とする。その上でキャリアはさまざまに考えられる。最もわかりやすいのが，昇進というキャリアまたはキャリア上の目標だろう。下から上にいくに従い，係長－課長－部長というように組織の管理職階層を上昇していくからだ。その他，起業というキャリア（目標）がある。「一円起業」という言葉があるくらい，以前より起業自体は容易になったが，資本金の準備，共同経営者の確保，中核となる技術やノウハウの取得など実際の起業までにやらねばならないことは数多くある。それらが現在，どの程度準備できているかを到達度として測ることができる。到達といっても，キャリア目標（部長への昇進や起業など）を明確に決めていなくても構わない。横軸は職業経歴であるキャリアが始まってからの年数である。年齢，働き始めてからの年数や現在の組織での勤続年数などがそれにあたる。

図表1－1において，Aのように現在キャリアが進行中でかなり高い位置まで上がったにも関わらず停滞しているケース，Bのように継続的に発達し続けているケース，Dのようにキャリアの初期からほとんど低空飛行で発達しないケースなどさまざまである。この中で，Bを除くケースがいずれかの時点でキャリアの停滞を示しており，働く人は多かれ少なかれいずれはキャリアが停滞するというイメージを表している。ただし，Dのように一定程度まで到達していないケースは，停滞ではあるが，本来の意味のプラトー化とされない

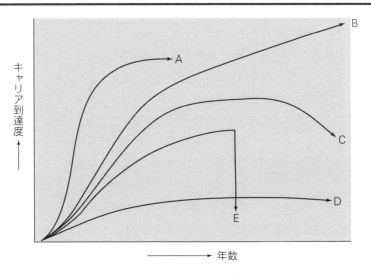

図表1−1 キャリア発達におけるプラトー化

出所：田尾（1999）p.44 より一部修正して引用。

ことが多い。

　また，キャリアのプラトー化は，人生の特定の時期，特に中年期のキャリアの危機として語られることも多い。例えば，40歳代のミドル世代になると，組織内における自分の位置づけ，すなわち自分の能力や，今後どこまで昇進できるかなどがある程度わかってくることが多い。そこで，これ以上昇進できないと判断し，加えて新しい仕事に挑戦したり，そのための能力開発に励むこともできないとなると，キャリア発達が停滞してしまうのである。このようなイメージでとらえられるプラトー化が働く人のキャリアに応用されて，キャリア・プラトー現象と呼ばれるようになった。

　以上，キャリアの停滞を主に語源とイメージからみてきた。次節では，より具体的に，組織における昇進の側面から停滞を検討していこう。

第2節　昇進におけるキャリアの停滞とは何か

2-1　昇進におけるキャリアの停滞とは何か

　キャリア・プラトー現象がいわれるようになってきた当初から，キャリアの対象として昇進にスポットライトが当てられてきた。そもそも昇進とは，課長から部長への昇進など組織内の管理職階層を上昇することを示す。そこで，昇進の面からみたキャリア・プラトー現象を，後述する仕事の面からみたキャリア・プラトー現象（内容プラトー現象）と区別する場合，階層プラトー現象と呼ぶ。

　階層プラトー現象は，「現在の職位以上の昇進の可能性が非常に低いキャリア上の地位」（Ference, Stoner, & Warren, 1977）などととらえられる。ここでは，〇〇課の課長などある特定の職位を対象とし，その職位の在任者はそれより上位の職位への昇進が困難であることを示している。例えば，ある企業では社史編纂室長がその地位にあたるという。営業第一課長から社史編纂室長に異動になると，その後上位の営業部長への昇進は非常に困難になるというケースだ。しかし，個人のキャリアの停滞の面から考えると，職位に注目したとらえ方だけでは不十分だろう。そこで，個人に注目した階層プラトー現象とは，「組織の従業員が組織内の職階において，現在以上の職位に昇進する可能性が将来的に非常に低下する現象」（山本, 2014）ということになる。しかし，プラトーになること（プラトー化）<u>自体</u>にはもともと否定的な側面は含まれていないことに注意してほしい。

2-2　昇進におけるキャリアの停滞のわが国や諸外国での実態

　昇進におけるキャリアの停滞について，概念的に明らかにしてきた。次に，その時代的背景を含めた実態を，日本，アメリカ，中国においてみてみよう（山本, 2014）。わが国で，階層プラトー現象が問題化してきたのは1980年頃からである。その頃は，現在定年年齢を迎えつつある（前後の世代より人口が多い）団塊の世代が管理職昇進年齢へ到達してきた頃である。管理職位を供給，昇進

候補の社員を需要とすると，需要が増大した時期といえる。課長や部長などの管理職位が増えるには，組織が拡大し，課や部などの部署が増える必要がある。しかし，民間企業で組織が拡大する前提として，売り上げや利益につながるような仕事が増える必要がある。すなわち，企業が管理職位を増加させることは，経済や景気の影響も受けるため，常に可能なことではない。

同時に，その頃には社員の高齢化や高学歴化が進行してきた。当時は，勤続年数が長く，年齢が高いことが昇進や給与に有利に働く年功による処遇が支配的だった。そのため，高齢化によって，以前であれば昇進できた社員の昇進が遅れたこともプラトー化につながった。さらに，高学歴化は上位の職位に昇進する（したい）という社員本人や家族の期待を高めることになる。例えば，銀行に入行した多くの行員（およびその家族）にとって支店長になることは目標であり，期待であった。そのため，高齢化同様，期待に添えない場合プラトー化につながる。これらの原因によって多くの企業で管理職位の不足という事態が発生し，階層プラトー現象がみられるようになってきた。

しかし，1980年代のバブル経済期には，組織を拡大，管理職位を増加させるとともに，大卒者などの社員を大量採用した企業が多く，プラトー現象は一時的に沈静化したかにみえた。しかし実態としては，高学歴のホワイトカラー社員と管理職位のアンバランスはずっと継続し，プラトー現象は潜在化していったのである。そして，1990年のバブル経済の崩壊はプラトー現象が広範に進行するきっかけとなった。例えば，長期不況下のリストラの一環として，多くの企業で組織のフラット化が実施された。これは，課長などの管理職階層を廃止するというもので，管理職位の減少にダイレクトにつながる。このように，昇進における供給が絞られていったのである。各種官公庁や研究団体の統計データを総合すると，雇用者全体に占める実際に部下を持っている課長以上の管理職の比率は80年代以降横這いまたは低下傾向をみせている。女性の管理職への登用を加速させようとする企業が増える一方，今後も管理職の比率を高めようと考えている企業は多いとはいえない。そして，団塊の世代の子供世代である団塊ジュニア世代を中心に，同様の理由でプラトー現象がみられている。

さて，階層プラトー現象はわが国だけの問題ではない。キャリア・プラトー

現象研究の母国といえるアメリカでは，すでに1970年代後半から研究が蓄積されてきた。アメリカでは，1960年代後半から，ベトナム戦争や日本の製造業の競争力増大などが影響し，それまで国際的な覇権を誇っていた企業経営に衰退の兆候が見え始めた。そして，脱工業化社会の到来やサービス経済化が進行した60年代後半から70年代にかけての製造業の国際競争力低下が，階層プラトー現象のきっかけといわれている。すなわち，それらを原因とした企業組織の縮小（ダウンサイジング）が管理職増加の歯止めとなり，業種や企業によっては管理職が削減された。また，ベビーブーム世代の存在，女性やマイノリティの昇進競争への参入，親の期待を背景とした大卒者や大学院経営管理修士号（MBA）取得者の比率増大などの高学歴化も，わが国と同様，階層プラトー化を促進した。

　改革開放路線が定着し，経済発展が著しい中国でも，多くの組織で階層プラトー現象が進行している。近年，中国でも高学歴化と労働市場の自由化が進み，能力の高い豊富な労働力が主に農村部から都市部へ供給されてきた。同時に，国内外の企業間競争の激化により，経費節減等のため多くの企業が，経費節減等を目的としてリストラクチャリング（事業の再構築）を実施した。その結果，社員は限られた職位を巡る激しい昇進競争を強いられ，多くの人々が同じ職位に滞留せざるを得なくなった（Ding & Warner, 2001）。結果として，階層プラトー現象が広くみられるようになった。中国の人々は，古来からの儒教的価値観に基づき階層と権威を重視するため，出世意欲が強く，昇進を非常に重視することもこの傾向に拍車をかけている（Wen & Xiao, 2012）。

　このように多くの国々で，高齢化，高学歴化やベビーブーム世代のキャリア中期への突入と，組織のリストラクチャリング，ダウンサイジングやフラット化が重なることで，働く人の多くが昇進の停滞に陥った。ここからわかるように，昇進の停滞は，個人の能力・業績に起因するだけでなく，経済，景気の動向やフラット化等組織のマネジメントなど，多くの要因の影響を受ける可能性がある。すなわち，昇進の停滞を個人だけの問題としてはならないのである。

2－3　昇進におけるキャリアの停滞の分類

　階層プラトー現象は，その内容によっていくつかのタイプに分類される。例えば，組織による社員の昇進可能性の評価と社員の現在の業績による分類が有名である（Ference et al., 1977：図表1－2）。

① 有能なプラトー状態の人々と無能なプラトー状態の人々

　階層プラトー状態にある社員は，満足のいく業績を残しているが昇進の機会がほとんどないと組織からみられている「堅実な人々」と，業績は期待水準以下であり昇進の可能性も低い「無用な人々」とに分けられる。前者は多くの組織で最も人数が多く職務のかなりの部分を担っているが，彼らへの対策はほとんど行われてこなかった。それに対し，後者は少数ではあるが，能力の再開発やリストラの対象として検討されてきた。わが国の組織でも，モチベーションが高く業績もあげながら，管理職位不足のため昇進可能性が低い中高年社員が数多くいるとみられる。昇進可能性の低さからモチベーションや業績がさらに低下する状況，つまり，前者が後者に移行することをいかに防止するかがマネジメント上重要だろう。

図表1－2　社員の階層プラトー化による分類

現在の業績	将来の昇進可能性	
	低	高
高	「堅実な人々」 ＝有能なプラトー状態 ｛組織的プラトー化 　個人的プラトー化	「スター」
低	「無用な人々」 ＝無能なプラトー状態	「学習者（新人）」

出所：Ference et al. (1977) p.603 より一部修正して引用。

② 組織的にプラトー化した人々と個人的にプラトー化した人々

　有能なプラトー状態の人々（「堅実な人々」）は，組織的にプラトー化した人々と個人的にプラトー化した人々とに分類される。これは階層プラトー化の原因の違いによる分類である。前者は，高水準の職務をこなす能力があるにもかかわらず，組織の管理職位不足のためプラトー化した人々である。後者は，空いた職位が存在するにもかかわらず，高水準の職務をこなす能力に欠けるか，その職務を行うことを望んでいないと組織からみられているためプラトー化した人々である。

　組織的プラトー化の原因として，年齢の高さなどが，個人的プラトー化の原因として，マネジメントのスキルや昇進したいという意欲が低いことなどが考えられる。わが国の組織で働く人の仕事を考えると，高度な専門知識を要する一部の専門職を除けば，能力の限界による個人的なプラトー化より管理職位不足という組織の事情による組織的なプラトー化に陥る社員の方が多いだろう。つまり，階層プラトー化には個人差も関係するが，それより組織の側の事情の方が大きくかかわる。

　また，プラトー化していない社員（ノン・プラトー）は，現在は能力以下の業績しかあげていないが，組織によって高い昇進可能性を認められている「学習者（新人）」と，顕著な業績をあげているとともに現在まで昇進し続け組織からも高い昇進可能性を持っているとみられている「スター」とに分けられる。企業に入社したばかりの正社員の新人は，多くが「幹部候補生」と呼ばれるように，学習者のカテゴリーに入るだろう。彼らがその後，能力を向上させ業績をあげてスターに移行するか，プラトー状態に移行するかは，社員本人のキャリア発達の問題であるとともに，上司および組織全体の問題でもある。

③ 客観的なプラトー化と主観的なプラトー化

　プラトー化とは，客観的に明らかにされるものなのか，それとも主観的なものなのだろうか。これは，プラトー化の程度を客観的に測定するか，主観的に測定するかという問題でもある。

　これまで，多くの調査ではプラトー現象を客観的な現象として扱ってきた。

そして，プラトー状態を（現在の職位に就いてから何年経過したかという）現職位在任期間などの客観的指標で測ってきた。なぜなら，わが国のほとんどの組織には定年があり，在籍できる上限の年齢が決まっているためだ。すなわち，ある社員が組織内の同じ職位に一定期間以上長くとどまっていること自体が，昇進競争に敗れたか，将来の昇進可能性が低いことを意味する。多くの外国の調査でも，現職位在任期間が5年から10年以上であることをプラトーとノン・プラトーを判定する基準としている。その基準は，課長や部長などわが国組織の代表的職位における標準的な在任期間から考えても妥当な基準といえそうである（山本，2014）。

　それに対して，プラトー現象の主観的な基準とは，社員自身によるプラトーかノン・プラトーかの判断をいう。つまり，自分の将来の昇進可能性の認識のことである。組織が社員のプラトー化の程度を把握しようとする場合には，本人に尋ねるしかない主観的基準より，現職位在任期間などの客観的基準の方が把握しやすいだろう。しかし他方，主観的プラトー状態は現在の職務や組織に対する本人の意識にかかわるため，モチベーションなどの職務態度や職務業績に直接影響すると考えられる。

　同時に，昇進可能性の認識は現職位在任期間の長短とは無関係な社員の意識として把握できる。例えば，Aさんが営業第一課長から社史編纂室長に異動になったとする。本人は，異動して間もないこともあり，業績をあげれば将来営業部長への昇進の可能性はあると思っているかもしれない。しかし，その会社では社史編纂室長から営業部長など上位の職位に昇進した例が過去一件もない場合，本人は主観的にノン・プラトーだが，客観的にはプラトー化していることになる。逆に，課長に昇進するのが同期入社社員（同じ年に入社した社員）のトップより半年遅れたBさんの場合，本人は主観的にプラトー化したと思うかもしれない。しかし，その会社に敗者復活戦の慣行が根づいている場合，業績をあげれば昇進のチャンスがあり，客観的にはプラトー化していないということもあるだろう。このように，客観的プラトー状態と主観的プラトー状態が異なることは十分考えられる。しかし同時に，両者はまったく異なるのではなく，ある程度関連する。なぜなら，同期入社社員のトップで課長に昇進した

など，現在の所属や職位に関する客観的な状況は本人の主観的な意識に多かれ少なかれ影響するからである。

このように，プラトー現象には客観的な状態と主観的な意識の両方の側面がある。そのため，プラトーかノン・プラトーかを判定する基準も主観的な基準と客観的な基準の両方を考慮する必要がある。その点からいえば，客観的評価と主観的評価が一致していること自体が，プラトー状態の重要な判断基準になり得るだろう。

2－4　昇進におけるキャリアの停滞の過程

階層プラトー現象は徐々に進行する過程である。つまり，それまでプラトー状態になかった社員が1日でプラトー化するということは少ない。例えば，社員のプラトー化は理性的対応段階，抵抗段階，服従段階という3段階の過程を踏んで進行すると仮定されている（Bardwick, 1986）。

まず，同期入社社員より数カ月課長への昇進が遅れたなど，昇進の停滞が始まった頃の理性的対応段階の社員は，これまで以上に仕事に打ち込み仕事量を増やそうとする。上司など周囲の評価を高めたい意識が強くなるためと考えられる。

次に，課長への昇進の遅れが数年に達するなど，停滞状態が長期化した抵抗段階の社員は，現実をありのままにみようとせず依然として将来の昇進に期待を持ち，キャリア発達の限界にはいまだ至っていないと判断する可能性があるという。この段階の社員には能率の低い惰性の長時間労働などがみられる。

最後に，昇進可能性がほとんどなくなったと感じ服従段階に達した社員は，段階的に仕事から離れ，消極的になる。また，将来の目標を設定しなくなり，仕事で新しいことを始めなくなるとともに憂鬱な感覚を経験すると仮定される。上司としては，モチベーションや業績への悪影響が予想される場合，部下のプラトー化を注意深く観察する必要があるだろう。しかし，プラトー化の途中段階で社員をストップさせることは現実にはかなり困難であると考えられる。

第3節　昇進におけるキャリアの停滞
　　　　－要因，影響と組織・社員の取り組み

3－1　昇進におけるキャリアの停滞の要因

　階層プラトー現象は，個人では変えることのできない人口問題や，景気等経済的要因に大きく左右されることは以前触れた（2－2参照）。それでは，その他どのような要因が影響しているだろうか。90年代から2000年代にかけて複数回実施されたわが国の組織および社員調査の結果，明らかにされた要因を，個人的要因と組織に関する要因に分けてみてみよう（山本，2014）。

　個人的要因の第一に挙げられるのは性別であり，女性は男性より主観的にプラトー化する傾向がみられた。外国の調査で性別は主観的プラトー化に影響していないという結果が多かったことと対照的である。わが国では男女雇用機会均等法施行以降かなりの年月が経過したが，管理職に占める女性比率は国際的にみても非常に低い。そのため，女性管理職のモデルが自社ではあまりみられないということが影響してきたと考えられる。少子高齢化が進行しているわが国では，社会的にも女性の管理職への登用が強く求められている。諸外国では，人員構成に性別による偏りが生じないよう，一定の比率を定めて行うクオータ（割り当て）制が普及し，取締役会等経営中枢への女性進出が促進されている。わが国でもこうした制度の導入を検討する必要があろう。

　次に，年齢が高いこと，勤続年数が長いことはプラトー化を促進していた。これは外国での多くの調査結果と同様だった。年齢別に昇進確率を計算すると，課長や部長などの職位ごとにある年齢を越えると確率が低下することは広く認められている（Rosenbaum, 1984）。個々の社員の具体的な成果に基づいて報酬を決めていくという成果主義が広がりつつあるとはいえ，わが国組織の社員の昇進は年齢や勤続年数をある程度考慮して行われていること，また，社員もそれを意識していることが反映していると考えられる。

　さらに，職能資格滞留年数が長いほど，客観的にプラトー化していた。職能資格（制度）とは，職務遂行能力の高さを示す職能資格によって社員の賃金な

どを決めていくという能力主義に基づく制度である。専門知識を要し難易度が高く、組織にとって重要な職務を遂行できると評価されるほど、上位の資格に昇格する。逆に、ある資格での滞留年数が長いということは、職務遂行能力の向上が評価されていないことを意味する。わが国の多くの組織では、職能資格と昇進との緩やかな対応関係が認められており、結果として、職務遂行能力の高さと昇進可能性との対応関係が見出されたといえる。

しかし、学歴、転職経験および部下の人数とは明確な関係がみられなかった。学歴についてこれまでの調査では、高いほどプラトー化、低いほどプラトー化、関係なしに分かれ、統一的な結果はみられなかった。わが国の調査では、学歴が高いほどプラトー化を緩和するという傾向が一部調査でみられたが、全体では差がないという結果が大勢を占めた。また、転職経験については、転職者の増加に伴い、全体として生え抜きと転職経験者のプラトー化の差がみられなくなってきていることが示されたといえる。さらに、管理職の権限の強さを示す部下の人数が少ないことは、多くの外国の調査ではプラトー化を促進していた。しかし、わが国の組織ではそれは必ずしも権限の強さの指標ではなく、プラトー化との関係がみられなかったと考えられる。

以上、個人的要因では、性別および年齢という属性と職能資格滞留年数というキャリア発達に関係した要因のプラトー化への影響が明らかにされた。

組織に関する要因では、管理職比率が高い組織ほど社員が主観的にプラトー化していた。管理職比率の高い、いわゆる頭でっかちな組織では、社員が将来の昇進というキャリアの見通しを考える際、悲観的になることは十分予想される。後述する役職定年制（3－3参照）などの導入によって中堅層の不満を解消していかない限り、この傾向は変わらないと考えられる。しかし、従業員数との関係はみられなかった。大企業では、職位は多いが昇進対象者も多く、中小企業では、職位は少ないが昇進対象者も少ないというトレードオフの関係にある。プラトー現象は大企業でも中小企業でも同様にみられることがわかった。

全体として、管理職比率を除き、組織に関する要因とプラトー化との関係はみられなかった。すなわち、プラトー化は組織を巡る状況要因の違いにかかわらず、多くの組織で普遍的にみられることが示されたといえる。

3-2 昇進におけるキャリアの停滞の影響

　プラトー化は，社員または組織にマイナスの影響を与える可能性があることから，重要な問題と考えられてきた。現状で組織が社員のために用意するキャリアとして経済的報酬が多く高い権力に結びつくものは，管理職（およびその階層を上昇すること）である。また，多くの社員も肩書重視というわが国の一般的な風潮の影響を受け，ある程度までの昇進を組織に期待する。その結果，組織内での将来のキャリア上の見通しを持ちにくいプラトーとノン・プラトーとで，意識・態度や仕事上の行動などが異なってくることは十分考えられる。

　これまでの外国の調査では，プラトー化と仕事，所属組織，キャリア，昇進，生活全般，仕事上のストレスなどの意識・態度や，労働時間，業績，転職などとの関係が検討されてきた。その結果，プラトー化，特に主観的なプラトー化は，現在の仕事全般に対する満足感，組織に対するコミットメントやこれまでのキャリアに対する満足感などを低下させ，転職意思や仕事上のストレスなどを高めることが見出された。昇進の停滞は，想定通り社員の意識などにマイナスの影響を与えることが示されたのである。この傾向は，90年代から2000年代に実施されたわが国の組織従業員に対する調査結果でも同様であり，以上に加え，主観的プラトー化のモチベーションやエリート意識へのマイナスの影響も明らかにされた（山本，2014）。

　しかし，昇進の停滞の社員への影響はすべてマイナスというわけではない。実際，プラトー化は生活全般に対する満足感への影響はみられていない。ここから，プラトー化の影響は仕事上の意識にとどまる可能性も考えられる。人生に行き詰まりを感じ，生き生きとした喜びや興奮を感じなくなる状態をライフ・プラトー現象（Bardwick, 1986）といい，キャリア・プラトー現象が生活や人生全般に広がった現象である。この観点からすると，昇進の停滞がライフ・プラトー現象に結びつきやすいのは，昇進が自分の存在と自尊心の基盤となっているような昇進志向性の高い人々に限られる可能性がある。このように，プラトー化の影響には価値観などの個人差や仕事による違いがあることも考慮する必要があるだろう。

　プラトー化の，昇進したいという欲求，労働時間や職務業績に対する影響は，

プラスの影響，マイナスの影響，影響しないなどさまざまで，統一的な傾向はみられなかった。プラトー化の途中段階では昇進欲求は減退せず，労働時間も減少しないという傾向が反映しているからだろう（2－4参照）。また，プラトーの中には業績が高い人とそうでない人がおり，前者は少なくないことが仮定されているため（2－3参照），プラトー化は必ずしも業績にマイナスに働くわけではない。

　さらに，プラトー化の影響には客観的なプラトー化と主観的なプラトー化による違いがみられた。客観的プラトー化は外部から把握可能なため，組織のマネジメントの観点からプラトー化に対処しようとする場合，重要な指標である。客観的プラトー化は，組織に対するコミットメントや転職意思には主観的プラトー化と同様の傾向を示したが，その他の態度などには影響しない傾向がみられた（山本, 2014）。2つのプラトー化が同様に影響した組織に対するコミットメントや転職意思は，組織に対する直接の評価にかかわり，社員の組織への定着（リテンション）に直結する。そのため，組織はプラトー化のマイナスの影響が及びやすい態度・行動として特に重視する必要がある。加えて，組織は本人の意識に基づく主観的プラトー化の影響も無視することはできない。それを考慮していくには，組織全体で行う社員の意識調査だけでなく，上司が部下と日常的に面談を行うなどきめ細かなコミュニケーションを図る必要がある。そうした施策が，優秀な部下に突然転職されることを防ぐリテンション・マネジメントとして組織に求められる（山本, 2009）。

　他方，プラトー化によるポジティブな影響も考えられる。プラトー化は多くの組織で普遍的にみられることが認識されるようになり，かつてよりは人々に困惑とストレスを与える現象ではなくなってきた。ある意味でプラトー状態とは，立ち止まり，自分のキャリアを振り返るためには良い状態である。また，新しい知識を吸収し，それを自分の専門分野に取り込むための時間が与えられることもある。さらに，組織内での激しい昇進競争が強いるストレスに対処することを避けるため，逆にプラトー化を望む人々もいる。自分のワーク・ライフ・バランスを重視する人々の増加もその傾向を助長している。プラトー化した人々には，心理的に仕事から離れ，仕事以外の領域にコミットする傾向が強

い（2-4参照）。具体的には，家族と過ごす時間，余暇活動，地域のコミュニティ活動などであり，それらによってポジティブな経験を重ねることも報告されている。

3-3 昇進におけるキャリアの停滞に対する組織と社員の取り組み

前述したように，管理職位をやみくもに増加させることは，組織の拡大を伴うため，簡単にできることではない。それでは，社員の昇進の停滞や遅れに対し，組織はどのように対応しようとしているのか，または対応すべきだろうか。マネジメントの一環として考えると，以下のような施策が求められる。

① （社内）専門職制度

管理職に経済的報酬や権力が集中している報酬システムを変更して，それ以外の選択肢を用意する複線型のマネジメントシステムをつくるべきである。それによって，社員の意識の上で，昇進が過度に重要であるという状況が改善されるからだ。その観点から，専門職制度の活性化が望まれる。

専門職制度とは，専門的な知識・技能を持つ社員の専門的能力を評価するため，管理職以外に人事専門課長，法規専門スタッフなど（組織によって異なる呼称の）職位を設け，管理職と同様に処遇しようとする制度である。管理職昇進以外に社員に魅力的な組織内キャリアのコースをつくることで，昇進の停滞の結果生じるマイナスの影響を防止する効果が考えられる。大企業ほど導入率が高い。社内専門職には，管理職位に昇進が不可能な者を処遇することを主な目的とし，組織内での位置づけや仕事の内容が不明確な処遇的専門職と，高度な専門能力を持つ者の活用を主な目的とし，任用する条件や職務内容が明確な本格的専門職がある（高齢・障害・求職者雇用支援機構，1985）。後者を専門職制度の中心とすることが，本来の趣旨すなわち社員の専門能力を組織が正当に評価することになる。しかし，現状は，前者が中心となっている組織が多く見受けられる。これには，わが社で本当に必要な専門性とは何か，またそれをどう評価するかなどが必ずしも明確になっていないことも関係しているだろう。

本格的専門職の構築は簡単ではないが，これまでその動きがまったくなかっ

たわけではない。例えば,「全員専門職」制度という形で管理職も一種の専門職としてとらえ,仕事の専門性,職務遂行のレベルだけで全社員を配置,評価しようとする組織もみられる(佐野・川喜多,1993)。本格的専門職を構築していくには前提として,組織内の仕事の遂行に必要な資格要件を明らかにすることや,給与システムに従事する職務の内容やその価値で賃金を決定する職務給を取り入れる必要性もあろう。これらの改革によって,自社に必要な専門性を明らかにし,他社との差別化を図り,企業間競争に打ち勝つという効果も生まれるだろう。

② 役職定年制度

　社員の昇進が年齢や勤続年数をある程度考慮して行われている現状を考えると,将来の中核人材のプラトー化を防ぐ施策が必要である。その一例として役職定年制度が考えられる。これは,ある一定年齢に達した管理職の役職を解く制度である。在任期間を一定年限(5年,10年等)に制限する任期制の形をとる場合もある。この制度は社員の高齢化や定年の延長によって昇進の停滞が顕著になる中堅層の不満の緩和にもつながる。その他,若手社員登用による組織の活性化,新陳代謝の促進や早期の幹部社員育成などの効果も見込める。

　この制度も大企業で導入率が高く,対象は課長職以上で,役職解任年齢は50歳,55歳等が多くなっている。役職定年後の処遇としては,管理職手当の不支給や基本給の減額など給与の減額が多く,職務内容も専門職的業務や後継者の指導役としての役割を任されることが多い。こうした組織内の技能の伝承という観点は重要であろう。また,年齢という客観的要因で対象が決まるため,対象者の納得性は比較的高いと考えられる。しかし,管理職として貢献してきたプライドを傷つけないよう能力にふさわしい職務を与え処遇することは容易ではない。2-3で触れたように,有能なプラトー状態の人々が,業績を低下させないよう,社員ごとに細心の注意を払いながら,対応していく必要があろう。

③ メンタリング

　メンタリングとは,知識や経験の豊かな人々(メンター)がそれらの未熟な

人々（メンティー）に対し，組織内でのキャリア発達を促進するための助言など支援活動を一定期間継続して行うことである。女性管理職のモデルが必ずしも多くないという現状を考えると，有能な女性管理職がメンターになった場合，メンティーである女性社員にとって，将来のキャリア・モデルとなり得るだろう。実際，メンタリングをかなり受けた人の平均昇進・昇格回数は，ほとんど受けなかった人の約二倍であった（山口，1993）など，有効なメンタリングは将来の昇進に好影響を与える可能性がある。女性が主観的にプラトー化している傾向（3－1参照）などを考えると，特に女性のプラトー化への対策の1つと考えられる。メンタリングは，プラトー化の仕事に対する満足感へのマイナスの影響および転職意思へのプラスの影響を緩和したという調査結果もみられる（Salami, 2010）。

④　社員自身の取り組み

　昇進基準の策定，昇進者の選抜などは組織のマネジメントとして行われるため，一人ひとりの社員が直接関与することは難しい。この限界を踏まえて，日常の仕事の中で自分の昇進可能性を高めるための社員の取り組みを，個人のキャリア目標達成のための行動を意味するキャリア戦略の観点から考えてみたい。
　まず，上司の評価が昇進に大きく影響するという観点から，上司により大きな責任を引き受けたいとアピールする，自分のこれまでの業績，将来の希望や目標を上司に気づかせるなどの自己推薦が有効であろう。また，社内に人的なネットワークをつくり，昇進に有用な情報やサポートを獲得するというネットワークの構築も重要である。ネットワークというと社外が重視され，社内のネットワークは意外に軽視されがちであるが，昇進には当然社内ネットワークの方が重要である。さらに，転職がある。自分のこれまでの業績やそれに対する評価などから，自社での昇進が困難な場合，転職によって昇進を勝ち取るという戦略もあり得る。限定的であるが，こうした戦略の実行は自分の昇進可能性を高めるだろう。

第4節　仕事におけるキャリアの停滞とは何か

4-1　仕事におけるキャリアの停滞に関連した職場の現状

　これまで述べてきた昇進の停滞だけでなく，職場においてモチベーションの低下や成長実感のなさを訴える人々は多い。具体的には，目の前の仕事に忙殺される，忙しいだけで仕事に喜びを見出せない，さらなる仕事を考える時間がないなどの仕事に関する状況である。

　例えば，多くの中堅社員は，すぐに仕事を覚え，早くから職場の中心となることを求められる。他方，業務量が年々増加していく中で，同僚も後輩も少ない中，若手社員が担当してきた雑務も担当し続けなければならない。また，多くの管理職は，プレイングマネジャーとして，部下と同様の職務をこなしながら，同時に部下を育成しなければならない。そして，これらの問題の解決は一朝一夕には難しい。なぜなら，長年続いてきた採用抑制による人手不足や前述した成果主義の浸透が影響しているからだ。

　また，働く人の側の意識の変化も大きい。すなわち，高学歴化や仕事の専門化が進み，やりがいや自己実現を重視し，仕事内容にこだわる人が増えている。特に，若い社員の自分の担当する仕事に対する目が厳しくなっている。例えば，厳しい時期が長く続いてきた就職活動で多くの学生が行ってきた自己分析の結果，入社後自分の仕事に求める質的水準が高まってきた。そのため，入社後担当した仕事の水準とのミスマッチを感じることも多くなってきたのである。就職前に抱いていた期待と入社後の現実の落差を意味するリアリティショックの大きさといってもよい。こうした状況が長く続けば，多くの若い社員が，仕事における成長実感を持てず，停滞感につながっても不思議ではない。このように，現代の職場では，多くの人々が仕事に停滞感を持つようになるのはやむを得ないといえるかもしれない。

4-2　仕事におけるキャリアの停滞とは何か

　以上述べてきた仕事における停滞のうち，特に長期間同じ職務を担当しその

職務をマスターしてしまうことなどから，新たな挑戦や学ぶべきことが欠けている状態が注目され，内容プラトー現象と呼ばれている（Bardwick, 1986）。これは，職務の挑戦性の停滞によるキャリア発達の停滞を示し，仕事のルーティン化とも呼ばれる。仕事上の責任が与えられない，または組織にとって重要な仕事を任されないという状況も示す。内容プラトー現象は昇進などに関わらず，より広く職務遂行における単調感を反映するため，モチベーションと関係が深い。また，部署の異動（配置転換）による職務変更の停滞などの影響を受けるため，どのような社員にも起こり得る。しかし，その解消につながる配置転換等による職務の変更の時期や内容については，組織や上司の都合が優先され，本人の意思が必ずしも反映されない。さらに内容プラトー現象の背景には，高度な専門性を必要とする一部の職種を除くと，働く人のほとんどはその担当職務を3年でマスターするという傾向も指摘されている（Bardwick, 1986）。昇進志向の高い人々にとって階層プラトー化の影響が大きいことは前に触れた。それに対し，昇進志向の低い専門職や自営業の人々にとって階層プラトー化は無縁かもしれないが，内容プラトー化に陥る危険性は十分にある。このように，昇進の停滞を示す階層プラトー現象と，職務の挑戦性の停滞を示す内容プラトー現象とは区別して扱う必要があり，最近では，働く人のキャリア・プラトー現象は以上の2つでとらえることが多い。

　2つのプラトー現象の違いをキャリア発達の観点からみてみよう（図表1-3）。社員の組織内でのキャリアは，3つの軸に基づいて発達すると考えられる。第一が（垂直軸に沿った）階層間の移動，すなわち昇進であり，タテのキャリアの発達を示す。第二が（円周軸に沿った）職能間の移動であり，配置転換，つまり製造部と販売部など部署の異動によることが多い。第三が（円の中心と外縁を結ぶ放射軸に沿った）中心性の移動である。社員はこの軸に沿って組織の中心（中枢）と外縁の間を移動するが，昇進や配置転換等を伴う訳ではないので一見するとわかりにくい。外縁から中枢への移動（部内者化）とは，仕事について学習し経験を積み，仕事ができるようになることで周囲から信頼され，責任を引き受けることを意味する。また部内者化によって，組織内での特典や特別な種類の情報・秘密を得て，組織中枢での重要な決定に参加するようになる。

図表1-3　組織内キャリア発達モデル

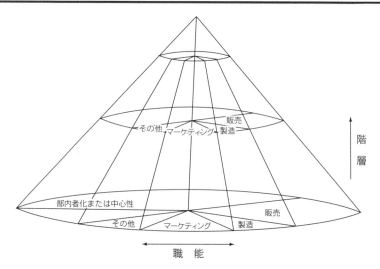

出所：Schein（1978）訳書，p. 41より引用。

階層プラトー現象は，階層間の移動（昇進）の停滞を示す。それに対し，内容プラトー現象には，専門的知識の分野や所属，部署が変わる職能上の移動の停滞と，仕事について学習し経験を積み，仕事ができるようになることで周囲から信頼され責任を引き受けるという中心性の移動の停滞の両方が関わる。つまり，職務が変わらないことだけではなく，より質の高い職務ができないということも関係がある。

第5節　仕事におけるキャリアの停滞
　　　―要因，影響と組織・社員の取り組み

5-1　仕事におけるキャリアの停滞の要因

　内容プラトー現象には，部署の異動などによる職務の変更が停滞することなどが影響すると考えられる。しかし，長期間同じ職務に従事しプラトー化する人もいれば，プラトー化せず求められる任務が高度化し，責任範囲が広がり，

職務の遂行方法が進化する人もいる。また、職務の変更が頻繁になくても新たな学習上の課題を見つけ、職務遂行方法を工夫することで、陥らない人もいる。それでは、どのような要因が内容プラトー化に影響しているのだろうか。

　これまでの個人的要因、組織的要因についての外国の調査の結果、階層プラトー化以上に明確な影響要因は見出されなかった。まず、個人的要因では、性別、年齢および勤続年数との関係はみられなかった。つまり、男性か女性か、年齢が高いか低いか、勤続年数が長いか短いかによって仕事の停滞に違いがみられないということである。また学歴については、階層プラトー化同様、高いほどプラトー化、低いほどプラトー化、関係なしに分かれ、統一的な結果は見出されなかった。高学歴者ほど仕事に対する要求水準が高いと推測されるが、実際担当している仕事の水準は人によってさまざまだろう。そのため、不統一な結果がみられたと考えられる。若手・中堅社員にも、管理職にも広くみられるプラトー化の現状も考え併せると（4-1参照）、属性による違いはほとんど影響しないことがわかった。

　さらに驚くべきことに、職務担当年数についても、長いほどプラトー化していたケースと関係がみられないケースとに分かれた。同じ仕事を長く続けることは仕事の停滞に結びつく場合が多いと考えられるが、必ずしもそうではなかった。確かに、同種の仕事を長期に続けることが多い専門職のプラトー化が、それ以外の人々より一律に高くみられるとはいえないだろう。このことから、仕事と内容プラトー化の関係を考える場合、担当年数のような形式的な基準ではなく、経理、技術などの職種や仕事の違いという内容的な基準を考慮して分析する必要があるだろう。最後に、組織的要因についても、従業員数との関係が検討されたが、階層プラトー化と同様、関連はみられなかった。

　キャリアの停滞全体でみると、昇進の停滞は年齢が高く、勤続年数が長いことで促進され、女性ほど（主観的に）みられたが、仕事の停滞の要因は明らかにされなかった。また、管理職比率が高い組織ほど（主観的に）昇進が停滞する点を除けば、昇進の停滞も仕事の停滞もどのような組織でも起こることが示された。

5−2　仕事におけるキャリアの停滞の影響

　内容プラトー化はどのような影響を及ぼすのだろうか。階層プラトー化ほどではないが，これまでの調査で，内容プラトー化と働く人の意識・態度や行動との関係が検討されてきた。その結果，内容プラトー化も現在の仕事に対する満足感，組織に対するコミットメントやこれまでのキャリアに対する満足感などを低下させ，転職意思を高めた。昇進という長期的なキャリアの停滞と同様，日常の仕事における停滞も社員の意識・態度にマイナスの影響を与えることが示された。特に，若手社員が就職前に仕事に求めた質的水準と就職後に実際担当した仕事の水準とのミスマッチは，仕事の停滞に結びつきやすいだろう（4−1参照）。上司には部下が常に自分の仕事にやりがいを感じるような環境づくりが求められるのである。しかし，仕事の停滞は昇進の停滞同様，マイナスの影響ばかりを与えるわけではない。実際，階層プラトー化同様，内容プラトー化と職務業績との関係はみられず，仕事の停滞によって職務業績が低下するわけではないことが明らかにされた。内容プラトー化はもっぱらモチベーションなど働く人の心理的側面に関わってくるものと考えられる。

　内容プラトー化と階層プラトー化とで，社員に及ぼす影響の違いをみてみると，現在の仕事に対する満足感，組織に対するコミットメント，これまでのキャリアに対する満足感は，全体として内容プラトー化している人の方が，階層プラトー化している人より低く，転職意思は高い傾向がみられた。仕事に対する意識には，仕事の停滞の方が強く影響することが示された。これは前述したように，昇進の停滞は組織でのキャリアにおいて避けられない現象であることが認識されるようになり，その代わり，やりがいがあり，能力を発揮できるような仕事を重視する傾向が強まってきた表れだろう。昇進の見通しが暗いことより仕事のやりがいがないことの方がより転職に結びつく可能性があるということだ。このような点からすると，社員のキャリアの停滞を考える上で，昇進の停滞以上に仕事の停滞の問題を考えていく必要性は高いといえよう。

5−3　仕事におけるキャリアの停滞に対する組織と社員の取り組み

　階層プラトー化より重要とも考えられる内容プラトー化に対処するため，組

織として,そして社員本人にはどのような取り組みが可能だろうか。わが国の組織で実際行われている施策や個人として可能な取り組みから考えてみよう。

① ジョブ・ローテーション

　職務の変更に関わる施策である。社員の能力開発のために,あらかじめ決められた計画に基づいて定期的に職務の異動を行うことである。人事部門における採用,研修,給与など同一部門内での関連した職務間の異動の場合と,人事,経理,技術など部門を越えた職務間の異動の場合がある。前者には主に部門の管理職が,後者には人事部門が関わる。内容プラトー現象が職務変更の停滞に影響されるという観点からすると,ある程度有効な施策と考えられる。しかし,職務担当年数と内容プラトー化との関係が明確にみられなかったことからわかるように,重要なのは職務の内容である（5-1参照）。すなわち,本人の希望やスキルの向上にまったくつながらないような異動が組織の事情だけで繰り返されないようにすべきである。そのためには,自己申告や上司との定期的な面談を行い,本人の希望や適性をできるだけ考慮した適性配置に近づける必要があろう。近年,採用難や転職の増加,実施直後のスキル低下への懸念などから,ジョブ・ローテーションが行われない傾向がみられる。しかし,内容プラトー化防止の観点からは,運用に留意しながら実施されるべきだろう。

② 権限委譲

　権限委譲とは,上司の持つ権限を部下に委ね,任せることをいう。その結果,これまでより困難かつ高度な判断が必要な要素が仕事に加わり,責任が重くなるとともに,より専門的な知識を要する仕事が増える。目的としては,部下がより自律的に仕事ができるようになることを通して,モチベーションを向上させるとともに,能力開発につなげることである。これによって,仕事の質が向上し,ルーティンワークの比率が減ることにもなるだろう。すなわち,権限移譲は,モチベーション向上により内容プラトー化を防止しようとする施策である。

③ 社内人材公募制度

　組織で欠員が発生したり，新規事業に進出する場合や，プロジェクトチームをつくる場合，担当職務をイントラネットなどに事前に開示し，従事したい社員を募集する制度である。組織側は，これまで把握できなかった能力を持った人材の発掘が可能になる。やる気のある社員にとっては，能力開発意欲やモチベーションの向上につながる。すなわちこの制度は，自分のキャリアを自律的に開発していきたいという意欲を持つ社員にとって役に立つ。これによって，現在の職務で内容プラトー状態にある社員が新しい，それも希望する職務に就ける可能性が生まれるため，プラトー化防止に役立つ制度といえる。

④ 社員自身の取り組み

　前述したように，階層プラトー化への対処は困難であるのに対し，内容プラトー化の方がより対処しやすいだろう（3−3参照）。その場合，自分のキャリアを自律的に開発していく中で，現在の仕事を見直すことで遂行方法の質を高める余地はないか，仕事への見方を変え変化を見つけ挑戦することはできないか，自分のキャリア目標と現在の仕事との関連はどこにあるのか，（専門性を要求される仕事の場合）自分の仕事の水準を専門分野の先端に位置づけるにはどうしたらよいかなどを考えることから始めるべきだろう。必要であれば，自己申告の機会を利用して職務の変更を人事部門などに打診することも求められる。

第6節　ダブルプラトーとは何か―昇進と仕事両方の停滞

　昇進と仕事という2つの側面から，組織で働く人々のキャリアの停滞について述べてきたが，加えて両者は関連があることもわかっている。具体的には，仕事で停滞したのをきっかけに昇進が停滞する，昇進が停滞したのをきっかけに仕事が停滞するなどである。読者の皆さんの周囲にもこのように昇進と仕事両方で停滞しているようにみえる人はいないだろうか。階層プラトー化と内容プラトー化の両方に陥っている人またはその現象をダブルプラトーという。階層プラトー化に内容プラトー化が重なることは，社員にどのように影響するだ

ろうか。

　内容プラトー化が仕事の満足感や組織に対するコミットメントを低下させる関係は，階層プラトー化の程度が高いほど強まることがわかってきた（McCleese & Eby, 2006）。また，ダブルプラトーの仕事への満足感や組織へのコミットメントは，階層プラトー（単独），内容プラトー（単独）より低く，憂鬱感や転職意思は階層プラトー（単独）より高かった（Allen, Poteet, & Russell, 1998）。このように，昇進の停滞，仕事の停滞の1つに陥った状態より，2つが重なった状態の方がマイナスの影響が大きい。

　組織としては昇進の停滞，仕事の停滞への対策を別々に実施するのではなく，有機的に結びつけて実施していく必要があろう。社員としては，前述したようにまずは内容プラトー化防止に取り組むことが求められるだろう。

　働く人は誰でもキャリアの継続的な発達を望むだろう。しかし，キャリア・プラトー現象は努力し続けても発生し，多くの人にとって不可避な現象である。そのため，働く人は，バブル経済花盛りの頃の土地の価格のように，自分のキャリアがずっと右肩上がりで上昇し続けるという期待を持つことは難しい。しかし，同時にプラトー状態をむやみに恐れる必要もない。組織や上司としても，プラトー化自体が問題なのではなく，それが社員にマイナスに作用し，業績低下や退職に結びつくことが問題である。そのため，それを極力回避していくためのサポートを心がけるべきだろう。

引用文献

　Allen, T. D., Poteet, M. L., & Russell, J. E. A. 1998 Attitudes of managers who are more or less career plateaued. *The Career Development Quarterly*, **47**, 159-172.

　Bardwick, J. 1986 *The plateauing trap : How to avoid it in your career…and your life.* New York : Amacon（江田順子［訳］1988「仕事に燃えなくなったとき」どうするか　ティビーエス・ブリタニカ）.

　Ding, D. Z., & Warner, M. 2001 China's labor-management system reforms :

Breaking the 'three old irons' (1978-1999). *Asia Pacific Journal of Management*, **18**, 315-334.

Ference, T., Stoner, T., & Warren, E. K. 1977 Managing the career plateau. *Academy of Management Review*, **2**, 602-612.

高齢・障害・求職者雇用支援機構（旧高年齢者雇用開発協会） 1985 高齢化社会における人事管理の展望 高齢・障害・求職者雇用支援機構．

McCleese, C. S., & Eby, L. T. 2006 Reactions to job content plateaus : Examining role ambiguity and hierarchical plateaus as moderators. *Career Development Quarterly*, **55**, 64-76.

Rosenbaum, J. E. 1984 *Career mobility in a corporate hierarchy.* New York : Academic Press.

Salami, S. O. 2010 Career plateauing and work attitudes : Moderating effects of mentoring with Nigerian employees. *The Journal of International Social Research*, **3**, 499-508.

佐野陽子・川喜多喬 1993 ホワイトカラーのキャリア管理―上場500社調査による 中央経済社．

Schein, E. H. 1978 *Career dynamics : Matching individual and organizational needs.* Reading, MA : Addison-Wesley（二村敏子・三善勝代［訳］ 1991 キャリア・ダイナミクス 白桃書房）

田尾雅夫 1999 組織の心理学［新版］有斐閣

Wen, C. Y., & Xiao, X. H. 2012 *Chinese people : Concept and behavior.* Beijing, China : Renmin University Press.

山口祐子 1993 キャリアサクセスの決定要因―メンターの実態とその役割 NOMA総研人事・人材開発資料 日本経営協会総合研究所．

山本 寛 2009 人材定着のマネジメント―経営組織のリテンション研究 中央経済社．

山本 寛 2014 昇進の研究［増補改訂版］―キャリア・プラトー現象の観点から 創成社．

第2章
キャリアにおける中心方向への移動の停滞

第1節　はじめに

　本章では，シャイン（Schein, E. H.）が提唱した「中心方向への移動」という概念を説明し，それが現実にどう存在しているのか例を示す。そのうえで，中心方向への移動が停滞するとはどういうことなのか，具体的にどんな場合がありうるのか例を示し，その問題点と克服の方向性について述べていくこととする。なお，本章であげる例は企業内でのキャリア形成の例である。また，データの制約で，紹介する例が多少古いものになってしまうことをご了承いただきたい。

第2節　中心方向への移動とは何か

2-1　シャインの「中心方向への移動」論
　これまでの企業内キャリアに関する研究の多くは，企業内でのキャリアは，企業内での移動，具体的には「垂直方向への移動」すなわち企業内での地位（職位や企業内格付けなど）の上昇・下降（上昇は昇進・昇格，下降は降格）と「水平方向への移動」すなわち企業内で行うべき仕事などの役割の変化（いわゆる配置転換）の合成によって形成されるという前提の上に積み重ねられてきたと思われる（Martin & Strauss, 1959, 中村, 1987, 山本茂, 1997）。
　これに対し，第3の方向として「中心方向への移動」の存在を主張したのがシャインである。シャインが中心方向への移動の概念を本格的に提起したのは，

Schein（1971）であるとされる。そこでは企業内での責任の増大などに伴い，組織の核に向かう移動と規定されている。彼はこの中心方向への移動と垂直・水平方向の移動を「組織の三次元モデル（A Three-Dimensional Model of an Organization）」と称した。中心方向への移動は同一の仕事（ここではFunction＝機能と表現されている）の中で，より内部に（Inclusion），あるいはより中心に（Centrality）移動することとされている。同一の仕事の中での移動であるから，水平方向への移動とは異なるとともに，垂直方向への移動は伴わない。このことから考えて，中心方向への移動は水平方向・垂直方向への移動とは異質の移動であるとされる。もっともシャインは，中心方向への移動は通常，垂直方向への移動と関連しあう（これを伴わないこともありうるが）としており，完全に独立した移動形態とは考えていない。この「関連しあう」という言葉の意味は必ずしも明確ではなく，垂直方向の移動と同時に起こるという意味なのか，垂直方向の移動の代替ないし補完的役割を担うという意味なのかは不明である。

　シャインのキャリア論は，基本的にキャリアに関する個人個人の内面における志向や考え方に関する議論が多い。その中で，組織の「中心方向」に向かうことは，組織の中で成功することの1つの表れであるととらえている。したがって，「中心方向への移動」は目に見えないものであって，その個人に聞かなければ組織の「中心」にいるかどうかはわからないとしている（Schein, 1990）。その意味で，シャインのいう「中心方向」，「中心方向への移動」は，個人の主観的なイメージの中で，どれだけ組織内で成功を収めているかという問題に深く関わっているといえる。他方でシャインは，組織の中での成功度をはかる基準（実質的には組織の「中心」にいるかどうかの基準）として「ひとが組織か職種の中枢に精通していると感じている度合いや実際に精通できている度合い」があるとし，「ある従業員の地位があるレベルにとどまったままでも…地位の高いひとたちから頻繁に相談を受け，企業の方針にかなりの影響を与えている」といった場合はその組織の「中心」にいるものと解している（Schein, 1990）。そして「中心方向への移動」の例として，組織内で特典を得ること，組織の秘密（方針や計画など）を入手できること，あるいは企業の「部内者化」（例えば終身勤務権＜tenure＞の取得）などをあげている。この組織の秘密に含まれること

としては、ものごとが実際にどのように行われるか、組織は一定の人びとをどうみなすか、また、個人とその将来をいったいどう考えるか、といった面の政策を知らされることだと述べている（Schein, 1978）。シャインにおいては、「中心方向への移動」を「個人の主観的なイメージに関わる概念」という意味合いが強調されているように見える。しかし彼が紹介している具体例からみる限り、これをまったく主観的な概念と断定しているわけではないと考えられる。

2−2　中心方向への移動の判断基準

次に、企業における「中心」、「中心方向」を判断する基準を考えたい。若林（1988）は「中心方向への移動」を「同一地位・同一部署（機能）内で、仕事の中身が組織にとってより重要で中心的なものへと移動していく過程を意味している」と述べている。シャインや若林の見解から考えると、仕事の中身が企業にとってより重要であるかどうかが企業の「中心」に近いかどうかを判断する基準になろう。換言すれば、企業全体の戦略策定や経営資源の調達・運用の総合的な調整を行うこと、企業に関わる人々、例えば出資者・顧客・従業員など（今日一般的な用語を用いれば「ステークホルダー」）に対する企業の方針を決定すること、その中でもとりわけ従業員に関する方針を決定することとの関係を調整することといった仕事に関わる人が、この「組織の秘密」である政策を知る人にあてはまるといえる。

その意味では、次の部門（およびその部門で行われる仕事）が企業の「中心」に近いと考えられるであろう。

① 企業全体の意思決定に近い部門（いわゆる企画部門）

企画部門はより中心に近い部門といえるであろう。もちろん、企画部門といってもその部門のメンバーすべてがそのような意思決定に深く参画しているわけではないと思われるが、少なくとも、当該部門のリーダーである部長や、部の下に課をおいている場合の企画課の課長などは、より深く参画していると考えられる。

② その他当該企業にとって重要と思われる部門

次に中心に近いと考えられる部門は企業内で実際に製品・サービスの生産ないし提供に関わる部門の中で，次のような部門が考えられよう。

a. 当該企業の「本業」といえる部門
b. 当該企業の創業時からの中心的な製品・サービスに関わる部門
c. 当該企業内で最も収益に寄与している部門
d. 当該企業が業界内で最も大きなシェア（市場占有率）を有している製品・サービスに関わる部門
e. 当該企業が命運を賭けて進出する新規事業の担当部門

これらは，業種によって，また同一業種であっても企業によって異なるのはもちろん，同一企業であっても時系列的に変化することもありうる。特にcの収益貢献の大きい部門はその製品・サービスの革新性や市場成長性などによって大きく変化しうるものである。

2－3　中心方向への移動の企業による活用可能性

中心方向への移動は，企業が人的資源管理において活用することが考えられる。ではどのように活用するのであろうか。次の2つの点からの活用を考えることができる（石毛，2002）。

まず第1に，仕事競争を通じた選抜という点があげられる。企業内において，昇進競争とは別の競争として仕事競争（Job Competition）が存在するという見解がある。Thurow（1975）は，企業内には「よいポスト」と「悪いポスト」が存在することを指摘している。よいポストとは，業績をあげやすいので高評価が得られ，貴重なOJT（仕事を通して行う教育訓練）の機会が得られるので技能も形成しやすいポストであり，悪いポストとは，業績があげにくいので評価が得にくく，技能形成も難しいポストである。ここで重要なことは，同レベルの地位であってもこのようなポストの差が存在するということである。したがってこの考え方を進めていくと，昇進以前によいポストへの選抜が行われる可能性があるということになる。

この仕事競争という概念は，常識的には理解しやすいが，実証はなかなか難

しい。どのような仕事が競争の対象となるか，また企業内の仕事の序列はどうなっているかといった問題を実証するのは容易なことではないからであろう。しかし，いくつかの実証研究が存在する。例えば梅崎（1999）では製薬会社の営業職（いわゆるMR）の昇進選抜過程を分析し，昇進以前（企業内での役職上の格差が現れる以前）の競争として「仕事序列競争」が存在することを指摘している。この競争では，技能形成速度の格差に対する仕事の割り振りによる選抜が行われているという。さらに松繁（2000）によれば，昇進確率に対する影響は社内組織を変わる事業所内移動がプラス，類似性のない仕事への移動がマイナスに働く。また社内組織を変わる事業所間移動は，入職後すぐのものであっても課長への昇進に影響する。この結果から，関連の深い仕事の積み重ねによる技能形成の昇進に対する寄与と，入職後早い時期から仕事内容などで事実上の選別が進んでいるとした。

この仕事競争あるいは仕事の格差という概念は，垂直方向・水平方向では説明しきれない企業内移動の存在を示唆するものである。企業内でより重要な仕事に移動することがあり，しかもこれが昇進の前提条件をなすということであれば，このような移動は単なる水平方向への移動とは異なるものであるといわざるをえない。いうまでもなく，これは中心方向への移動にほかならない。こういった移動が企業経営とりわけ昇進管理において活用されている可能性もあるといえる。

第2に，"処遇の資源"ないし"報酬の資源"の拡大という点があげられる。企業内移動の結果として与えられるポストや等級・企業内格付けなどは，1つの企業においては無限大に存在するものではなく，その意味では限られた資源であるといえる[1]。例えば，従業員をあるポストにつけてある仕事を担当させるということは，その仕事によって企業活動の何らかの部分（例えば製品やサービスの生産）において貢献させること，その仕事に見合った賃金を与えること[2]，その仕事によって当該従業員に技能や熟練形成の機会を与えること，さらに仕事によってはその仕事に従事することによるステイタスを与えることといった多様な意味を持つ。このように考えると，ポストや等級・企業内格付けを与える，ないし変更する（移動させる）ということは，限られた資源を配分すると

いう戦略的な意味のある行動ということになる。このことは昇進・昇格のように一般的にみて企業の中で"よりよい"ポストや等級・企業内格付けにつける場合，降格のように"より悪い"ポストや等級・企業内格付けにつける場合にあてはまるだけでなく，そのポストにおいてどのような仕事を担当させるかの判断においてあてはまるといえる。これが特に意味を持つのは，昇進や昇格という資源の限界が生じたとき，これに代わる"処遇の資源"が必要になった場合である。とりわけ，昇進や昇格の判断やさらなる技能の向上のために，昇進・昇格を伴わないまま現在の仕事より上のレベルの仕事の経験をさせたいということがありうるのである。

以上のことから，この資源配分としての企業内移動の視点からは，形式的には同レベルのポストであっても，実質的にはレベルを異にするものが存在する可能性が示唆されるのである。これこそが中心方向への移動であるといえる。つまり，中心方向への移動が"処遇の資源""報酬の資源"の拡大の可能性を広げるということである。

2－4　中心方向への移動の意義

前項を踏まえて中心方向への移動の意義を整理すると，次の3点にまとめることができる（石毛，2002）。

まず第1の意義として，その企業における実質的な地位の上昇になる，すなわち昇進と同様の効果を持つという点がある。これについてシャインは前述のとおり，組織内で特典を得ることや組織の秘密を入手できることという例をあげている。すなわち同一の地位（例えば部長）であっても，経費支出を決定できる上限が上がることはこの特典にあてはまる。また個別の事業部門の責任者（例えば業務部長）から企業全体の経営戦略立案の責任者（例えば企画部長）に転じる移動はこの組織の秘密の入手に関わっている。さらに具体的には，パートタイム従業員から正規従業員への転換，コース別人事における「一般職」から「総合職」へのコース転換，企業の重要な意思決定に関わる委員会に所属することなども中心方向への移動に含めてよいと思われる[3]。

また，地位の上昇であるということは，一種の報酬としての性格を持つもの

である(石毛,2004)。モチベーション理論,特に期待理論(Vroom, 1964,坂下,1985)では,従業員が努力して「特別の結果」を得られる可能性が高いと認知すればするほど,より多くの努力を傾注するとされている。この「特別の結果」としてあげられている個人的な報酬の中には,昇給や上司からの賞賛などに加え,企業内移動,例えば昇進や従業員自身が望む部署への移動があげられている。つまり,企業にとっては報酬の1つである,ある種の企業内移動を提供すること(ないしはその期待を持たせること)は,従業員のより多くの努力を引き出し,これを通して企業の業績を向上させる効果を持つ可能性があるといえるのであって,中心方向への移動にもこのような効果が期待されていると思われる。

第2の意義として,第1の意義の裏返しであるが,実質的な地位の上昇でありながら,昇進を伴わないことがありうるという点がある。このことの最大の効果は,企業にとって報酬(とりわけいわゆる役職手当)の変更がないためコスト上昇がないということである。報酬となりうる項目の中には,これを従業員に与えることによってコストが生じる,あるいは企業の組織における効率低下の可能性が生じるものが多い。例えば昇給やボーナスは企業としてのコストの側面を持つため,あまり多額なものは継続困難である。実は企業内移動とりわけ昇進も同様の側面を有している。すなわち,前述のとおり昇進は企業内での階層の上昇であり,昇給や社会的なステイタスの上昇を伴う。このうち昇給はいうまでもなくコストの増加である。また社会的なステイタスの前提となる上位の地位(ポスト)へ昇進させるためにはそれに応じたポストの空席が必要であるが,空席には限界がある。新たに空席をつくりだす,すなわち新しいポストをつくることは,わが国の企業ではよく見られることであったが,そもそも企業組織の運営上,規模や事業の拡大を伴わないままポストのみが増加することは必ずしも望ましいことではない。また新しいポストをつくるためにやはりコストが必要になる[4]。したがって企業は,その効果を考慮しながら報酬を与えることは当然として,それに加えてコスト上昇や組織の効率低下につながらないような報酬をつくりだし,与えている可能性がある。前述の上司からの賞賛はその1つであるが,従業員が当該企業における自己の位置づけ(実質的な

地位の上昇)をより明確に認識し,あるいは担当している仕事によって得られるスキルが量や質の面でよりよいものになっているのであれば,そのような地位や仕事への移動は,たとえそれによって直接的な金銭的報酬の増加がもたらされなくとも,従業員の努力をもたらす効果を十分に有していると考えられる。このような企業内移動として考えられるものの1つとして,中心方向への移動があげられる。中心方向への移動は,前述のとおり企業内での実質的な地位の上昇でありながら,昇進を伴わなければコスト上昇がないからである。もしこの考察が妥当であれば,企業内移動のうち,実質的な地位の上昇である昇進と中心方向への移動を何らかの形で組み合わせて報酬として与えている可能性が考えられる[5]。

　第3の意義として,これも第1の意義と重なるが,より企業にとって重要な部分に関わるということで,その従業員に対する信頼が高まり,本人の責任感も高まることによって,本人の成長が促されるという点がある(金井,1999)。このことは昇進にもあてはまることであるが,より重要ないし難しい仕事に挑戦させ,上位者のアドバイスや支援などを得ながらその仕事を達成していくことは,企業内教育(主にOJT)の重要な機能の1つである。中心方向への移動はこの機能に大きく関わっているといえよう。

　なお,中心方向への移動に関する研究は,シャイン以来あまり進んでいないといわれている(中村,1987)。ただ,この概念を用いた研究がないわけではない。一例として山本寛(2000)は,わが国大企業の管理職へのアンケート結果から,現在所属している組織である程度の地位にまで昇進したが,その後昇進が停滞した場合や,昇進の停滞に加えて非エリート部署に長く配置されていた場合,ほかの組織への転職意思が高まるとした。これを,中心方向への移動も含めたキャリア発達の停滞を,ほかの組織への移動によって補おうとする意識の表れと解している。山本の研究はエリート・非エリートをどう定義づけるかといった問題はあるが,中心方向への移動が個人のキャリア発達上の重要な意味を持つことを踏まえているものである。

　ここで留意するべきこととして,そもそも中心方向への移動が企業によって人的資源管理の1つの手法として認識されているかどうかが不明である可能性

があること，そして仮に企業が認識しているとしても，対象者がそれを認識しているとは限らないことがあげられる。理論的に，選抜の手法や処遇ないし報酬の1つとして中心方向の移動が位置づけられるとしても，当事者に認識がなければその効果はあまり期待できない。とりわけ，報酬としての認識が弱ければ，中心方向への移動の結果に対して対象者が満足しない，あるいは移動先のポジションで能力を発揮しないということも考えられる。昇進と異なり，ランクアップとして明確にわかるものではないだけに，中心方向への移動の人的資源管理上の効果に限界がある可能性は強いといえよう。

2－5　中心方向への移動における「重要なポジション」の意味

中心方向への移動において経由するポジションについても検討しておきたい（石毛，2006）。これらのポジションは，企業において一定の重要性を持つとともに，そのポジションでの働きぶりが次のポジションへの移動のための評価対象となる，いわば「重要なポジション」といいうるものである。

企業内キャリア形成において，古くから論点とされてきたものに「昇進において決定的な要因は何か」という問題がある（Martin & Strauss, 1959, 中村, 1987）。この問題は大きく2つに分けることができる。1つは，いつ昇進するのがその後の昇進に有利なのか（すなわちある地位を一定年齢までに通過しなければその後の昇進に不利になることがあるかどうか）という問題であり，いま1つは，昇進するのに極めて大切なポジション（仕事や職位）があるのかという問題である。後者の問題は，かつては特定のポジションにおける評価がその後の昇進に大きな影響を与えることがあるのかという問題として解されていたが，次第に特定のポジションにつくこと自体の問題としてとらえられるようになってきている。例えば，あるポジションにつけばその後の昇進に有利になること，逆に別のあるポジションにつくと不利になることがあるのではないかという点である。例えば，あるポジションは業績が上がりやすく，評価もよくなるため，昇進に有利である"エリートポスト"といったこともありうるということである。

ただここでいう「ポジション」は，上述の例えば課長・部長といった一般的

なものというより，○○課長・××部長といった，より特定されたものではないかと考える。その意味では，ある特定のポジションにつくことが，前のポジションで評価され，候補者群として残ったことを意味する可能性があるのであって，評価に伴う選抜，すなわちあるポジションにおける評価の問題だけでなく，むしろあるポジションにつく前のポジションでの評価の問題のプロセス（すなわち評価が次のポジションへの移動に反映される）に関心が移っている。この点については，前述のとおり企業内の仕事競争の問題として論じられている。そして，これまでの仕事競争についての議論から考えると，昇進以前に「重要なポジション」への選抜，すなわち中心方向への移動という形での実質的な選抜が行われる可能性があるということになる。

このような「重要なポジション」の存在や位置づけは，当該企業・そのポジションを経験した人・それ以外の従業員それぞれに対して意味を持つものと考えられる（石毛，2006）。

まず当該企業にとっての意味として，第1に，企業内でより重要で業績への影響が大きいポジションに，より優秀（と思われる）人をあてるのは，企業の業績向上を考えれば当然のことであろう。後述の例で示す地域金融機関であれば，例えば単なる業績拡大だけではなく，長期的な取引の継続・拡大を進めていけることが重視されていることが多く，当該企業の顧客や立地している地域の特性をよく知った上で事業活動を展開できる人を選抜していると思われる。

第2に，いろいろなポジションにおける評価過程を経ることによって，役員や上位の管理職の適任者を慎重に選抜できると思われる。わが国では，アメリカなどに見られる早期選抜やあらかじめコースを決めて優先的に昇進させる（いわゆるファスト・トラック）というスタイルは，公務員などを除きあまり見られなかった。早期選抜によるデメリット，例えば不適任者の昇進や，選抜に漏れた人の士気の低下を避けることができるというわけである。ただ，中心方向への移動が行われる場合，同一のレベル（例えば支店長）でも次第に重要なポジションに移動させていくということで，より重要な仕事での評価を蓄積していくということには注目する必要がある。上位のポストへの適性を見るための工夫であろう。もっとも，こういった選抜過程のデメリットとして，時間がか

かりすぎて昇進者の年齢が高くなることや，企業内で特別の専門性を持つ分野（金融機関であれば余裕資金の運用や国際金融など）への適性を判断することができないこと，特定部門の管理はできても企業全体の経営という視点がない人が昇進するという可能性を排除できないことといった問題も考えられる。このことは，必ずしも適任とはいえない役員が経営に従事するという点で，選抜過程が有する負の「インフルエンス効果」（リスクないしコスト）であると考えられる。

　第3に，企業内，特に従業員への効果が考えられる。例えば支店長への就任や昇進などの人事は，企業内で注目されやすいと思われる。どの支店長がどう昇進していったかという情報が企業内で広がると，どの支店が経営上重視されているのか，あるいはどの人が昇進の候補者として残っているのか，どういった企業内移動のルートが昇進のルートであるのかということが，少なくとも暗黙裡に従業員に伝わることになる。これは企業が意図しているかどうかはともかくとして，特定のポジションや特定の従業員の位置づけを示す，いわば「シグナリング効果」を示すものである。したがって，企業が意図的に特定のポジションを活用していくことも考えられる。

　次に重要なポジションを経験した人にとっての意味であるが，ある重要なポジションに移動し，そこで高い評価を受けることが昇進候補者に残るということになれば，長期の昇進競争の中で継続的に業績をあげようとする努力が常に求められることになる。また，この重要なポジションにつくことが，昇進よりも大きな目標とされることになり，それにつけなかった人の士気の低下も考えられる。もっとも，高い評価を受けなかった場合でも，ただちに降格という場合は少なく（例えば本部のスタッフ職は実質的に支店長と同等以上の地位とされ，支店長からの移動は降格とはされないことがある），事実上の身分保障があって士気の維持を図ろうとしていると思われる。ただ，このような選抜過程において，従業員同士の過度の競争が長期間にわたり行われ，場合によってはいわゆる「足の引っ張り合い」，「上位者に対するゴマすり」，「派閥の形成」といった問題も現れる可能性がある。これもこのような選抜過程の持つ負の「インフルエンス効果」であると思われる。

　他方，ほかの従業員にとっての意味であるが，前述のとおり，ほかの従業員

にとっては，特定のポジションや特定の従業員の位置づけが明確となる。企業全体の経営方針（例えばどの支店が戦略上重要か）を従業員に示すことになるとともに，とりわけ昇進志向の強い人であれば，重要な情報が得られることになる。また，業績をあげて評価を高めた人が「重要なポジション」に移動して昇進候補者に残っていることが明らかになれば，企業内で昇進に対する納得性が高まり，業績向上に貢献しようとする動機づけにつながることも考えられる。ただ，昇進を望まない人（特に特別な専門性を持つ分野への志向がある人）に対しては，このような選抜過程が仕事への動機づけになるかどうかには疑問もある。

第3節　中心方向への移動の例

　本節では，中心方向への移動の例として，内部昇進（同一企業内での昇進）によって役員に就任しトップにまで至った人の企業内移動の過程（役員就任前の3経歴）において，昇進と中心方向への移動の組み合わせが存在していることを取り上げたい（石毛，2003）。内部昇進のトップは，一般的に見てキャリアの「成功者」と考えられ，その企業内移動の過程は，ある程度の紆余曲折はあり得るとはいえ，おおむね企業内でより重要な位置への移動が重ねられていると考えられる。とりわけ役員就任前という段階は企業内での選抜過程として能力や業績の見極めが行われている段階であると考えられ，トップにまで至った人の場合その段階で高い評価を受け，報酬としての企業内移動もより高いレベルのものが与えられていることが予想される。

　なお本節での分析対象者は，金融機関のトップ（1998年6月時点）とした[6]。中心方向への移動については，営業店から本部への移動，本部相互間であればより重要度の高いと思われる部門への移動，営業店相互間であればより店舗規模が大きい（データの制約上従業員数で測定）あるいは開設年が古い店舗への移動であるかどうかで判断し[7]，昇進についてはいわゆる肩書の変化（例えば課長→部長）で判断した。

　分析の結果，第1に，営業店から本部への動きがあるものと推測される。これは中心方向への移動，すなわちより企業の中心に近い（または中心そのものと

いえる）本部への移動である。第2に，本部の中では部長への動きが，営業店の中では本店営業部門長への動きがあるものと推測される。このうち本部内での動きは垂直方向への移動といえる。例えば課長 → 次長 → 部長というように昇進していくわけである。営業店内での動きは中心方向への移動，すなわち，営業店の中でより中心に近い本店営業部門への移動である。これらを総合すると，中心方向への移動と昇進への移動の両方が起こっているということになる。

そこでより詳細に分析したところ，昇進と中心方向の移動が同時に起こることは少なく，いずれかのみが起こることが多いといえる。例えば，営業店 → 本部の移動という中心方向への移動が起きている場合，その移動過程で明らかに昇進と見られる移動は少ないのである。一方，役員就任前3経歴とも営業店の場合であっても，例えば支店長 → 本店営業部門長への移動や，同じ支店長でも規模が大きい支店や大都市の拠点支店，あるいは開設年が早く当該企業にとって古くから根を張っている地域を任される支店の支店長への移動が多かった。このように，ずっと営業店，とりわけ支店長のままの移動であっても，中心方向への移動とみなしうる移動が多いことが推測できる。

以上の分析から，役員に至る過程で中心方向への移動が相当活用されていること，昇進と中心方向への移動は多くの場合，選択的に行われていることが明らかになった。このことは，中心方向への移動が昇進と同様に報酬としての意味を有しているとともに，昇進の代替的な性格を有するものとして利用されていることを示唆している。

では，いくつか例をあげてみよう。表面的には水平方向への移動（昇進を伴わない）に見えて，実は中心方向への移動が行われていると思われる例である。いずれも，役員就任後昇進を重ね，最終的にトップ（頭取・理事長）にまで至った人である。

(例1　役員就任前3経歴すべて本部部長) A銀行a氏
　業務部長 → 業務企画部長 → 総合企画部長 → 取締役・総合企画部長
　本部の業務担当の部門の長から業務の企画を行う部長へ移動（おそらく現業に近い部門から企画への移動ということで中心方向の移動といえる可能性が強い），そ

の後，業務だけの企画部門の長から企業全体の企画を担う部門の長へ移動（中心方向への移動といえる），そのまま役員就任。

(例2　役員就任前3経歴すべて支店長) B銀行b氏
　東京支店長 → 甲駅前支店長 → 乙支店長 → 取締役・乙支店長
　地方銀行の中では重要と思われる東京支店長から本店所在都市の大規模支店である甲駅前支店長へ移動（社内での重要度はおそらくほぼ変わらない支店間の移動ということで水平移動といえる可能性が強い），その後，県下第3の都市にあり大規模かつ古い支店である乙支店長への移動（おそらく中心方向への移動といえる可能性が強い），そのまま役員就任。

(例3　役員就任前3経歴すべて支店長) C信用金庫c氏
　α支店長 → β支店長 → γ支店長 → 理事・γ支店長
　営業区域内有数の繁華街を抱える大規模支店であるβ支店長へ移動（中心方向への移動といえる），その後，この信用金庫第2の大規模支店であるγ支店長へ移動（中心方向への移動といえる），そのまま役員就任。

　これらは，おそらくそれぞれのポジションでの見極め（評価）を経て次のポジションへ移動していっているものと思われる。その過程では，役員候補として役員に就任させるにふさわしいか，当該企業を引っ張っていくにふさわしいかの判断が行われていると推測され，一定以上の評価が得られた場合，中心方向への移動が行われ，より重要なポジションでのさらなる見極めが行われて，ついに役員就任に至っているとみてよいのではなかろうか。特に大規模な企業では，複数の候補の中からの選抜が行われ，上掲の例1・2は役員への"選抜に勝ち抜いた"例であるといえよう。これに対し小規模な企業の場合は，役員候補者が少ないことも多く，選抜というよりそれぞれのポジションで経験を積ませて役員に至るということもありうる。上掲の例3はそういった例である可能性が強い。

第4節　中心方向への移動の停滞とは何か

　第1章で示されたとおり，キャリアの停滞とは，キャリアが向上せず横ばいになっている状況を指す。そしてこれまで述べてきたとおり，中心方向への移動は主に，昇進に代わる，あるいは昇進の前段階として行われる企業内移動ということができる[8]。

　したがって，中心方向への移動の停滞とは，企業内で中心方向への移動がなく，昇進もなく，移動があるとすれば水平移動である状態か，まったく移動がない状態にあることを指す。

　これはどのような状態にあるといえるだろうか。第1に考えられるのは，昇進ないし「重要なポジション」への移動のための選抜から，まったく，あるいは一時的に外れた状態になっている場合である。これは対象者の能力や成果が停滞したり低下したりしている場合や，それらが競争相手となるほかの人（多くは同一企業内の人）に比べ劣る場合，あるいは対象者に健康・家庭の事情といった点で問題が生じた場合や，本人や部下などに不祥事が起きた場合なども考えられる。

　第2に，昇進ないし中心方向への移動に充てるポジションがない結果，移動がないか，あっても水平方向への移動になってしまっている場合である。中心方向への移動によって処遇や報酬の資源の拡大が図られるといっても，対象となる「重要なポジション」にはやはり限界がある。昇進の停滞と同様に，ポジション不足によって中心方向への移動が停滞してしまう可能性はある。

　第3に，能力や成果に問題があるわけではないが，あえて昇進も中心方向の移動もさせない場合も考えられる。これは例えば，昇進のための見極め（評価）のために同レベルの地位でとどまらせている場合や，その人が企業の上位者（例えばトップや直属の上司）や企業に強い影響を及ぼす人（例えば創立者や大株主，親会社など）に嫌われてしまったり，企業内の派閥争いに巻き込まれてしまったりしている場合といった，いわば企業内のパワーバランスに起因する場合も考えられる。

第4に，企業の戦略が変化したり，M&A（合併や買収）などによって所属する企業が合併したり部門・事業が売却されたりして，対象者の置かれている状況が大きく変化したりした結果，求められる人材や重視されるキャリアが変わってしまう場合も考えられる。

　このようにさまざまな場合が考えられるが，これらを企業の外部から判断するのは難しいことが多い。また，停滞があったとしても対象者がそれと認識しないこともありうる[9]。あえて認識させないように企業側が仕向けることも考えられる。

第5節　中心方向への移動の停滞の例

　中心方向への移動の停滞の実例を示す場合，同じような状況にあって，停滞がある場合とない場合を比較するのがわかりやすいと考えられる。そこで本節では，同一の企業で同じポジションを経験した人で，その後の移動で差がついた例を示すこととする（石毛，2006）。

　本節では，特定企業において内部昇進で役員にまで至った人の一定割合以上が経験したポジションを対象とし，そのポジションを経験した人のキャリアを分析した。対象とした企業はD銀行である。D銀行は地方銀行で，ある大都市を拠点とし，本店の所在する県を中心に店舗を展開している。その中で，1975年〜1999年に内部昇進で役員に昇進した人（40人）のキャリア（支店長昇進以降。この銀行では内部昇進役員は全員支店長経験がある）の中で，5人以上が共通に経験しているポジションをとりあげた[10]。この条件に当てはまったのは5つのポジション（いずれも支店長）であった。このポジションは，いずれもD銀行の支店の中でより古くから営業している，規模的にも大きく（従業員数が多い），所在地からみても，D銀行の業績に影響をおよぼしうる支店の支店長であった。

　このように多くの役員昇進者が経験するポジションは，上述の「重要なポジション」である可能性が強いと思われる。つまり，このポジションでのOJTが，上位の管理者や経営者にふさわしい能力を得るために重要な意味があると

思われるとともに，このポジションが役員昇進の候補者群に残っているほどの（ある程度は）能力のある人を活用し，業績を上げさせるという意味があると思われる。それと同時に，役員にまで昇進できない人がいるということは，このポジションにおける評価（業績・能力）が次の移動，さらにはその先の昇進に相当程度影響を及ぼす可能性を示唆するものである。

このポジションを経験した人のキャリアであるが，ほとんどがいくつかの支店長を経験した後でこのポジションに就任していた。前の支店と比べこのポジションのある支店は，ほとんどの場合，より古く，規模的に大きい支店であった。すなわち，同じ支店長ポストの中での移動ではあるが，重要度が高いと思われる支店の長（いわば「よいポスト」）に移動している。つまり，前のポジション以前での評価（あるいはそれまでのポジションにおける評価の集積）が高かったことを受けて移動してきていると推定される。

ただ，このポジションを経験した人でも，役員にまで昇進した人と昇進できなかった人がいる。具体的には，1970年～1999年にこのポジションを経験した人の役員昇進確率は45％から69％で，1店舗を除いて50％前後にとどまっている。すなわち，このポジションが絶対的な「エリートコース」上にあるわけではないことが示唆される。

また，このポジションの次の移動は，役員にまで昇進した人はこの分析の対象となっている別の支店長（いわば別の「重要なポジション」）に移動（これは中心方向への移動の可能性がある），あるいは本部の部長に移動（この場合昇進となる）していることが多いのに対し，昇進しなかった人はこの分析の対象外の支店長や非管理職（本部のスタッフ職）などに移動している（これは中心方向への移動とはいえない可能性が強い）ことが多い。おそらくこのポジションの評価を受けた移動であり，前者はこのポジションでの評価，あるいはこのポジションも含めたその人の評価の集積が高かったことを受けて，その後の昇進候補者群の中に残留し，後者はこのポジションでの評価，あるいはそれまでの評価の集積が低かったことを受けて，脱落し，キャリアの停滞に至ったものと推定される。

しかも，このポジションを経験しながら役員に昇進しなかった人のキャリアをみると，一旦昇進候補者群から脱落した場合には再度「重要なポジション」

につくことがないことからみて，復活することがないキャリアになっている可能性が強く，いわば失敗が許されない厳しい競争にさらされている。その意味では，重要な管理職（ここでは支店長）への昇進以降の激しい競争があるとともに，同じ支店長から支店長への移動であっても，どの支店長ポストにつくか，またそこからさらにどこへ移動するのか，いわば中心方向への移動といえる移動なのかが重要なのであって，昇進以前につくポジションが昇進においても大きな意味を持つと考えられる。これは，D銀行において「仕事序列競争」が存在していることを強く示唆する結果であるといえる。

　では例をあげてみよう。上述の「重要なポジション」の例としてあげた5つのうちD2支店長をあげたい。D2支店はD銀行本店所在地の古い商店・オフィス街に位置し，大規模支店とされる。周囲には地元銀行はもちろん，メガバンクや信用金庫など多くの金融機関の支店が軒を連ねている。したがって取引の維持・獲得競争がほかの支店に比べ非常に激しく，かつ取引先の要求水準（金利やスピードなど）も厳しいという。この競争に対応するため，従業員も比較的優秀な人が配置され，この支店で十分に活躍した従業員は，周囲からの評価が高まるという。すなわち，取引拡大とともに従業員教育（特にOJT）などの管理が重要とされる支店であるという。そこで1970年～1999年までにこの支店長を経験した人11名（就任順にd2-1～d2-11で示す）のキャリアをみる。ここでは最初に支店長になってからのキャリアを分析した（中心方向への移動かどうかの基準は第3節と同様。下線は役員にまで昇進できた人をさす）。なお，下に示す「外へ」とはD銀行を退職したか，D銀行から他社に出向したかのいずれかをさす（出向の場合，D銀行への復帰例は極めて少ない）。

　　d2-1氏　最初の支店長 →（中心方向）支店長 →（中心方向）D2支店長
　　　　　　→（水平方向）支店長 →（水平方向）支店長 → 外へ
　　d2-2氏　最初の支店長 →（中心方向）D2支店長
　　　　　　→（水平方向）本部副部長 →（中心方向）支店長
　　　　　　→（中心方向）支店長 →（水平方向）支店長
　　　　　　→（垂直上方向）本部部長 →（水平方向）本部部長 → 役員就任

d2-3氏　最初の支店長 →（水平方向）本部管理職 →（中心方向）支店長
　　→（水平方向）支店長 →（垂直上方向）本部部長
　　→（垂直下方向）D2支店長 →（水平方向）本部管理職 → 外へ
d2-4氏　最初の支店長 →（中心方向）支店長 →（水平方向）本部管理職
　　→（水平方向）支店長 →（中心方向）D2支店長
　　→（中心方向）支店長 →（垂直上方向）本部部長 → 役員就任
d2-5氏　最初の支店長 →（水平方向）本部の管理職 →（水平方向）支店長
　　→（中心方向）支店長 →（水平方向）支店長
　　→（中心方向）D2支店長 →（水平方向）本部の管理職 → 外へ
d2-6氏　最初の支店長 →（中心方向）支店長 →（中心方向）支店長
　　→（水平方向）支店長 →（水平方向）D2支店長
　　→（水平方向）本部の管理職 → 外へ
d2-7氏　最初の支店長 →（中心方向）支店長 →（水平方向）D2支店長
　　→（垂直上方向）本部部長 → 役員就任
d2-8氏　最初の支店長 →（中心方向）支店長 →（中心方向）D2支店長
　　→（水平方向）本部の管理職 →（中心方向）支店長
　　→（垂直上方向）本部部長 → 役員就任
d2-9氏　最初の支店長 →（中心方向）支店長 →（中心方向）支店長
　　→（水平方向）D2支店長 →（水平方向）本部の管理職 → 外へ
d2-10氏　最初の支店長 →（中心方向）支店長 →（水平方向）支店長
　　→（中心方向）支店長 →（水平方向）D2支店長
　　→（中心方向）支店長 →（垂直上方向）本部部長
　　→（水平方向）支店長 → 役員就任
d2-11氏　最初の支店長 →（中心方向）支店長
　　→（水平方向）本部の管理職 →（中心方向）支店長
　　→（水平方向）D2支店長 →（垂直上方向）本部部長 → 外へ

　以上のことから，D2支店長は垂直上方向（昇進）で就任することはなく，1例（d2-3氏）を除き，ほとんどが水平または中心方向で就任するポジション

であること，役員にまで就任した人の場合，このポジションのすぐ後または2つ後に中心または垂直上方向への移動があること，そして役員に就任できなかった人の場合は，1例（d2-11氏）を除き，このポジションの後に中心または垂直上方向への移動がなく，水平方向への移動のみとなっていることがあげられる。

　この最後の特徴がまさに，中心方向への移動の停滞といえる。このポジションでの評価の結果といえよう。ここで指摘しておきたいのは，このポジションでの評価だけで結論を出しているわけではなく，例えばいったん水平方向への移動を経験させた後にそのポジションでの評価を経て，中心方向への移動または昇進があり，役員昇進に至っている例（d2-2氏，d2-8氏）が見られるということである。つまり，このポジション以前の評価も含め，評価の蓄積を重ねるために水平移動を行っている可能性がある。したがって，このポジションからの水平方向への移動は，中心方向への移動の停滞ではあるが，一時的なものと決定的なものの両方がありうるといえる。ただ，このポジションからの移動の時点で両方の可能性を残しているのかどうかは，この分析からは明らかではない。

第6節　中心方向への移動の停滞による問題点とその克服

　これまでの分析から示唆されることとして，中心方向への移動の停滞は，その後の昇進可能性が低くなったことを意味する。

　日本の，とりわけ大企業ではいわゆる「遅い昇進」が見られるといわれ，管理職や経営者になるまでの期間が長いとされる（小池，1981，小池編，1991）。これにはメリット・デメリットそれぞれあるといわれているが，メリットは例えば，より適切な人材の選抜，選抜されなかった人のモチベーション低下の防止があるとされる。デメリットは例えば，若い人の管理職や経営者への登用が難しくなること，選抜から外れた時点で年齢が高くなるため他方向に進むことが難しいことなどがあるとされる。

　実は本章で述べてきた中心方向への移動は，この「遅い昇進」の中で利用さ

れてきたと考えられる。前節までで示したとおり，昇進に先立ち，あるいは昇進に代えて中心方向への移動を行い，評価の機会を増やしたり，ポスト不足を補ったりしてきている可能性がある。いわば昇進の補完的役割を負っているというわけである。もしそうであれば，中心方向の移動はこの「遅い昇進」と同様の問題点を持つ。とりわけ，昇進の志向が強い人に対して期待を与えるという意味で中心方向への移動が利用されていた場合，昇進も中心方向への移動もなくなってしまえば，仕事へのモチベーションの低下は大きいと思われる。前節の例で示したとおり，支店長としていくつもの支店を経験してからキャリアが停滞した場合，その能力を活かすのにはなかなか困難が伴う可能性がある。実際，上述のD銀行でもそうであるが，支店長クラスの従業員のそれ以降のキャリアにはかなり苦労しているようで，多くの場合関連会社などへの出向で処遇せざるを得ない状況である。その意味では，せっかく長期勤続で育成されたスキル（いわゆる企業特殊的能力にとどまらず，一般的能力も）を企業内で有効活用しきれていない可能性がある。もっとも，これはそういった能力を活用できるような労働市場（特に多くの企業にまたがるいわゆる外部労働市場）が不十分であることや，そういった労働市場を活用できるようにさせてこなかった企業や，活用に向けた意識が十分でなかった可能性のある従業員自身に問題があるともいえる。

　このように，中心方向への移動が昇進と相まって存在しているということは，その問題点や，問題点の克服は，前章で述べられている昇進の問題とほぼ同じであるといえる。ただ，中心方向への移動は，企業が意図的に与えているとは限らない場合がありうるほか，仮に意図的に与えていても，従業員本人がそれと気づかない場合もありうる。中心方向への移動が行われることによって，昇進の可能性が継続していても，本人がキャリアの停滞であると認識することもありうる。その意味では，中心方向への移動が停滞しても，本人がそれと気づかない可能性も十分にありうる。企業と従業員の間で情報の非対称性が生じやすいのである。企業の中には，そこまでわかっていて従業員のキャリアをマネジメント，コントロールしているところもあるのかもしれない。ただこれは実証されたものではなく，あくまで本章筆者の推論の域を出ない。

第7節 おわりに

　本章では，中心方向への移動の意義と実例を踏まえ，中心方向への移動の停滞の意義と実例，その問題点について述べてきた。中心方向への移動は，外部から見ると水平方向への移動ではあるが，実質的に上方への移動（昇進）と同様の効果をもたらす可能性があるもので，企業にとっては利用の価値がある。その意味では，中心方向への移動の停滞には昇進と同様の問題が生じうる。これに対しては，昇進と同様の方策で克服していくことになる。

　他方，従業員にとって中心方向への移動かどうか明確であるとは限らない。逆に従業員がみずからの移動を中心方向なのか水平方向なのかわからなかったり，誤解したりする可能性もある。客観的に判断しにくいものであって，実際の活用にはいろいろな問題が生じうる。したがって，中心方向への移動の停滞も，企業からはわかっていても，従業員にはわからない可能性がある。こういった中心方向への移動に特有の問題も生じうる。こういった情報の非対称性の問題は，企業内でのコミュニケーションによってしか解決はありえないであろう。

　なお，本章では企業内で昇進と同様の効果をもたらす中心方向への移動を取り上げたが，中心方向への移動はこれ以外にもいろいろな形がありうる。例えば，企業内で花形といわれるような部門や戦略的に重視されるような部門への移動，非正社員から正社員への登用やいわゆるコース別人事制度での一般職から総合職へのコース転換も，中心方向への移動といえる。さらには，特定の分野で，転職を重ねつつ，より有力な企業や最先端の企業に移っていくといった，企業をまたぐキャリアにおける，より広い意味での中心方向への移動もありうる。また，中心方向への移動について，従業員がどのような意識を持っているのか，こういった移動で従業員の希望がどの程度容れられるのか，またそれによってモチベーションがどう変わるのかといったこともまた重要な問題である。

　さらには，企業における中心や中心方向は常に一定であるとは限らない（石毛，2005）。本社の企画などといった重要性が高いと思われる，常に中心に近い部門もある一方で，企業の経営方針や戦略の変化などといった要因によって変

化する場合もありうる。こういった変化の結果，それぞれの従業員の持つキャリアの意味や価値が変化する可能性がある。例えば，それまで重視されていなかったキャリアが重視されるようになったり，その逆が起こったりすることも考えられる。企業内で標準的とされるキャリアのルートが変化することもありえよう。中心方向への移動に関するこのような多様なテーマについての考察は，今後の課題としたい。

【注】
1) 職能資格（職務遂行能力による格付け）については原則として一定の職務遂行能力に達した従業員はすべて昇格させるのが原則であるし，ポストについてもある程度は増減させることができるが，これにも限界はある。上位資格滞留者が多いため実質的に昇格抑制が行われている企業は少なくない。
2) これは狭い意味の職務給（職務等級によって決まる給与）の場合にとどまらない。例えば職能給（職能資格によって決まる給与）であっても，広い意味では仕事によって与えられる賃金であるといえる。
3) 企業内で，職能資格の高い従業員が多くなり，ポスト不足が生じたときの対策の1つにいわゆる「部付部長」，「専門職部長」といった地位の創設がある。彼らは部長ではあるが，所属する部の責任者（ラインの責任者）ではない。企業内の「格」としては部長であるが，果たす役割は本来の部長の役割ではない（しばしば「特命事項」という多少わかりにくい役割が与えられているようである）。彼らがこの地位から"本来の"部長に転じる移動（例えば業務部部付部長 → 業務部長）は，中心方向への移動といえよう。
4) 職能資格制度は，資格定員がないという意味で，このような状況への対応策としてある程度効果を持っていた可能性があるが，多くの昇格者が出た場合にもたらされるコスト上昇は否定しがたく，昇格の結果企業全体の業績が上がらなければ，結局利益圧迫につながる可能性が高い。
5) 当然，企業内移動とほかの報酬を組み合わせて与えている可能性はある。しかし，企業内移動とりわけ昇進の停滞が従業員に対して与えるディスインセンティブ効果（負のインセンティブをもたらす効果）の存在が知られており（山本寛，2000），報酬としての企業内移動の不十分さをほかの報酬によって代替することは難しいと考えられる。
6) 分析対象は『日本金融名鑑』（1999年版）に掲載されている都市銀行・地方銀行

（地方銀行協会加盟行のみ）・信用金庫のトップ（銀行については「頭取」，信用金庫については「理事長」）のうち，役員就任前に当該企業において10年以上の在職経験を持つ人全員（都市銀行9人・地方銀行34人・信用金庫127人，計170人）とした（キャリアデータの不完全だった人を除く）。なおこの時期を選んだのは，この時期以降キャリアデータの入手が難しくなってきていることなどによる。

7) 筆者の複数の金融機関での聞き取りに基づき，長期間にわたって重要度の高さが継続している，いわば中心に近い部門・店舗として，本部であれば企画・業務・総務部門を，営業店であれば規模が大きい店舗あるいは開設年が古い店舗をあげることとした。

8) これは第1章でいう「階層プラトー現象」の視点から見た場合である。これに対し「内容プラトー現象」から見た中心方向への移動も考えられるが，本章では「階層プラトー現象」に絞って述べる。

9) このほかに，客観的ないし企業による意図的な停滞があるかどうかにかかわらず，対象者の認識として停滞があるように認識する，いわば主観的停滞も考えられる。例えば企業が中心方向への移動として与えたポジションを，対象者が実質的な降格と認識してしまう場合などである。本章では主観的な面からの分析は行っていない。

10) この時期を選んだのは，第3節同様，この時期以降のキャリアデータの入手が難しくなってきていることなどによる。

引用文献

D銀行編　D銀行三十年史，D銀行50年史，D銀行ディスクロージャー誌（各年度版）.

金井壽宏　1999　経営組織　日本経済新聞出版社.

石毛昭範　2002　企業内キャリアにおける「中心方向への移動」の位置づけ　商学研究科紀要（早稲田大学大学院商学研究科）**55**, 37-48.

石毛昭範　2003　企業内キャリア研究の今日における到達点―わが国におけるホワイトカラーの企業内移動の研究を中心に―　日本消費経済学会年報　**24**, 247-253.

石毛昭範　2004　報酬としての企業内移動―中心方向への移動を中心に―　日本経営教育学会機関誌編集委員会編　経営教育研究7―企業経営のフロンティア　学文社，79-96.

石毛昭範　2005　企業における「中心方向」の変化と企業内キャリアの形成に関する考察　経営行動研究年報　**14**, 49-53.

石毛昭範　2006　役員選抜と役員候補者群に関する考察―A銀行のケース―　経営哲学　**3**，43-47．

坂下昭宣　1985　組織行動研究　白桃書房．

小池和男　1981　日本の熟練　有斐閣．

小池和男編　1991　大卒ホワイトカラーの人材開発　東洋経済新報社．

Martin, N. H. & Strauss, A. L. 1959 Pattern of mobility within industrial organizations. in Warner, W. L & Martin, N. H eds. *Industrial Man*, Harper & Row.

松繁寿和　2000　キャリアマラソンの序盤：文系大卒ホワイトカラーの異動と選抜　国際公共政策研究（大阪大学）　**4(2)**，21-40．

中村　恵　1987　ホワイトカラーの企業内キャリア―その論点と分析枠組　神戸学院経済学論集　**19(1)**，109-139．

日本金融通信社編　日本金融名鑑（1990年版～1999年版）　日本金融通信社．

Schein, E. H. 1971 The Individual, The Organization, and The Career : A Conceptual scheme. *Journal of Applied Behavioral Science*, **7**, 401-426.

Shein, E. H. 1978 *Career dynamics : Matching individual and organizational needs*. Reading, MA : Addison-Wesley.（二村敏子・三善勝代［訳］　1991　キャリア・ダイナミクス　白桃書房）

Schein, E. H. 1990 *Career Anchors : Discovering Your Real Values*. Jossey-Bass.（金井壽宏［訳］　2003　キャリア・アンカー―自分のほんとうの価値を発見しよう―　白桃書房）

Thurow, L. C. 1975 *Generating inequality : mechanisms of distribution in the U. S. economy*. Basic Books（小池和男・脇坂明［訳］　1984　不平等を生み出すもの　同文舘出版）

梅崎　修　1999　大企業におけるホワイトカラーの選抜と昇進―製薬企業・MRの事例研究―　大阪大学経済学　**49(1)**，94-108．

Vroom, V. H. 1964 *Work and Motivation*. Wiley.

若林　満　1988　組織内キャリア発達とその環境　若林満・松原敏治［編］　組織心理学　福村出版　230-261．

山本　寛　2000　昇進の研究―キャリア・プラトー現象の観点から　創成社．

山本　茂　1999　日本の企業内移動構造―日・米・英の国際比較による特質検証　日本労働研究雑誌　**471**，2-28．

第3章
キャリア・ドリフトという停滞

第1節 はじめに

　小学生や中学生が将来の自分を思い描くように，学校生活を終えて最初の仕事を選ぶときには，誰しも自分の将来の仕事の姿を考える。もちろん，必ずしも自分がなりたい仕事，入りたい会社に入れるわけではない。就職氷河期と呼ばれた時代には，就職活動を始める前に希望した会社に入れた人は一握りだったろう。また，就職活動が自分の思い通りにいかなかった人も，さまざまなことを思い悩んで最初の仕事や会社を選んだに違いない。ともあれ，就職活動が始まる前，そしてその最中，若い人は，自分のキャリアについて常に関心を持っていたはずである。しかし，多くの人がそういうであろうが，仕事を選んだ時点，仕事を得た時点，会社に入った時点でキャリアが決まるわけではない。むしろそこからキャリアは始まる。であるなら，キャリアについて考えるということ，自分の将来のキャリアに想いを馳せること，より良いキャリアを歩めるようにキャリアに関心を持つことは，多くの若い人にとって，仕事を始めてからもついてまわることであるはずである。しかしながら，入社10年目くらいまでのキャリア初期にある人の多くは，キャリアに対する関心をなくしてしまっている。つまり，自分のキャリアをより良くしよう，自分の将来のキャリアに想いを馳せるということに多くの若者が関心をなくしてしまっているのである。本章では，このようなキャリア初期の人々のキャリアへの関心の薄れ，キャリア・ドリフト，について考えていくことにしたい。

　もし，ご自身がミドル以降であるならば，あらためて会社や最初の仕事に慣

れた時期（だいたい2年目以降）から，30歳くらいまでの時期にどのような仕事に関する悩み，課題を抱えていたか考えてみてほしい。

　キャリア論を経営学の観点から見直した Schein（1968）は次のように初期キャリアにおいて直面する課題と特定の課題をあげている。直面する課題は，多くのこの時期のキャリアにおいて引き起こる課題であり，特定の課題は人によっては直面する課題を意味している。

直面する課題
1　専門を選び，それにどれだけ関わるようになるかを決める，あるいはジェネラリストおよび／または管理者となる方に向かう
2　技術的に有能であり続け，自分の選択した専門分野について学び続ける
3　組織の中で明確なアイデンティティを確立し，目立つようになる
4　自分自身の仕事の責任だけでなく，他者のそれを含むより高度の責任を引き受ける
5　当該職業において生産的な人間になる
6　抱負，求めている前進の型，進度を測定するための目標などによって，自分の長期のキャリア計画を開発する

　これらからわかるように，企業に入り仕事に慣れてから入社10年目のころは，自分のキャリアを定め，組織や仕事において自分の居場所をつくる時期ということができるだろう。例えば，将来的に専門職としてキャリアを蓄積していくのか，あるいは管理者としてのキャリアを目指すのか，つまりさまざまな専門の仕事を行いながら職位を上がっていくのか，特定の専門領域において職位を上がっていくのかといったスペシャリストとジェネラリストの選択もその1つである。あるいはスキルや能力の種類に限らず，組織の中でのその人らしさを確立し，他者から認められる存在になること，あるいは長期的な目標を立て長期的な展望の上で自分のキャリア計画を考えること，など，とりあえず迷惑をかけずに仕事をするという新人の段階から，仕事経験に基づいた自身のキャリア選択を行う時期ということができる。また，人によっては次にあげるような課題に直面する人もいるだろう。

特定の課題

1 ある程度の独立を得る
2 自分自身の業績基準を開発し,自分自身の意思決定に自信を持つようにする
3 どれだけ専門化するのかの決定基準として,自分の動機・才能・価値を慎重に評価する
4 次のステップに関して妥当な決定を行う基準として,組織および職業の機会を慎重に評価する
5 助言者との関係を批判的に考え,他者の助言者になる準備を行う
6 家庭・自己・仕事へのそれぞれの関心を適切に調整する
7 業績が振るわず,在職権が与えられる,あるいは意欲を失うとすれば挫折感に対処する

Schein (1978),訳書より部分的に引用。

　これらの特定の課題は,組織から離れて独立して仕事をするような選択,あるいは家族や自分の趣味などの興味関心も大事に考えて仕事を考えるような選択,さらにはさまざまな理由から退職を余儀なくされたのちの対処など,すべての人に当てはまるわけではないが,この時期に直面する可能性のある課題である。どちらにせよ,初職について組織や仕事に適応する最初の段階（これを社会化段階と呼ぶ）以降,10年くらいの間にキャリアは確立されていく時期であり,その時期にきちんとキャリアを考えることやその考えを踏まえて中長期的なキャリアを決定していくことが,これらの課題からは示されているといえよう。

　また,Schein は同様に,1つの組織でキャリアを歩んでいくような組織内キャリアに関しては,社会化段階からミドルの間にある段階を「相互作用」の段階と呼んでいる。組織内キャリアという視点から見れば,この時期からは組織内の秘密や責任のある職務につくことなど,組織においても徐々に部内者化が進み,「このままこの組織にい続けるのか,それとも別の選択肢を考えるか」といった企業との長期的な組織との暗黙の契約を結ぶことを決める時期ともい

える。このような時期に先立って考えるならば，この社会化プロセスを経て，ミドルキャリアへと向かう時期は，決断の準備を進める段階でもあるといえる。組織や職種にとらわれないいわゆる境界のないキャリア（boundalyless career）を提唱したアーサーら（Arthur et al., 1999）は，75名のインタビュー調査から同様に，初期のキャリアの時期では，キャリアの探索やキャリア経験が積極的に行われていること，そしてこれを支えるのがキャリアをより良いものにしたいというキャリア・エナジーであることを述べている。つまり，組織内のキャリアを歩むにせよ，組織を離れ専門職あるいはまさに境界のないキャリアを歩むにせよ，やはり社会化プロセスを経てミドルキャリアへと向かうこの時期は，キャリア・エナジーを持ち，積極的なキャリアを模索する活動を行う時期であることがわかる。

　しかしながら，著者による現実の調査からは，入社2年目以降6－7年目にかけて，キャリアへの関心が極めて薄くなってしまう状態に陥る場合がある。それが本章で指摘するキャリア・ドリフトと呼ぶ状態である。あらためてこのキャリア・ドリフトの状態に注目するのは，単にキャリアの停滞が起こっているからだけではない。ここまで述べてきたように，自分のキャリアを模索・探索する時期，近い将来にキャリアの決断をせまられる時期であるにもかかわらず，自身のキャリアに対してなぜ無関心になってしまうのか，ということからである。

　以下では，キャリア・ドリフトについて3つの点から考えてみることにする。まずは，キャリア・ドリフトとはいったいどのような状態，どのようなキャリアの停滞であるのか，について2つの点から第1章で触れたキャリア・プラトーとの違いから考えてみることにしたい。キャリアの停滞という点で，キャリア・プラトーと本章で提示するキャリア・ドリフトは近い概念である。この比較を通して，キャリア・ドリフトの持つ特徴を明らかにしたいと考えている。また，キャリア・ドリフトはその性格によって2つのタイプがあると考えられる。この点について，第4章で取り上げられるキャリア・ミストの概念と組み合わせたキャリア・マトリクスを用いて議論する。続いて，キャリア・ドリフトがなぜ引き起こされるのか，著者のインタビュー調査をもとに，その要因について

検討していく。最後に，キャリア・ドリフトがもたらす影響について検討した上で，キャリア上におけるキャリア・ドリフトの意義について考えていく。

第2節　キャリア・ドリフトとは何か

　あらためてキャリア・ドリフトとはいったいどのような状態を指すのだろうか。英語の drift には，自動詞としては漂流する，吹き流される，あてもなくさまよう，知らぬ間に～に陥るといった訳があてられるが，キャリア・ドリフトの状態はまさにキャリアにおいて，漂流したり，あてもなくさまよったり，吹き流される状態を指す。また，キャリア・ドリフトは，キャリア・デザインの対語としての意味もある（金井，2002）。キャリア・デザインが，キャリアを自身の手で描いていく，形成する行動を指し，積極的に自分のキャリアにプラスになるような情報を探索するような能動的な自身のキャリアへの態度・行動を指すのに対し，キャリア・ドリフトが意味するところは，自身のキャリアには無関心で受動的である状態を指す。はじめにで述べたように，キャリア・ドリフトを考える上では，キャリアの時期もう少しいえば，キャリアを考える必要性が重要になる。例えば，定年間近の人にとってみれば，自身のキャリアについて関心がなくなるのは自然であるし，その状態は企業組織においてそれほど問題ではないだろう。これらのことから，キャリア・ドリフトは「自分のキャリアが定まっていないにもかかわらず，自分のキャリアに関する意識や関心が低い状態」と定義することができる。このようなキャリア・ドリフトの状態の個人は，キャリアに対する積極的な行動や態度を取らない。つまり，自分で自分のキャリアを豊かにするような情報探索や人脈づくりなどを行わず，淡々と日々の仕事をこなすような人を指す。

　第1章で触れられたキャリア・プラトーは，同じようにキャリア上の停滞を示す概念であり，階層プラトーは「今後の昇進の可能性が極めて低いキャリアの状態（Ference et al., 1977）と定義される。キャリア・プラトーはキャリアの時期についてそれほど言及はしていないが，実質的には，キャリア中期以降，特に中年期の危機の時期における停滞を念頭に置いていると考えることができ

よう。また，キャリア・プラトーは客観的なプラトーと主観的なプラトーを考えることができる。つまり，実際に数年間階層上の上昇がない状態を客観的なプラトー状態と呼ぶのに対し，自身がそう認識しているものを主観的なプラトー状態と呼んでいる。研究がより多く進められているのは主観的なプラトー状態である。これは主観的なプラトー状態の方が，よりその行動や仕事業績への影響が大きいと考えられるからである。また，客観的なキャリア・プラトーと主観的なキャリア・プラトーは独立ではあるが，客観的なプラトー状態は主観的なプラトーを促しやすい。キャリアの中期に長く同じ地位にい続ければ，必然的に自分はこれ以上階層が上がっていかないのではと思うであろう。

一方，これまで述べてきたように，キャリア・ドリフトはキャリア中期に向かう段階におけるキャリアへの関心の薄さである。キャリア・プラトーが自身のキャリアの上昇が見込めないものを指すのに対し，キャリア・ドリフトはキャリアの上昇がこれからも見込めるにもかかわらず，キャリアへの関心がない状態ということができる。この点ではキャリア・プラトーが低くても（つまり，これからも職位が上がることがあると認識していたとしても），キャリア・ドリフトになることが考えられる。むしろそのことが問題ではないかと考えるのがキャリア・ドリフトのスタート地点であった。これらのことから考えると，想定している時期，ならびに相互の関係から考えれば，2つの概念は同じようにキャリア上の停滞の状態を示す概念であるが，異なる概念であるといえる。しかし，少し議論を先取りするようだが，キャリア・ドリフトを引き起こすものとして，一時的な客観的なキャリアの停滞がある。のちに詳細に述べるが，日本企業の伝統的な人事上の特徴としてある「遅い昇進」がこのキャリア・ドリフトに影響していることがデータからは示唆されている。このことを考えれば，キャリア・ドリフトは，キャリア・プラトーと同じようにキャリア上の停滞を示す近しい概念というよりは，一時的な客観的なキャリア・プラトー状態によって引き起こされる関係にあると考えることができる。

このようなキャリア・ドリフトは，大きく2つのタイプがあることが，インタビュー調査などからは明らかになっている（鈴木，2002）。それらは，漂い型のキャリア・ドリフトと流され型のキャリア・ドリフトである。先にドリフト

の訳について述べたが，漂い型はあてもなくさまようような状態であり，流され型は吹き流されるようなキャリアの状態を指す。少し長いインタビューデータを紹介しながら，より具体的に2つのタイプを見ていこう。「漂い型」のキャリア・ドリフトは，キャリアに関して何も進まないまま，キャリアの関心が低くなっている状態である。つまり，キャリアについて何も見通しがないにもかかわらず，キャリアについて考えもせず，関心もない状態である。このような状態においては当然ながら将来どのようなキャリアを自分が歩むかイメージもできない。確かに仕事はしているが，将来もこの仕事をしているかどうかはわからず，会社や仕事の状態からも自分が将来どのようになっていくかわからないが，将来のキャリアを模索したり，選択するための情報収集をしたりするようなことは特に行わず，その意思もなくただ日々仕事をしている状態である。このような状態は，普通に考えれば考えにくいし，大丈夫かなと思うような状態に感じる人も少なくないだろう。しかし，企業に入り，会社の指示でさまざまな仕事を行う中，将来のキャリアも描けず，一方で，日々の仕事の忙しさ，あるいは日々の仕事の充実から長期的なキャリアを考えることを保留している人も少なくないのではないか。がむしゃらに働く時期や仕事に慣れて仕事に飽きが出てくる時期にはこのような状態になる人は少なくないだろう。

　もう1つのタイプは，「流され型」のキャリア・ドリフトである。流され型のキャリア・ドリフトは漂い型のキャリア・ドリフトとは異なり，自分自身のキャリアへの関心は低い状態であるが，自分の将来のキャリアについてはある程度予測ができる状態である。ただし，予測される将来のキャリアは自分で決断，選択したキャリアというよりも，何もしなければきっとそのようになるだろうという状態である。会社に入ってしばらくたち，先輩や上司を見ていくと自分の将来の姿が見えるようになる。多くの先輩が同じような道を歩んでいるのを見れば，自分も特段変化がなければ同じようになるだろうということは，組織が安定し，人事制度がきちんとしていれば予測がつくことがある。終身雇用・年功序列の時代には，そのように将来の姿をある程度保証することで仕事に邁進させてきた。つまり，将来の杞憂をなくし今の仕事に全力を尽くしてもらおうと考え，そのため従業員は将来の姿を受け入れ，キャリアについて特段

心配をせずに仕事生活をしてきたのである。このような人のインタビューでは，「レールのようなものに乗っかる」という表現がよく出てくる。会社の轢いたレールの上を走ること，つまりは会社に自分のキャリアを任せることで，キャリアを考えることから離れ，ただそれに沿って仕事をしていくような状態である。一見会社のその人に対するキャリアの方向性と自身の方向性が一致していればむしろ良い関係であるといえる。確かにそのようにいうこともできるだろうが，キャリア・ドリフト状態の1つの懸念は，きちんと決断をした上での「レールに乗っかる」状態でないことである。つまり，なんとなく流されて，決断をせずにいる状態が，キャリアにおいては必ずしも健全とはいえない理由である。

　これら2つのキャリア・ドリフトの状態は，キャリアの見通しによって区別することができる。このキャリアの見通しをキャリア・ミストと呼ぶ（加藤，2007）。つまり，キャリアに対する関心の状態とこのキャリア・ミストの濃さによって，2つのキャリア・ドリフトは規定されるといえる。この2つのキャリア概念によって示したキャリア・ドリフトの図が次のものである。2つの軸からは4つの象限が形成される。まず，右上の象限はキャリア・ドリフトの状態（つまりキャリアへの関心が薄い状態），キャリア・ミストが濃い（つまりキャリアの見通しがない状態）状態である。これは漂い型のキャリア・ドリフトの状態である。一方，第4象限つまりキャリア・ドリフトの状態で，キャリア・ミストが薄い状態は流され型のキャリア・ドリフトと呼ぶことができる。またこのマトリクスでは，左半分の状態についても示されることがわかる。第2象限は，キャリアへの関心は高いがキャリアの見通しが立っていない状態である。これは自分の将来の見通しがわからないためにキャリアを模索している状態，つまり方向探索の状態であるといえる。一方で，キャリアへの関心が高く，キャリアの見通しがはっきりしている状態はある見通しのある目標に向かって，それを実現するためにキャリアについて関心を抱いている状態といえ，目標を追求している状態といえよう。

　もし時間があるようだったら，このマトリクス上のどこに自分が位置するか考えてみてほしい。自分のキャリアの見通しははっきりしているかどうか，自

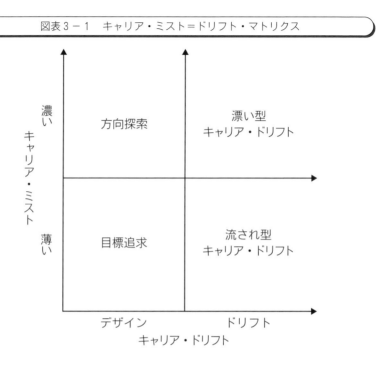

図表3-1 キャリア・ミスト=ドリフト・マトリクス

分が現在自分のキャリアに関心を持っているかどうか，その2つによって自分の現在の状態がどの辺りに位置するのかがわかるだろう。

第3節　キャリア・ドリフトを引き起こすもの

　では，どのような要因がキャリア・ドリフトを引き起こすのであろうか。つまり，どのような要因によって，キャリアへの関心が薄れていくのであろうか。キャリア・ドリフトをもたらす要因としては，直接的な要因と間接的な要因がある。まず，直接的な要因としては社会化以降の仕事の慣れや飽きがある。仕事の慣れや飽きは，特に入社して2年目以降から起こり，キャリアへの関心のなさにつながる。入社当時は，日々の業務をこなすのが精一杯であった新人も，1年目が終わるころには，自分なりのやり方を学び，仕事を十分にこなすこと

ができるようになってくる。また会社や職場にも慣れ，仕事によっては一人でも十分にできるようになってくる。しかし，この仕事や組織への適応が逆に将来のキャリアへの関心を失わせてしまうのである。ほとんどの企業組織や仕事において，全社的な意思決定に関わる仕事を任せることはない。多くの場合，若手社員は営業活動であれば外回りと呼ばれる仕事，間接部門であれば単純な資料づくりや作業，技術や研究職であれば先輩やプロジェクトの手伝いなど組織の外郭的な仕事をするのが普通である。自分の所属する組織や仕事を考えてみてほしい。決して，新人の能力を軽視するわけではないが，組織の成果と新人の育成を考慮した結果，多くの組織では若手はもっぱら大きな企業組織の意思決定に関わるような仕事ではなく，このような仕事を担当しているだろう。これらの仕事は，自分で仕事を工夫する余地はあるが，それほど大きな責任を負う仕事ではない。そのため1年もすれば仕事が十分にこなせるようになり，定型感や単調感を仕事に対して持つようになってくる。組織心理学者のケイツ（Katz, R.）は，職務経過年数と職場への適応の関係について，社会化，刷新，順応の3つの段階があると述べている。彼によれば，どんなに魅力的な仕事であっても，順応の段階になると慣れにより，定型感と単調感を持つという。仕事の豊かさによって順応段階までの時間は異なると考えられるが，若手が任される仕事は，ある程度の能力があれば数年で順応の段階に入ってしまうと考えられる。

　しかし，このような慣れによる定型感や単調感だけがキャリアへの関心を失わせるわけではない。慣れや飽きによる定型感や単調感は仕事への意識を低くし，同時にキャリアへの意識を低いものにしてしまう。仕事がだいたいうまくできるようになり，その工夫の余地もなくなれば，なかなか仕事に対して意識を持ってより良い成果をあげるように努力する意欲が失われる。また，定型感や単調感があるということはそれなりに結果を出せることを指してもいる。そのことが仕事のことで悩んだり考えたりする機会を失わせている。そしてそのような状態が数年間続くことがよりキャリアをドリフトさせてしまう。つまり，特段余分な努力や苦労をしなくても，こなせる業務が続くことによって，仕事へのモチベーションが低くなり，同時にキャリアへの意識が低くなってしまう

のである。皮肉なことではあるが，仕事や組織に慣れた後，特段つまずく場所がないことが，結果として仕事のことを見つめなおしたり，将来のことを考えたりすることにつながらなくなってしまうのである。

　次に間接的要因について触れよう。企業によって異なるが，すでに述べたように，キャリアにおける課題が多い時期は，組織に入りたての社会化の時期と成長が鈍化するミドルの時期（中年期の危機）である。それゆえ，多くの企業においてこの時期における研修をはじめとしたキャリアを考える外的な機会は用意されているが，その間の期間であるキャリア・ドリフトの時期には多くの人が迎えるキャリア上の課題が少ない。このことがキャリア・ドリフトを引き起こしている1つの要因である。新人が会社に入りたてのときには，就職活動や内定時の期待と現実のギャップに悩むことがある。これをリアリティ・ショックと呼ぶ。例えば，企画などの仕事がしたいと思い，入った会社で先輩の手伝いばかりをやることになることや，思った以上に残業などが多く，仕事そのものに疲れてしまうことなどが理想と現実のギャップとして現れる。多くの場合，このようなリアリティ・ショックは組織への愛着の低下など新人のモチベーションにネガティブな影響をもたらす。また，新人は同時に「自分が働きたいのはこのような仕事，このような会社であったのか」といった問いを自分に問いかけることになる。そしてさまざまな経験や研修のような機会を通じながら，多くの新人はリアリティ・ショックに対処し，仕事と組織に適応することになる。もちろん，リアリティ・ショックにうまく対処できず，仕事に対してモチベーションを失い，仕事あるいは会社を辞めてしまうようなケースもある。ともあれ，新人のときに感じる辛い経験は自分の仕事やキャリアを考えさせる機会になる。しかし，すでに述べたように社会化の時期を過ぎると，日本企業では一般的に研修などの機会は大幅に減ってくる。また，小池（1991）が述べるように，日本企業は「遅い昇進」と呼ばれる最初の選抜までが欧米の3－4年に比較して6－7年と遅いといわれる。このことも，この時期のキャリアの節目のなさを助長しているといえる。つまり，日本企業の構造的な問題としてキャリア・ドリフトを引き起こしやすい土壌があるといえるのである。キャリアにおける節目は，それがネガティブなものであっても，ポジティブなものであ

っても自分のキャリアを考える1つの機会になる。多くの人にとって、例えば仕事の大きな変化を生む異動は自分の仕事生活を考える良い機会になるだろう。このような機会のなさがキャリアへの関心の低下をもたらしてしまうのである。

　間接的な要因のもう1つは、初期から中期にかけて標準的なキャリア・パスが存在していることにある。企業規模が安定している組織では、新人から中堅まで明示的ではないものの標準的なキャリア・パスがあることが少なくない（小池, 1991）。このようなその組織にある標準的なキャリア・パスをキャリア・ラインと呼ぶ。このようなキャリア・ラインはあるポジションから別のポジションに移る平均的な年数などによって形成される。若手は、自分の上司や先輩が歩むキャリアを知ることなどによって、（それが実際に実現するかどうかは別として）自分のキャリア・ラインを自覚するようになる。つまり、「将来、自分はこのようなキャリアを歩むのだな」という予測のようなものが見えてくるのである。もちろんこのようなキャリア・ラインは組織に1つしかないものではない。その専門や職種に応じていくつか存在することも考えられる。通常、このキャリア・ラインを自覚すること、つまり自分がどのようなキャリア・パスを歩んでいくかということが見えることは、キャリア発達に積極的な影響を与える。なぜならそれは自分の将来をしっかり自覚することにつながるからである。しかし、そのようなキャリア・ラインが見えることがキャリア・ドリフトを引き起こしてしまうことがある。それは、キャリア・ラインを知ることによってある種の安心感と無力感を引き起こすからである。つまり、キャリア・ラインに沿って流れることは、自分でキャリアを描くのではなく、組織側に自分のキャリア・デザインのイニシアティブを預けてしまうことに等しいからである。いわれたことをそつなくこなしていれば、自分のキャリアはそのキャリア・ラインに沿って進んでいく。もちろん、キャリア・ラインに沿うことを自分の意思で決めているのであれば、それはキャリアがドリフトしているとはいえないが、多くの場合は日々の仕事をこなしていく結果で、自分のキャリアが組織の用意したキャリア・ラインに沿って流れていくだけになってしまう。つまり、見通しがあるがゆえにキャリアがドリフトしてしまうのである。ここで1つインタビューを見ることにしよう。

社内の意識調査みたいなものにも，ずっと「機があれば転職したい」というところに丸をつけていた。それから知らないうちに5年とかすぎてて，結構転勤があったりするんですね。そうこうしているうちに，その中でも仕事の楽しみ方って出てくるわけです。それでとりあえずそれで良いかと。自分の意に反するところはあったんですけど，長いレールに乗っかっちゃうと「こりゃ楽だ」というのがあるじゃないですか。ある程度大きなところで，逆流する必要もないだろうし，組織の中の歯車になると結構楽なんだよね。（男性，30代）

　このように流され型のキャリア・ドリフトは，組織の中で仕事生活をするうちにだんだんと乗せられていくラインに抗わないことから起こっていく。つまり，組織側の要請を受け入れていくこと，組織側に自分のキャリアのデザインを預けてしまうことになる。つまり，組織側のキャリア支援のあり方が，場合によっては組織のメンバーのキャリアへの関心を失わせてしまうのである。さて，このような直接的・間接的な要因のキャリア・ドリフトへの関係を示したものが図表3－2である。キャリア・ドリフトを引き起こす要因は直接的には仕事への慣れや飽きがあるが，その背後には遅い昇進やこの時期の研修制度の少なさといった組織的要因が潜んでいるのである。また，キャリアのラインが

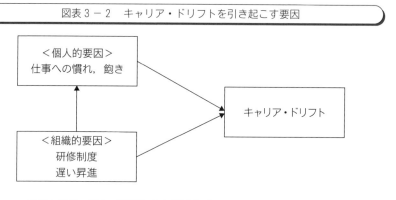

図表3－2　キャリア・ドリフトを引き起こす要因

出所：加藤・鈴木（2007）より著者作成。

見えることも逆にキャリア・ドリフトを引き起こしている。やや過激な言い方をすれば，放任しすぎるのもキャリアへの関心を失わせるが，一方で，過保護の親の子は甘えん坊になり自律性が育まれないように，組織内至れり尽くせりで安心させることも結果的にはキャリアへの関心を失わせてしまうのである。

　最後に，組織的でも個人的な要因でもあるキャリア・ドリフトを促す要因として，日々の仕事の忙しさがあげられる。計画のグレシャムの法則というものがある。計画のグレシャムの法則とは，長期計画などの長期的な観点の仕事は日々の仕事のような短期的な観点の仕事に優先されてしまうというものである。長期計画を立てて行動することは大事であるが，日々の仕事をまわしていくことに余裕がないと，なかなかそれを考える時間が用意できずに，日々の仕事が優先されてしまうということを指す。キャリアに関しても同様であり，自分の将来のキャリアをどうするかといったことは，解決できないからといってすぐに困ることではない。そのため日々の仕事が忙しいとどうしてもそちらの解決が優先されてしまい，キャリアを考える時間は後回しになりがちである。結果として，日々の仕事に追われているうちに，自分のキャリアへの関心を失ってしまい，キャリアがドリフトしてしまうのである。

　このように考えてくると，キャリア・ドリフトは，仕事がある程度一人前にできるようになる時期からミドルの間におこる特有の事象によって引き起こされると考えられる。つまり，なぜキャリアを決定していかなければならないこの時期においてキャリアに対する関心が薄れてしまうのか，といった疑問がスタートではあったが，むしろこの一人前からミドルの間であるからこそ，起こる問題でもあったわけである。そしてこの背景の１つには，これまでの日本企業の持つ人事施策上の特徴があったと考えられるのである。

第４節　キャリア・ドリフトをもたらすもの

　ではキャリア・ドリフトという状態は，キャリアを含め，働く人にどのような影響をもたらすのだろうか。なによりキャリア・ドリフトが問題であると考えられるのは，キャリアを考えるべき時期にきちんとキャリアと向き合わない

ことである。以前の多くの日本の大企業のように，将来まできちんと企業が面倒を見てくれていた時期であるならば，この時期にきちんと自分のキャリアを考えなくても，会社がなんとかしてくれた。しかし，状況は大きく変わっている。必ずしも企業は採用した従業員を最後まで面倒を見てくれる保証はない。大きな企業が人員整理や場合によっては倒産していることを鑑みれば，少なくともその可能性は大きく減少しているし，たとえ企業がそのつもりであっても楽観はできないだろう。なにしろ仕事人生は40年くらい続く長期間なのだから，何があっても不思議ではない。むしろ，現在の企業において人手はギリギリまで削られているところが少なくない。これからの若い世代は，仕事に追われる日々が続くことも考えられる。であるとするならば，むしろ企業での働き方からすれば，よりキャリア・ドリフトを助長する方向へと動いているともいえる。きちんと自分でキャリアをデザインしないままに，与えられた仕事をこなしている日々が続くと，いつしか自分のキャリアについてイニシアティブを取らないまま，キャリアが漂流してしまうことにもなる。所属している組織が自分の将来のキャリアをきちんと面倒見てくれるのであれば，それで問題ないが，リストラのように突然組織から見離された時，キャリアを考えていないことはその後のキャリアへのスムースな移行を妨げてしまうであろう。

　またキャリアへの関心の低さは，仕事に対する意識の低下へと繋がってしまう。自分の将来の見通しがなく，それを探索したり模索することがなければ，現在の仕事の意味がなかなか掴みにくくなってしまう。つまり，自分の現在の仕事が将来の自分のより大きな仕事にどのように繋がっているかがわかりにくくなるのである。このことは現在の仕事へのモチベーションを減少させてしまう。これは，仕事への飽きや慣れがドリフトを引き起こしてしまうことを考えれば，相互に影響しあう関係であるともいえる。仕事へのモチベーションのなさが将来のキャリアへの関心を失わせ，そのことがさらに仕事へのやる気を失わせるのである。

　ただ，現在の仕事へのモチベーションが低いことが，キャリア・ドリフトと関係するわけではない。高橋（2010）によれば，Ｊリーガーのようなプロのアスリートの何人かは，アスリートとして引退後にセカンドキャリアへ移行する

ことにうまくいかず，現役であることにこだわり続けることや，新しい仕事についてもすぐに辞めてしまうといった状態になってしまう。日本代表クラスであれば，コーチやあるいは監督といった指導者の道が用意されている場合もあるが，そうでない選手はサッカーとは無縁の仕事をしていかなければならない。しかし，現役への未練やそれまでサッカーだけをしてきたことなどからなかなか次のキャリアへの移行がうまくいかない選手が少なくない。一方で，現役時にも引退後のキャリアをある程度関心を持って考えていた人は，比較的スムースにセカンドキャリア，つまり引退後の新たなキャリアへの移行ができている。であるならば，現役時にきちんと次のキャリアについて考えるべきではないかと思うのだが，実際のJリーガーたちはなかなか考えることができないという。もちろん，彼らはいつかアスリートとして引退しなくてはいけないことは理解しているものの，次のことを考えるよりは，今できる限り現役を続けたい，サッカー選手として向上したいという意思を持っている。そのため，セカンドキャリアの準備をするといったことに関心はいかず，どうしても現在の仕事である現役選手としての仕事にだけ関心がいってしまうのである。つまり，今の仕事に全力を尽くしたいからこそ，将来のことはあまり考えたくないということも起こる。先に示した計画のグレシャムの法則に基づけば，このようなことも十分に考えられることである。

　2つめのキャリア・ドリフトの問題点は，組織への愛着や一体感が薄れてしまうことである。このような組織への愛着や一体感を情緒的コミットメントと呼ぶが，キャリア・ドリフトの状態にある人はこの情緒的コミットメントが低くなってしまう傾向がある。つまり，キャリアへの関心がない人は，自分の会社への愛着や一体感も低くなってしまうということである。図表3－3は我々が調査した，キャリア・マトリクス上の4つのキャリアのタイプといくつかの変数との関係を示したものである。情緒的コミットメントに関していえば，漂い型キャリア・ドリフトが最も低く，続いて，流され型キャリア・ドリフトが低い。これは目標探索と目標追求のタイプと比較すればその違いは明らかだろう。なぜキャリア・ドリフトの状態が情緒的コミットメントを低くしてしまうのか。キャリアについて関心を持っている人は，その組織で働いている意味を

図表3-3　キャリア・ミスト=ドリフト・マトリクスと各変数の関係

		低　　キャリア・ドリフト　　高	
キャリア・ミスト	濃	**目標探索** 平均年齢　　　　　　：37.19 平均勤続年数　　　　：13.32 情緒的コミットメント：　3.99 功利的コミットメント：　2.90 自発的離職意志　　　：　3.18	**漂い型キャリア・ドリフト** 平均年齢　　　　　　：34.83 平均勤続年数　　　　：11.08 情緒的コミットメント：　2.58 功利的コミットメント：　4.27 自発的離職意志　　　：　4.47
	淡	**目標追求** 平均年齢　　　　　　：36.33 平均勤続年数　　　　：12.61 情緒的コミットメント：　4.26 功利的コミットメント：　2.67 自発的離職意志　　　：　2.84	**流され型キャリア・ドリフト** 平均年齢　　　　　　：32.23 平均勤続年数　　　　：10.08 情緒的コミットメント：　2.82 功利的コミットメント：　4.21 自発的離職意志　　　：　3.95

出所：鈴木（2007）より。
（注）平均年齢の単位は歳，平均勤続年数の単位は年である。それ以外は1〜5の値を取る。高いほどその傾向が強いことを示す。

きちんとつけている人であるといえる。たとえ，将来的にこの組織を離れようと考えている人であっても，今すぐに離れないとするならば，その意味をきちんと考えているといえる。もちろん，キャリアを考えることは自分がどこで働くかを考えることも含まれるため，キャリアに関心がある人は，自分なりの決断の結果，その組織にいることになる。一方，キャリアに関心がなく，キャリアがドリフトしている人は，結果的に居続けているだけである。そのため，たとえ組織に不満があまりなくとも，組織と自分の関係をきちんと考えておらず，そのため組織へのコミットメントが低い状態なのである。

図表3-3は著者による調査から，キャリア・ミスト=ドリフト・マトリクスによる4つのタイプといくつかの変数の関係を示したものである。図表3-3では情緒的コミットメントのほかに，功利的コミットメントについても数値が示してある。功利的コミットメントは，情緒的コミットメントと同様に自分

と組織の関係を示す数値であるが，その関係は功利的，物質的なつながりである。例えば，給料がいいからこの会社にいるだけ，あるいはせっかく入った会社だし，ほかへ移るとこれまでの苦労が無駄になるから，といったように，しがらみのように，組織を離れることで失うものが大きいために辞めないでいるといった消極的なコミットメントである。図表3－3からは，キャリア・ドリフトが高い人，つまりキャリアへの関心が低い人は総じてこの功利的コミットメントが高いことがわかる。情緒的コミットメントが低いにもかかわらず，功利的コミットメントが高いということは，組織への貢献意欲はあまりないが，できればこの会社に居続けたいというような人である。キャリアに関心がないことが，仕事への関心を失わせ，結果的にこのような功利的な形でだけ組織にコミットする人をつくり出してしまうのである。つまり，依存的に組織に関わってしまうのである。当然ながら，このような功利的コミットメントが強い人は，必要以上の努力を示さず，仕事の成果も低くなってしまうことが考えられる。

第5節　おわりに

　キャリア・ドリフトの状態は，短期的には組織との関係の希薄化を生む。また，場合によっては仕事そのものへの関心も失わせてしまう。また長期的には，キャリアが大きく変更するような事象が起こった際に，その移行を送らせてしまうことがある。これらを鑑みれば，キャリア・ドリフトの状態はなるべく避ける方がよいように見える。つまり，企業組織であればマネジメントによって，キャリア初期から中期にかけてキャリアへの関心を高める施策がより重要視される必要があるということである。しかし，本当にキャリア・ドリフトは悪であるのか，つまりこのキャリア初期から中期にかけてキャリアへの関心が低いことは，問題であるのだろうか。この点について3つの点から考えてみたい。
　1つは，キャリア・ドリフトが終わる時についてから考えてみたい。我々の調査では，多くの人がキャリアの初期から中期にキャリアに対する関心を失い，キャリア・ドリフトの状態になっていた。その中には漂い型のキャリア・ドリ

フトの人もいれば，流され型のキャリア・ドリフトの人もいた。調査を進めていくと，ほとんどの人は30歳を過ぎるころにはキャリア・ドリフトの状態からキャリアへの関心を持つことになる。その理由は，30歳という年齢である。30歳という年齢としての節目を迎えることにより，彼らは自分のキャリアについてこのままでよいのかどうかを考えると同時に，キャリアをある程度定めなければならない焦りを感じていた。それは，転職をするにしても30歳を過ぎてくるとなかなか良い転職先が得られないという実感を持っているからである。このような「このままでキャリアが流されていて良いのだろうか」という危機感から，多くの人はキャリアへの関心を持つことになる。つまり，キャリア・ドリフトの状態にある多くの人は，仕事をする中で自然とキャリアへの関心を失ったと同様に，節目を前に自然とキャリアへの関心を持つようになるのである。このことを考えれば，強制的にキャリア・ドリフトの状態を回避すること，例えば研修などを行って自分の将来について考えてもらうこと，は必ずしもすべての人に必要なわけではないことがわかる。キャリア・ドリフトを引き起こした要因を考えれば，キャリアを考える機会があれば多くの人は自分のキャリアを考えるようになるからだ。

　2つめは，がむしゃらに仕事をすることについて考えてみたい。キャリア・ドリフトをもたらす要因の1つは，仕事に対する飽きや慣れがある。自分の仕事の工夫の余地がなくなり，仕事への関心が薄れることに呼応して，将来のキャリアへの関心が薄れてしまう。一方で，先にJリーガーの例を挙げたように，目の前の仕事に必死になることで，長期的なキャリアへの関心が薄くなることもある。我々の調査（加藤・鈴木，2007）においても，次のようなインタビューがあった。

　　　自分でキャリアをデザインするとかこうなりたいというのはあんまりない。先は読めないし，「10年先なにをしているか」なんて全然ないなあ。多分その時々で興味も変わるかもしれないし。*(30代男性)*

　インタビュイーは，決して仕事に対して飽きているわけではない。これまで

の仕事は面白かった，快感であったと答えている。また，先が見えないことやその場その場で流されていることが問題であるとも感じていない。さまざまな予想外の仕事をすることになり，日々の仕事が充実し，これからもそのようなスタンスでいくことになるだろうと答えている。これらのことを踏まえると，キャリア・ドリフトの状態は必ずしも問題であるとも言い難い。日々の仕事をがむしゃらにしていることで充実感を得ていると同時に，そのことがキャリアへの関心を薄れさせているからである。

　3つめに，組織との距離があることの重要性について考えてみたい。前節で述べたように，キャリア・ドリフトは組織への情緒的コミットメントを低くしてしまう。長期的なキャリアについての考えがないことは，組織への関心も失わせる。もちろん，仕事に対して飽きている場合には，よりそのような傾向が強くなるだろう。しかし，長期的に会社組織と自分の関係を考える際には，必ずしも若い自分から組織との関係が良好である必要はない。むしろ，中期においてきちんと組織との関係を保つには，組織との関係が良好でない時期，あるいは組織に対して疑問を持つという時期が必要だろう。組織との良好な関係はさまざまに考えることはできる。例えば，組織の考え方や価値観に一体化することや愛着を持つことは確かに良好な関係であるといえる。しかし，このような良き関係を長期的につくるには，組織に対して疑問を持ったり，客観的に眺めたりといったことが必要になる。人間関係でも同様であるが，「雨降って地固まる」というように，ある種鬱屈した関係を経ることで，両者の関係がより良いものになることは自然である。組織に入った途端から組織への一体感が強くそのままであることは，必ずしも強固な良い関係を持つためには必要とは限らないのではないだろうか。もちろん，初期から中期キャリアにかけて組織への情緒的コミットメントが低いが故に，組織を離れるということが多ければ，それは組織にとって気をつけなければならない点であるが，常に気をかけ，組織への情緒的コミットメントが高い状態にし，組織への疑問を持たないようにすることは，長期的には個人にとっても組織にとっても必ずしも良いこととはいえないだろう。

　これらのことを鑑みると，一様にキャリア・ドリフトの状態を一刻も早く改

善しなくてはならないともいえない。むしろキャリア・ドリフトという時期が個人のキャリアにとっても，仕事にとっても，会社との関係にとってもプラスに働くことが考えられる。

　あらためて，キャリア・ドリフトというキャリアにおける停滞についてどのように考えればよいのだろうか。個人の観点と組織の観点から考えて見ることにしよう。もし，ご自身がキャリア・ドリフトの時期をくぐり抜けたのであるならば，あのときキャリアに関心がない時期があったことが今の自分のキャリアにどのように影響を与えているか，少し考えてみてほしい。たぶん，多くの人が確かに停滞したが，無駄な時期ではなかったというのではないだろうか。キャリアにおいて大事なことは，停滞していることそのものではなく，それをどのようにキャリアの中で位置付けるかということにある。金井（2002）が述べるように，キャリアがドリフトする時期はあってもよい，重要なことはきちんと節目で考えることである。すでに述べたようにキャリアの初期から中期の時期は，自身のキャリアが定まっていく時期である。しかし，その時期にずっとキャリアのことを考えたり，より良いキャリアになるべく行動をしたりすることだけが重要なわけではない。将来のことにとらわれず，今の仕事をがむしゃらにやることや仕事や会社ということからも少し離れて自分の人生を少し楽しむこともその後のキャリアにおいて必ずしもマイナスになるとは限らない。むしろ，そのような幅の広い活動がより豊かなものをもたらしてくれることもある（Krumboltz & Levin, 2004）。そう考えれば，重要なことは，ドリフトの時期をいかにその後のキャリアの中で統合していくのか，また節目をきちんと意識して関心を持つべき時期，キャリアを定める時期を見極めることが大事になる。キャリア・ドリフトにおいて問題となるのは，自覚もないままにキャリアに対して無関心であったり，キャリアの決定を避けてドリフトしたりする状態である。もちろん，先のインタビューのように，意識して先のことは考えないというのも1つの重要なキャリア戦略である。あらためていえば，重要なキャリア上の課題から避けるようにしてキャリアがドリフトしていることが問題になるのである。

　続いて組織の観点から見ていこう。組織にとってみれば，キャリアに関心を

持たないことは，仕事へのモチベーションを下げてしまったり，組織への情緒的なコミットメントを低くしてしまったりする。この点から考えれば，キャリア・ドリフトを避ける必要がある。しかし，先に述べたように，組織との関係で言えば組織との距離があった時期があることによって，組織についてより深く多面的に知ることにつながる場合も少なくない。組織コミットメントは，遅い昇進などの日本特有の人材マネジメントの特徴によって引き起こされるこのキャリア・ドリフトを背景に，キャリアの初期から中期にかけて低下するが，その後昇進や昇格などのキャリア上の転機を通して強くなることが示されている（鈴木，2002）。この時，組織への見方が変わったことが大きく組織に対する同一化，愛着をもたらすことにつながっている。昇進や昇格によって組織の情報や組織に対する見方が変わることで組織を見直すことにつながるからである。つまり，組織との関係は，その出来事1つ1つだけで決まるのではなく，まさにキャリア上の出来事の積み重ねによって決まってくるため，逆説的だが，キャリア・ドリフトの時期が組織とのより良い関係を構築する上で意味をなすのである。このように考えれば，長期的な組織との関係を考える上ではキャリア・ドリフトは必要なものともいえる。

　あらためていえば，個人の観点にしろ，組織の観点にしろ，短期的な側面を考えればキャリア・ドリフトは決して良いものとは言い難い。しかしながら，中長期的な側面を考えればキャリア・ドリフトしている時期は意味ある時期であるともいえる。つまり，以前の日本のような長期的な組織との関係を念頭に置くならば，キャリア・ドリフトは（あえてそれをマネジメントするとまではいわないものの），必要な時期であるといえる。一方で，短期的な関係を念頭に考える組織や個人においては，できる限り避けるべき現象だといえる。停滞というのは，一見無駄のように思えるが，その視点の取り方によって大きくその意味を変えるということができる。これは，人間の人生において何もしない時期や目の前のことだけを考える時期が重要なことと同じである。長期的な夢や目標からキャリア・デザインをすることは確かに意味深いことではあるが，若い時期だからこそたとえ長期的なキャリアは横においても，さまざまな経験を積むことがその後のキャリアに良い影響を与えると考えることもできるのである。

引用文献

Arthur, M. B., K. Inkson, & J. K. Pringle 1999 *The New Careers*. Sage Publication.

Arthur, M. B., & D. Roussau 1996 *The Boundaryless Career*. Oxford Press.

Ference, T. P., A. F. Stoner, & E. K. Warren 1977 Managing the career plateau. *Academy of Management Review*, **2**, 602-612.

金井壽宏　2002　働くひとのためのキャリアデザイン　PHP新書.

加藤一郎　2007　語りとしてのキャリア　白桃書房.

加藤一郎・鈴木竜太　2007　30代ホワイトカラーのキャリア・マネジメントに関する実証研究：ミスト＝ドリフト・マトリクスの視点から　経営行動科学，**20**(3)，301-316.

Katz, R. 1980 Time and work: Toward an integrative perspective. *Research in Organizational Behavior*, **2**, 81-127.

小池和男編　2001　大卒ホワイトカラーの人材開発　東洋経済新報社.

Krumboltz, J. D., & A. S. Levin 2010 *Luck is no accident: Making the most happenstance in your life and career*. Impact Publishers（花田光世・大木紀子・宮地夕紀子［訳］2005　その幸運は偶然ではないんです　ダイヤモンド社）.

Schein, E. H. 1978 *Career Dynamics*. Addison-Wesley Publishing Company Inc.（二村敏子・三村勝代［訳］1990　キャリア・ダイナミクス　白桃書房）

鈴木竜太　2002　組織と個人：キャリア発達と組織コミットメントの変化　白桃書房.

高橋　潔　2010　Jリーガーの行動科学　白桃書房.

第4章

霧の中の希望とキャリアの停滞

第1節 未来を知りたいか，知りたくないか

　テレビで毎朝，占いが放映される国は珍しいという。私たち日本人は，諸外国の人々と比べて，その日がどのような一日になるかの見通しがほしいという願望が強いのだろうか。誕生日や血液型を使った占いへの日本人の執着はともかく，人間は古今東西，未来を見通したいと願い続けてきたことは確かだ。古代の暦は次の洪水がいつ起きるのかを予測するためにも使われたし，現代の投資家は過去のデータから今日のマーケットの値動きを知ろうとする。我々はそれらを見て，未来に対する希望を形成し，ひとまずは落ち着いて家を出て日常の雑事へと突入していく。

　未来に対する予想はどの程度信頼できるのだろうか。占いがよく当たるのは「人は当たった時のことだけを覚えているからだ」とか，「占いは何が起こってもあてはまりそうなことしか言わないからだ」といった種あかしはもっともらしい。しかし，キャリアについての予想や期待といった，「今日の占い」よりはもう少し大切に思えることについてはどうだろうか。この本を読んでいらっしゃるあなたは今の自分を5年前，10年前に予想していただろうか。「子どものころからの夢をそのまま叶えました」というメジャーリーガーのイチロー選手みたいな人もたまにいらっしゃるものの，私たちの多くは子供の頃考えもしなかった仕事や生活を今，している。

　先の見通しを立てたいと思い，私たちはさまざまな行動に出るが本当のところは何もわからない。明日太陽が昇るかどうか，来月会社がまだあるかどうか，

この章を最後まで読み終えられるかどうか、実はわからないのである。もしかしたら次のページは白紙かもしれない。

このように、何もわからない中で生きているにもかかわらず、筆者のこれまでの調査でわかったのは、たまに「未来が全部見えちゃった（ように感じた）」と語る人がいるということだ。しかも、あれほど占いの類が大好きであるにもかかわらず、この「見えちゃった（と感じた）」人たちはたいていそのことが嫌だったという。かれ（彼女）らは、見えてしまった未来に明らかな不幸や惨事が待ち構えているから嫌なわけではなく、見えてしまったこと自体がイヤなようだ。確かに、これから自分が死ぬまでに何が起こるか正確に予測できたら、そこにあるのはどうしようもない絶望だ。いったい、人という存在は未来が見たいのか、見たくないのか。

本章では、先を見通したいと願いながら、見えない先だからこそ希望を感じられるという、相反する人間の欲求とキャリアの停滞について考えてみたい。

第2節　キャリアの霧と希望

筆者は2000年頃、大学院の2年目に修士論文を書くための調査を始めた。この時の大きな研究課題は「30歳前後で会社を辞める人は何を考えているのだろう」というものであった。自分自身が20代後半にそれまで5年近く勤めた会社をやめ、アカデミズムの世界を目指していた時期でもあり、「バブル崩壊後に苦労して就職したはずの会社をなぜ辞める？」という疑問が高まっていた時期でもあった。

それまでの「人が会社を辞める時」の研究蓄積（"turnover" という専門用語が用いられ、結構な数の論文が書かれている）においては、大きく2つの離職原因が特定されていた。1つは、「嫌だから辞める」というものであり、もう1つは「他にやりたいことがあるから辞める」というものであった。これらの原因は実に当たり前なのだが、では「なぜ嫌になるのか」、「なぜ他にやりたいことができてくるのか」といった事柄を探る研究はほかの多くの変数（賃金、職務内容、監督方針、労働市場の動向など）を取り込みながら、それなりの広がりを見

せていた。

　これに対して，「何か新しいことをみつけたい」と考えていた駆け出しの大学院生だった筆者は，「とりあえず会社を辞めた人に話を聞きにいこう」という気楽な姿勢で人づてに調査協力者を募ってインタビュー調査を行った。わずか10人程度のインタビューであったが，細かく話を聞いていると，①「嫌だから」，②「他にしたいことがあるから」の，それまでの研究で扱われてきた2大理由とはちょっと違う形式で，会社を辞めた理由を語る人たちがいたのである。

2−1　キャリア・ミスト

　この，ちょっと違う離職の理由を持つ人たちの語りの特徴を，順を追ってみてみよう。まず，かれ（彼女）らが口にするが，キャリア初期における，将来の不透明感である。実際の語りを見てみよう。

> （入社前に仕事内容はどの程度分かっていましたか？）
>
> <u>いや，分かってないよ。</u>だから，俺なんか，今それこそさあ，採用（担当）をやっていたから，去年採用の1次面接を手伝ってんな。そんなら（かつての自分と）同じようなことを言うやつがおんねん（居た）。「私は，教育を<u>塾とかでやっていたから，社員教育に携わりたい</u>」とかいう，な。それで，俺は意地悪な質問をしてな，「あなたは本当に社員教育と学校教育の違いというのは明確に分かっている？」と聞いたら答えられなくて，聞いたものの，「<u>俺も昔はそうやったなあ</u>」と思ってん。（A氏）
>
> この人みたいなキャリアを歩みたいとかさあ，<u>こんな人を目指したいというのが，あの会社の中にはなかったねぇ</u>。（A氏）
>
> （自分の将来像を描くモデルとなるような人物が社内にいましたか？）
>
> あまり自分にとって，こう，プラスの刺激となるような影響は与えてもら

えなかったというか，目標となるような人がいない…。(B氏)

まぁ，チーム内とか，会社内で，そういう人になりたいと思った人はいませんでしたね。(B氏)

(入社前後に仕事内容を思い浮かべることができましたか？)

それは，ないです。ゼロです。(B氏)

(キャリアの道筋を) 提示されることはないです。ないです。ないですね。まぁ，3年は事務を学んでくれ，というようないわれ方をしました。それ以降の話はないです。聞いてないですね。(B氏)

これらのインタビューデータの切片から読み取れるのは，入社前後の時期には将来の仕事内容や，自分のキャリアがこれからどのように展開していくのかが見えなかった，ということである。それは具体的な仕事内容を知ることができない，という状況だけではなく，将来の自分の姿としてみることのできる先輩社員がいなかった，という形でも表現されている。筆者はこのような語りからキャリア・ミスト（キャリアの霧）という概念をつくり出し，「キャリアの将来に関する不透明感」と定義した。

では，この霧がかかったような状況に関して，かれ（彼女）らはどのように感じていたのだろうか。またかれ（彼女）らのインタビューデータを見てみよう。

いやでしたね。いやというか，もう，お先が真っ暗でしたね。どうしようもない状況ですよね。もどかしいというか。行き詰まってましたね。(B氏)

そうやってどんどん（組織の階層を）上がっていかないといけないな，という意味では，自分はあと10年くらいは販売とかマーケとかに携わらなくてはいけないのかな，っていうのはおぼろげながら不安をかかえてて…（中略）…いっつも評定面談なりキャリア面談のときにね，いっつもさん

ざん期待させるようなことをいっといてね，いっつもね，ふた開けてみるとちがうのよ．<u>いっつもなんかはぐらかされて，的をはずしたようなことばっかり返ってきて，</u>で，私はここにいても，ずっとこういう不満をかかえながら生きていかないといけないし．（C氏）

部署が変わったとして，自分がどれだけ満足を得られるのかなという思いはありました．結局，同じようなところで悩むのかなぁ，悩むというか苦しむのかなぁと．（C氏）

　上記のBさんは入社後，生産部門の人事担当に配属されたものの，将来のキャリアを呈示されることもなく，また自分の目標となる人物もいなかったと語り，「行き詰まっていた」とその時期の停滞を振り返る．
　また，Cさんは入社後，営業担当に配属されたものの，本人はずっと人事部門への異動を希望していた．営業の仕事は嫌だったものの，「いつか人事部門にいける」と考えている間は離職を選択することはなかった．その時期はインタビューデータの下線部にもあるように，キャリアの道筋をはっきりさせたいともがいていたものの，会社からそのようなものが提示されることはなく，そこにもどかしさを感じていたという．
　このほかの調査協力者からも同様の語りが得られ，総じていうならば，かれ（彼女）らはキャリアの初期におけるキャリア・ミストに対して不満を感じていた，と表現していた．
　ところが，こういったキャリア・ミストに対する不満を述べた人たちは，そういったキャリア・ミストが比較的濃い（先が見えない）状態にいる時には離職しなかったという．むしろ，かれ（彼女）らが語るのは，「いつか希望の部署に行けるという期待があったので，頑張れた」という振り返りであった．詳しく見てみよう．

2－2　キャリア・ホープ

　「嫌だから」会社を辞めるのであれば，このようなキャリア・ミストの中で

の辛抱の時期を過ごさずに，とっとと組織を去るのであろうが，かれ（彼女）らはそうしなかったという。先のCさんは不本意な営業の仕事を続けながらも，いつかはきっと人事部門に異動になるということを信じていたと語った。また，そう思っている間は会社を去る気がなかったという。

> （営業という職種は自分のコアコンピタンスになり得ないと考え）で，そういった意味では，自分のコアコンピタンスを見つけたいっていう時に，やっぱし私は人事は捨てきれなかったから，ま，長い時間かけてでも，いつかは人事に行きたいな，じゃ，もう，マーケ担当なってからでもいいから，最終的には人事にいきたいなぁ，というのは思ってたし，常に面接では言うようにしてたしね。（C氏）

この時にかれ（彼女）らを支えていたと考えられるのが，「いつかいいことがあるかもしれない」という「希望」である。私は同様の語りに複数遭遇したことから，こういった不透明感の中で感じる希望に「キャリア・ホープ（キャリア上の希望）」という名前を付けて，「その時々において無数に存在する将来の可能性の束のうちに，自分にとって望ましいもの（可能性）が存在する，という感覚」と定義した[1]。わかりやすくいうと，「何が起こるかはわからないけど，このまま行ったらちょっとは良いことが起こる気がする」という気持ちである。

ここで語られるキャリアのイメージは，いつ頃という意味での時間的感覚に乏しく，また，仕事内容などの実体を伴わない，漠然としたものである。このような，自分にとって望ましい状況へ到達する可能性としての「はかない希望」とでもいうべき感覚はほかの調査協力者の発言からも見出された。それは将来自分のキャリアが好転する可能性の存在についてのその時どきでの予感であり，具体的な期待や目標ではなく，あくまでも「感覚」として存在していたと語られる。

では，希望が具現化すれば人はハッピーなのだろうか。

2−3　晴れるミストと失われるホープ

　キャリア・ミストの中でのキャリア・ホープの存在を語ったかれ（彼女）らに起こったのは，意外な出来事である。なんと，その希望していた部署に実際に異動になったのだ。そして，この人たちは，かつてあれほど希望していた部署に異動になってから，自発的に会社を去っている。その時を振り返った語りを見てみよう。

> その時（離職の直前）に悩んでいたのは，前の会社では，人事屋というのは，みんな，入社したときから人事屋で，俺みたいに，営業いって，それから人事に来たというのはすごく珍しくて。僕はプライドがそれなりに高かったから，「負けてられへん」というので，人には追いつこうとしたけれども，<u>なんかねえ，だんだん先が見えてきたの</u>。なんか自分の先輩とかを見ていても，工場を，あっちこっち行って，たまには本社いって，また工場に行ってとか，行ったり来たりとかしていて，なんかそういう人達の仕事を見てさあ，「なんかこんなんでいいのかなぁ」と思うようになって，やっぱりねぇ，なんか，先が見えるというか，<u>俺は本来は，先が見えて安心したがる方の人のはずなんだけど，なんかねえ，ものすごくなんかねえ，これから自分が六十になるまで，こんな生活か，と思うとぞっとしてさあ</u>。年齢も三十五，六，七になってきたらもうあかん。それで，やめようと思った。（A氏，32歳で自発的に離職）

　A氏は「いつかは人事担当になれるかも」というキャリア・ホープを持っていたので，営業職として頑張ってきたが，実際に人事部に異動になると先が見えてしまい，それに「ぞっとした」という。彼が上記のインタビューで予見していた，と強調したのは，バードウィック（Bardwick, J.）のいうところの内容プラトー現象（1章参照）であった。すなわち，職務を「知ってしまった」ことからくる，挑戦性の停滞である。そこで彼は32歳で会社を辞めて，その後個人経営の塾を開こうとした。この語りに特徴的なのは，「本来は先が見えて安心したがる方の人のはず」とみずから指摘している点である。皆さんはど

う思われるだろうか。矛盾を感じる方も多いだろうが，意外と共感できる人もいらっしゃるのではないだろうか。別の人の語りも見てみよう。

> ま，何よりもね，仮にあたしが男性でも，自分のキャリアって，大体こう，<u>入社5年目くらいになってくるとわかってきちゃうじゃない</u>，例えば，「あ，もう，もしかすると3年後には，なに，工場にいって，勤労担当やって，そのあともしかしたら事業部とかの人事かなぁ…，で，そのあとまぁ，福利厚生にいったり，教育にいったりして，でそうやってどんどんいろんなローテーションをされながら，まぁ，課長とか，課長補佐ぐらいにはなれて，まぁ，でも部長にはなれないか…」とかね，（笑）そういう，なんか，わかる…見えてくるじゃない，（C氏，27歳で自発的に離職）

このC氏も入社5年目を迎えて，「わかってきちゃう」あるいは「見えてくる」という感覚を持ったと語った。またその中で，本書の第1章で述べられている昇進のプラトー現象を，組織的か個人的かの言及はないものの，予見していたとも語った。

ここで思い出してほしいのは，かれ（彼女）らが同じインタビューの中で，キャリア初期においては先が見えないことに関して強い不満を抱いていた，と語っていたことである。そのため，当時のかれ（彼女）らは将来が見えるように，懸命にキャリア・ミストを晴らそうと努力していた。そしていざ希望の部署に異動になると今度はキャリア・ミストが晴れすぎて嫌になった，というのである。

人間は相反する欲求を持っているということは昔からいわれてきたし，われわれの日常的な感覚としても理解しやすいだろう。人と一緒にいたいと願うときもあれば，一人でいたいときもある。にぎやかに騒ぎたいという欲求もあれば，しっとりとした時間を過ごしたいときもある。ここで会社を去った人たちが語っているのは，こういった相反する欲求のひと組かもしれない。それは，「将来をはっきりさせたい」という欲求と，「未来に未知の部分があってほしい」という欲求のペアである。

これはなかなかに興味深い関係だと感じた私は，キャリア・ミスト，キャリア・ホープの関係を次のような図で表現した。

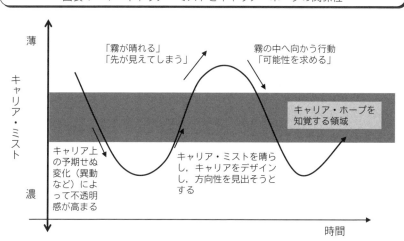

図表 4 − 1　キャリア・ミストとキャリア・ホープの関係性

　この図は縦軸にキャリア・ミスト，横軸にキャリア上の時間の経過をとっている。キャリア・ミスト軸の中央付近には「ちょうどいい濃さ」の霧が漂っており，そこでは将来に対する希望である，キャリア・ホープを知覚することができる。図の左から順に説明するならば，入社前には何となくこれからのキャリアに対するイメージを持っていた人でも，入社や初期配属といった出来事はたいてい驚きを持って迎えられ，自分自身の将来キャリアをより不透明にする。すなわちキャリア・ミストが濃くなる。その状況下で人はもう一度キャリア・ホープが感じられるゾーンに向かうべく，上司に働きかけたり，先輩の話を聞いたりして，キャリア・ミストを晴らそうとする。やがてすこし霧が晴れてきてキャリア・ホープを感じられるゾーンに到達する。そこでは多少の不本意な仕事も我慢することができる。しかし，ここで抱いていた「はかない希望」が本当にかなってしまうと，今度はキャリア・ホープが感じられるゾーンを突き抜けてしまい，キャリア・ミストが晴れてしまう。そうなると将来が「みえちゃった」ように感じるので，今度はより不透明ながらも希望が感じられるゾー

ンへと戻って行こうとする。可能性を求めて，成功するかどうかわからない事業に乗り出していくといった行為がこれにあたるかもしれない。

　これはすなわち，「人は適度にキャリア・ホープが感じられるようなゾーンを求めて，キャリアのかじ取りをしているのではないか」という仮説の提示である。この仮説で筆者は，「キャリアを歩む人はできるだけ具体的な目標を持ち，それに向かって歩いて行くべし」という既存研究において強調されてきたキャリア形成戦略とは異なり，その時々の先行きに関する不満足（見えなさすぎ，もしくは見えすぎ）を解消するように人はキャリアのかじ取りをしているのだという，より現実的なキャリア形成行動に関するモデルの提示を行った。少なくともそのつもりであった。

第3節　語りの「枠組み」か，人生の「本質」か

　さて，こういった人の語りを聞いた時，皆さんはどうお感じになるだろうか。まったく聞いたことのない話というよりは，「似たような話をどこかで聞いた気が…」という気持ちになるのではないだろうか。例えば，「遠足はドキドキして眠れない前の晩が一番楽しい」，「ゲレンデでゴーグルをかけている女性がみんなきれいに見える」といった話や，「結婚は幻滅の始まりだ」といったお話は，キャリア・ミストとキャリア・ホープの話とどこか似ている。つまり，「まったく見えないのは嫌だけど，全部見えると面白くないから，中くらいがちょうどいい」という物語の「枠組み」を共有しているといえるのではないだろうか。

　また，我々は日常の行動の中でもこのことを知っていて，それを楽しめるように工夫もしている。例えばサッカーのワールドカップなどでお目当てのチームが試合をする時間に，仕事の都合で生中継が見られなかった場合などがそうだ。あとから録画で試合を見るにせよ，「絶対に事前に結果を知りたくない」という気持ちが働き，人は試合についての情報をシャットアウトしようとする。これは，勝つか負けるかわからないドキドキ感を味わいたいからともいえる。また，明日行く旅行先をわざわざインターネットの街角画像で見たがる人がいるだろうか。旅行代理店のツアーコンダクターならともかく，楽しみとして旅

に出る人であれば「何があるか，何が起こるかわからない」という状況を味わう旅の醍醐味を知っているのではないだろうか。

そうであれば，先のキャリア・ミストとキャリア・ホープについての語りも納得がいく気がする。なるほど，お先真っ暗では希望も感じられないだろうが，人生を全部見通してしまうとそれは絶望に近いのかもしれない。だから人はちょうどいい具合に先が見通せなくて，ちょうどいい具合の希望を感じられるゾーンを求めて，日々行動をかじ取りしているのだろうか。もしそうだとすれば，これは人間行動，ひいては人生の方向決定に関する「本質」なのだろうか。

筆者は本書の中で第3章を執筆している神戸大学の鈴木竜太氏とともに，質問票調査やインタビュー調査を実施しながら，これまでキャリア・ミストやキャリア・ホープとほかの概念の関係を研究してきた。そこから見えてきたのは，人生の本質というよりは，もう少々込み入った事情である。詳しく見てみよう。

3-1 「今，ここ」でのミストとホープ

前節までのインタビュー調査からの発見に基づくならば，大量の質問票調査を実施した場合，キャリア・ミストとキャリア・ホープの関係は下図のように

図表4-2　インタビュー調査から想定されるミスト－ホープの関係

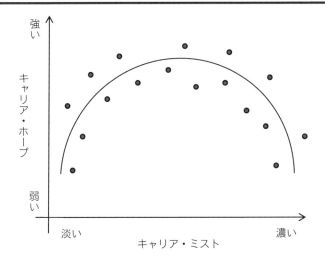

なるはずである。

　すなわち,キャリア・ミストの両極に近いところ(先が見えちゃっている人と,先がまったく見えていない人)ではキャリア・ホープの値は小さく,キャリア・ミストの中間域においてキャリア・ホープが極大化するということである。先の自発的離職者のインタビューから示唆されるのはこういった関係である。

　そこで,筆者らは2004年に113名のMBA(経営学修士号)コース受講者に対して質問票調査を実施し,キャリア・ミストとキャリア・ホープならびにほかのキャリア関連の変数との関係を探った[2]。使用した代表的な項目は次のようなものである。

【キャリア・ミスト】

　私は,10年後の自分の仕事内容を具体的に思い浮かべることができない。
　仕事に関する自分の将来がどうなるか,今はよくわからない。
　私は,5年後の自分の仕事内容を具体的に思い浮かべることができない。
　自分の仕事生活の道筋を最後まで思い浮かべることができる。(R)

　　　　　　　　　　　　　　　　　　　　　　　(R)は逆転項目。

【キャリア・ホープ】

　このままでも自分の将来は何とかなりそうだ。
　現在の組織で仕事を続けることで,自分にとって望ましい状態に到達できそうだ。
　自分の将来に関して未知の部分に希望を感じる。
　自分の将来のキャリアに関して何かいいことがありそうだと感じる。

　アンケートを用いた定量的調査は,対象となる人が「今,そこでどういう気分にいるのか」を調べるのに最適な方法だ。ミストとホープの例でいうと「今,ミストが晴れすぎてしまっている人は,ミストが濃すぎる人と同様に不満を感じていて,ホープの感じられる,より不透明な状況に向かいたいと思っているのか」という問いに一定の傾向を示してくれる。あるいは,ホープはミストが濃い状況と薄い状況の中間域において一番強く存在しているのか,という質問についても「今,ここ」での回答者の気分から,その妥当性を教えてくれる。

ホープはやはり，ミストが中程度の領域にのみ存在しているのだろうか。

結論からいうと，キャリア・ホープは，キャリア・ミストの全領域においてそれと有意な（偶然ではないレベルの）負の相関を示した。これは言い換えると，ミストが晴れている人ほど，将来，物事が好転する可能性を感じているということである。要は「将来がちゃんと見えているほうが，そこに希望が感じられる」ということであり，「見えない未来にこそロマンや可能性を感じる」というセンチメンタルな傾向は統計的に見出すことはできなかった。

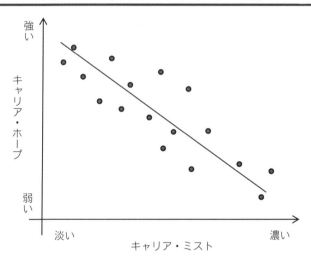

図表 4 − 3　質問票調査の結果（模式図で表現）

正直，筆者はがっかりした。この結果は，「将来が見えている」と感じている人ほどそこで「物事は好転する」と感じているということを示しているからだ。インタビュー調査で見つかった，「先が何だか見えてしまって（希望を失った）」と語る人の「（ミストが）晴れちゃうとつまらない」という気持ちは質問票調査では検出できない。なぜだろうか。

ここで，この現象に対するヒントとなる別の調査結果を紹介したい。2014年に別の調査の一環として，先の鈴木竜太氏らと実施した質問票調査の結果がある[3]。そこでは，キャリア・ミストやキャリア・ホープといった概念（ここ

でもまたきっちりミストとホープは負の相関を示した）と同時に，質問票に「覚悟」や「幸福感」といった概念を組み込んだ。「せっかく大人数の質問票調査を行うのならばついでに…」という気持ちで入れた項目群であったが，これが意外と興味深い結果を示してくれた。ここでいう覚悟とは，「現状以外の組織や仕事にかかわる機会がもはやないということを受け入れている程度」である。わかりやすくいうと，「ここで一生働いていく」，「この仕事を一生続ける」という決意の程度である。逆の言い方をすると，ほかの機会やほかの組織が気にならない程度，とでもいえる。具体的な質問項目としては次のようなものが含まれていた。

【覚悟】
　私は今の仕事が，自分の一生の仕事であると感じている。
　私は今の仕事以外の仕事に興味を持つことはないだろう。
　私は残りの仕事生活をこの組織で送ることが嫌ではない。
　私は別の仕事に就く機会を逃しているのではないか，と不安になる。(R)

　　　　　　　　　　　　　　　　　　　　　　　(R)は逆転項目

　また「幸福感」は，ヒルズとアーガイル（Hills, P., & Argyle, M.）らによるオックスフォード・ハピネス尺度を援用し，「これまでの生き方に満足している程度」と「これからの未来に前向きな期待を持っている程度」の両側面から質問がなされた[4]。具体的な質問項目としては次のようなものが含まれていた。

【幸福感】
　私の過去にはこれといって幸福な思い出はない。(R)
　私は他者といることを楽しむことができない。(R)
　私は自分の人生をコントロールできていないと感じる (R)
　私はまわりのほとんどすべての人に対してあたたかい気持ちを持っている。
　私は自分の人生のすべてについて満足している。

　注目していただきたいのは，この幸福感の尺度では仕事にまつわる側面がほとんど明示的には用いられていない点だ。ここにあがっているのは「他者に大きな影響力を及ぼしている」とか「誰よりも大きな富を築いた」といった社会

的な関係性において感じられる幸福感ではなく，あくまでも個人が自分自身の人生に対して主観的に感じる幸福感である。

意外な結果として現れたのが，「覚悟を決めている人ほど，過去，未来の両側面に対する幸福感が高い」という結果である。

なぜ，意外なのか。1990年代以降のキャリア論をけん引してきたのは，アーサーとルソー（Arthur, M., & Rousseau, D.）らが提唱したバウンダリーレス・キャリア（boundaryless career）というパラダイムであった[5]。バウンダリーレスという聞きなれない言葉はバウンダリー，すなわち境界線が消え去った，という意味である。このフレーズには，組織間や産業間にかつて存在していた境界線を越えて個人は自分のキャリアを形成するようになったという意味が込められている。そこでは言外に，「自分の将来を開けたもの（選択肢が多いもの）として感じられる」ことは個人の自由の拡大を意味しており，歓迎すべき現象だという価値観が込められてきたといえる。そこでは，絶えず自分の姿を状況によって変化させながら組織から組織へ，産業から産業へと渡り歩きながらあたかも旅をするかのようにキャリアを形成していく個人が描き出されてきた。

しかし，「覚悟を決めている人間ほど幸福感が高い」という関係はこのバウンダリーレス・キャリアの背後にある価値観に疑問を呈する。一見するとフットワーク軽く組織間を行き来し，自由でのびのびしているように見える個人が，実はいつまでたっても幸福感を感じられていないということを示唆しうるからだ。キャリアに関する別の可能性の存在は，限りない希望を感じさせるのではなく，もしかしたら発生しているかもしれない機会損失を恐れて絶えずびくびくしている個人を生み出しているのだろうか。たとえでいうならば，数百チャンネルを選べるケーブルテレビよりも，電波の関係で1つしかチャンネルが映らないテレビの方が人は腰を据えて楽しむことができるということだろうか。

この点に関しては節を改めて議論するとして，次は個人が過去を振り返って自分の経験を語る場面におけるミストとホープの関係についてみてみよう。

3-2 「今から思うと…」でのミストとホープ

キャリア・ミストとキャリア・ホープが見つかった時の経緯を今一度ふりか

えってみよう。その時のインタビューに答えてくださった方々の特徴を挙げるならば，

1．大学院生のインタビューに協力してもいいというお気持ちがある。
2．離職してからしばらく経っている。
3．おそらく，まわりのいろんな人に「なぜ会社を辞めたのか」を説明してきた。
4．辞めたことを後悔している様子はない。

といったことがあげられる。すなわち，かれ（彼女）らにとって，自発的離職という経験は筆舌に尽くしがたいほどつらい思い出というわけではなく（そうであればインタビューに応じてもらえない）かつ，離職の経験を落ち着いて振り返るだけの時間が経過しており，筆者がインタビューする以前にも誰かに「どうして辞めたのか」を説明した経験があって，この問いに対しては自分なりの答えを持っているということである。この，離職にまつわるインタビュー調査を実施した時，筆者はまだ気づいていなかったが，インタビューという調査手法を用いながら，ミストとホープを用いたストーリーのような，まとまりのある話をしてもらえるケースはむしろまれである。ミストとホープのように，わりとしっかりした枠組みでお話をされる方は，おそらく何度かいろんな人に離職について話を繰り返すうちにこのバージョンに「落ち着いた」とは考えられないだろうか。

その後の調査でわかってきたのだが，それほど自身のキャリアについて語った経験のない，つまりインタビューされることに慣れていない「普通の」人は，過去の動機や感情が心の中でさほどきっちりと固まっているわけではない。「えーっと，どうだったっけかなぁ…」というように，聞かれて初めて過去を頭の中で再現し，その経験に対する動機や意味が語りの場面において模索されることの方が実は多いのである。

我々はこれまでの経験をすべて覚えていて，それらにまつわる情緒を絶えず反芻し続けているわけではない。普段は記憶の奥深いところにしまいこまれている経験がたくさんあって，思い返すには何かのきっかけが必要となる。昔いた場所を再び訪れることや，懐かしいにおいをかぐということによって，忘れ

ていた記憶がよみがえることは誰しも経験するだろう。キャリアについて誰かに質問される，ということもそういったきっかけの1つである。研究者が，「就職の時はどのようなお仕事に就きたいとお考えでしたか」という質問を投げかける時，普段は日常業務に忙殺されている人も頭の中で仮想の時間旅行を行い，その当時の記憶や感情を探り出す。

　問題は，その当時の感情や動機が必ずしも正確にそのまま思い出されるわけではないという点にある。人間はその時々の感情によって過去の出来事に対する解釈や評価が変化する生き物である。ハイデルベルグ大学のシュワルツとイリノイ大学のクロア（Schwarz, N., & Clore, G. L.）が30年以上前に行った古典的な研究では，まず調査協力者を，人生におけるとりわけ嬉しかった事柄を詳細に書き出すグループと特別に悲しかった出来事を書き出すグループの2つに分けた。その上で，人生全般についての幸福感を聞いたところ，嬉しかった出来事を書き出したグループは悲しかった出来事を書き出したグループに比べて有意に幸福感が高かったという。また，かれらの手による別の実験では，一般の人に対するランダムな電話による調査が行われ，人生全般についての幸福感について質問がなされた。ただし，この電話は，晴れの日と雨の日に分けて行われた。すると，晴れの日に電話を受けた調査協力者は，雨の日に電話に出た協力者に比べて，これまた有意に全般的な幸福感が高かったという[6]。これは当然，時代や地域に限定された現象ではなく，筆者のゼミに所属する学生も最近同様の発見をした。釧路公立大学経済学部で卒業研究を行った中塚理奈さんは，過去についての評価が感情操作によって変化することを質問票調査によって確認した。具体的には，大学生を対象に質問票を配布し，中学・高校時代の思い出の良し悪しを聞いた質問群の後に，大学時代の感想を聞く項目を挿入し，再び中学・高校時代の思い出を聞くという手法を用いた。ただし，途中に挿入される大学時代の感想を聞く項目に関して，調査協力者の半数にはポジティヴな表現を用い（ポジティヴ群），残りの半分にはネガティヴな表現をあえて用いる（ネガティヴ群）ことで，回答者の現状に対する感情を誘導するようにした。その結果，1回目の中学・高校時代の思い出には両群の間に有意な差は存在しないものの，2回目の中学・高校時代の過去の思い出の回答においては，ポジ

ティヴ群はネガティヴ群に比べてそれを有意に「美化」することがわかった[7]。すなわち，現状としての大学生活について，ポジティヴな表現での質問を投げかけられることにより，それに「つられて」過去の思い出も美化された，ということである。これらの研究結果からわかることは，人はその時々のムードや置かれている状況によって，過去の意味づけが変化するということだ。

過去を振り返って経験を意味づけることについて，こういった特性を念頭に置くならば，キャリアについての出来事を回顧的に聞くという手法にはおのずとついてまわるバイアス（偏向）がある。インタビューを受ける人の話は，聞き手によってもそこで取り上げられる話題は変わるだろうし，取り上げた出来事のかれ（彼女）らにとっての重要性も変化するのである。

筆者がここ数年取り組んでいるテーマとして，このような過去についての意味づけがどのように変化するのか，というものがある。具体的には，学校を卒業して仕事に就いた人に，半年から1年程度の間隔をあけて継続的にキャリアについてのインタビューを行い，同じ出来事が時間経過の中でどのようにその意味を変化させるのかを明らかにしていこうという研究である。つまり，就職や異動や研修といった経験がどのような意味を持つのか，といった質問を時間の間隔をあけて，繰り返し問いかけるインタビュー調査である。この研究を通じてわかってきたことは，現状が充実していたり，それに満足している人にとって過去の思い出は存在感が下がる一方，現状に不満を感じていたり，やりがいが得られないような状況にある個人にとっては過去の思い出が大きな意味を持ち始める，ということである。

例えば，同じ企業に同期として就職し，同じ研修を経て同じ職種に就いた，対照的な二人を追跡したケースでは，初期のインタビューにおいては両者とも新人研修について「しんどかったけど楽しかった」と意味づけしていた。しかし，やがて職務への適応の度合いに差が開き始めると，この意味づけはそれぞれに変容を始める。3年目のインタビューでは，仕事に意味が感じられなくなり，転職を模索するようになった調査協力者が，新人研修を「今から思えばあの頃が一番楽しかった」と意味づけしたのに対して，職務が充実し，自分に力がついたと感じるようになったもう一人の調査協力者は「遠い記憶であまりよ

く覚えていない」と意味づけた[8]。ここから一般化した結論を導くには調査があまりにも不足しているが，個人を取り巻く状況が過去の意味づけのあり方に影響を及ぼし，状況の変化とともに過去の意味づけも変化することだけは確かなようだ。

　ロンドンビジネススクールのニコルソン（Nicholson, N.）らは，キャリアは御守り（talisma）のようなものであると表現した。彼らはキャリア形成を行う個人に関して，霧の中を何かに導かれて進んでいくという姿を提示している。そこでの組織はピラミッドではなく，丘や谷のある大きな地形に点在する野営地であり，キャリアは何かの目標に向かって登り続ける「階段」ではなく，野営地の中や間を行き来する「旅や道程の物語」というメタファー（比喩）でとらえられる。このメタファーでとらえられるような，予想が困難な状況の中において個人がキャリアに関してできることは計画ではなく，むしろそれまでの過去について振りかえり，意味形成を行うことである。その結果として心の中に形成される主観的なキャリアはフィクションであり，先に述べた御守りのようなものだという[9]。人は過去の経験を意味づけることにより自己を形づくり，見えない未来に向かって進んでいけるのだろう。その意味づけにおいて必要となるのは，物語の「枠組み」だ。

　米国スワースモア大の社会心理学者，ガーゲンら（Gergen, K. J., & Gergen, M. M.）は，カナダの文学理論家ノースロップ・フライ（Northrop Frye）の研究に依拠して，基本的な物語の型として，①コメディー，②ロマンス，③悲劇，④風刺の4つを提示している。コメディーとは，典型的には危機や困難を乗り越え，社会的な調和に至るタイプの物語の型である。これは，ハッピーエンドに収束するものの，必ずしも「滑稽」である必要はない。ロマンスとは，主人公が挑戦や困難を乗り越えるために苦闘し，最終的には勝利を手にするという一連のエピソードから成り立つものである。それは，必ずしも人間同士が「魅かれあう」物語というわけではない。また，悲劇とは，幸福であった状態が悪化していくタイプの物語の型である。最後に風刺とは，希望が具現化されず，夢が死に絶えた状況についての認識を強調するタイプの物語の型として提示されている[10]。

典型的には,「嫌だから辞める」という形での自発的離職についての物語は,悲劇あるいは風刺の様相を呈示するだろう。すなわち,入社する前の期待や当初の希望が,厳しい現実と対峙することによって打ち破られ,仕事に魅力が感じられず,離職に至るという「悲劇」の型や,いかに職場における希望や夢が死に絶えたのかといった「風刺」の型がしばしば選択されるということである。

　それに対して,「ほかにやりたいことがあるから辞める」という形での自発的離職についての物語は,コメディーやロマンスの型をも選択できる可能性を持っている。現状の仕事に対する不満がなく,「ほかにやりたいこと」を追究するという物語としては,新しい仕事について状況が好転し,人生に調和が訪れるであろうという期待についての「コメディー」の型や,それまでの仕事におけるさまざまな挑戦や困難を克服してきたということから,新たな仕事の機会が見えてきたといった「ロマンス」の型も選択できる,ということである。

　しかし,ガーゲンらも指摘するように,個人の語りは4種類の型のみに限定されるわけではなく,実際にはほかの要素を組み込みながらより複雑な構造をも見せうる。キャリア・ミストとキャリア・ホープで語られる離職についての語りは,このような物語の型のうち,比較的新しく使用されるようになったものであると考えられる。しかも,それはどうやら離職から時間がたってから,回顧的に語る際に採用されるようだ。先の質問票調査で明らかになった通り,ミストが晴れすぎて希望を失うという傾向は統計分析によるマクロな視点からは確認できない。さらに,筆者が過去5年間にわたり行ってきた若年層ホワイトカラーの追跡インタビュー調査では,会社を辞める前に(辞める直前も含めて)ミストーホープのような意味づけを行う個人は見出せなかった。辞める前後のリアルタイムの語りではむしろ,職場の上司に対する不満,仕事そのものへの不満,労働時間への不満など,日常的に感じる細々とした不満の蓄積として離職行動が意味づけられることが圧倒的であった。すなわち,この霧と希望の枠組みは,離職からしばらく経ってから,人が自己の行為を振り返った時に利用できる,動機と行動についての物語を形づくる型の1つであるといえる。

　では,ミストーホープの関係でキャリアを語るということは一種の自己欺瞞なのか。その答えは「本人ですらその可能性を否定できない」であるが,しか

し人は絶えず自己とその人生を意味づけ直し続ける生き物なのだ，というのが一番納得のいく解釈であろう。

個人のキャリアについて知ろうとするなら，特にその主観的な側面についてはご本人に聞くしかない。先にも述べたが，本人も聞かれて初めて頭の中で時間をさかのぼってその当時の感情を探る。これ以外に今のところキャリアの主観的な側面にアプローチする方法はない。

そしてそのアプローチは，個人が埋め込まれている，その時どきの状況の影響を受ける。誰に向かってキャリアを語ろうとしているのか，語っている時点における最大の関心事は何か，成長を実感しているのか，停滞を感じているのか…といった事柄は，すべて過去の出来事の意味やキャリアに及ぼした影響力についての評価を変動させる。筆者のこれまでの継続的インタビュー調査においても，一時期は過去の栄光として語られていた成功談がしばらく経つうちに「あの頃の自分はまだまだ甘かった」といったように意味変容を起こすさまはいくつも観察されてきた。

このような観点に立つと，個人が他者に向かって回顧的に語るキャリアというのは，事実の羅列ではなく，またその時どきの情緒の正確な蓄積でもなく，むしろ自分自身として一番納得のいく解釈を，他者に理解可能な形で紡ぎだす物語だ，ということがいえる。

第4節　認知バイアスと心理的免疫機構

これまでの話をまとめてみよう。キャリア・ミストとキャリア・ホープは個人の回顧的な語りに見出されるものの，「今，ここ」での人の気持ちにおいては検出できなかった。その時々において人はやはり先の見通しを立て，その見通しがはっきりしている人ほど希望を感じている。ただし，キャリアを振り返った時には別だ。その当時，自分が何を考えていたかにアクセスする時，人は自分の動機や感情に関してさまざまなメタファーの中から最も「しっくりくる」ものを選ぶことができる。キャリア・ミスト，キャリア・ホープはその数あるバージョンのひとつに過ぎない。

ただし，キャリアにまつわる「今，ここ」での将来に対する思考と，「あの当時」を振り返るときの感情や思考の2つの側面にはそれぞれ注意が必要だ。まずは「今，ここ」で見通す将来の注意点について考えてみよう。

　「今，ここ」で考える将来像には認知バイアス（cognitive bias）といわれるものがかかっている。認知バイアスとは，個人が持っている欲求や思い込みが，自己に都合のいいように現実を認識させることをいう。先に見た，その時の気分によって現状の認識や過去の評価がゆがめられるというのもこのバイアスの一種であるが，未来の予想については，実のところ何もわからないので，人は現在自分が置かれている状況と，これまでの過去の経験を材料にしてそれをつくりだす。すなわち，将来像というものはその時々の自分にとって最も都合の良い認知バイアスの塊であるといえる。

　キャリアの将来予想の観点から注目したいのが，ポンペウ・ファブラ大学（スペイン）のクオイドバッハ（Quoidbach, J.）らの提唱した「歴史の終わり幻想」（end of history illusion）と呼ばれるバイアスだ[11]。彼らによると，人は若者から老人に至るまで，絶えず「自分はこの先あまり変わらない」という幻想を抱いているという。彼らの調査では，18歳から68歳までの，のべ17,000名を超える協力者に対して，性格，価値観，嗜好といった側面について，「現在の自分自身についてどう感じているか（現状値）」という質問への回答を求めたのちに，一方のグループには「10年前の自分だったらどう回答しただろうか（回顧値）」と聞き，もう片方のグループには，「10年後の自分はどう回答するだろうか（予測値）」という質問を設定した。すると，すべての年代において，(a) 歳の人の予測値と現状値の差は (a＋10) 歳の人の現状値と回顧値の差を下回っていた。すなわち，人は過去10年間の間に自分はずいぶん変わった，と感じている一方，もうこの先はあまり変わることはないだろう，と信じているということがすべての年代において確認されたということだ。

　キャリアの文脈に置き換えてみると，人はこうなったら幸せだろうな，という思いを描きながら日々生きているが，実際にそれが具現化する頃には自分自身の性格，価値観，嗜好も予想以上に変化しているといえるだろう。本稿で紹介した筆者らの質問票調査結果からいくと，先が見えている（キャリア・ミスト

が晴れている）人が，そこに希望を抱いている（キャリア・ホープが高い）のは，この先がどうなるか見えているし，そうなった時にも自分はきっと今とほとんど変わらないままでいるので，何かいいことのような気がする，といったところだろうか。しかし，その時に自分自身が本当に今と変わっていないかは相当疑問である。

　自分自身の変化を予測するのも難しいが，それと同様に予測するのが難しいのが，さまざまな出来事に対する自分自身の心の反応だ。ハーバード大のギルバート（Gilbert, D.）らは，心理的免疫システム（psychological immune system）について興味深い研究を行っている。心理的免疫システムとは，惨事やトラブルに直面した時に人の心がみずからを守るための働きのことをいう。彼らによると，ひとは，自分で考えているよりも精神的なショックからの立ち直りが早いのだが，そのことを普段は忘れているという。彼らは，1,000人以上の調査協力者に対して，恋愛のゆくすえ，昇進結果，投票結果，性格検査の結果，悲報に接した時の感情，仕事への採否といった異なる出来事に対して，人々が実際にどう感じたか（経験としての感情）と，自分がその経験をどう受け取るだろうか（感情の予測）を，複数の調査手法を用いながら問うた。そこで見出されたのは，人々は概してネガティヴな出来事を実際以上に長期にわたって自分は「ひきずるだろう」と考えていることだった。別の言い方をすると，人はネガティヴなイベントから実際には早い段階で合理化し立ち直るのだが，そのことを普段は忘れているという[12]）。

　さらにこの免疫システムは，人がどうしようもない状況に陥った時，俗にいう「ドツボにはまった」時に一番うまく働くという。先にご紹介した，「覚悟」ができている人ほど幸福感が高い，という調査結果はこのメカニズムで説明できるかもしれない。すなわち，「もうこの職場しかない」，「この仕事で一生やって行く」という覚悟を決めることで，一見すると逆境に思えるような状況でも免疫メカニズムによりそれに適応しているということである。

　さらに第2の点，振り返った時の自分の感情や動機の特定にもこの免疫メカニズムがうまく働く。筆者はこれまで会社を辞めた人に数多くインタビューを行ってきたが，「辞めなきゃよかった」と語った人はたったの一人もいない。

それはおそらく可塑性のなさ，すなわち「もう元の職場には戻れない」ということが人間をドツボにはめてくれて，それゆえ免疫機構がよく働くからだ。免疫機構を働かせるとき，過去の自分の動機について，それを意味づける物語の枠組みが選べるというのはありがたい。どれを選ぶのか，どれに乗り換えるのか，何を使って表現するのかは意味づけを行う個人の自由だからだ。「嫌だから辞めた」という意味づけが気に入らなければ，「夢を追いかけて組織を出た」というのもいいだろうし，よりロマンチックには「希望を求めて霧の中へ乗り出していった」という物語の選択もできるということだ。これがその後のキャリアにとっては御守りになるといえよう。

　ただし，文化的な制約はある。文化を共有する他者に意味がわからないメタファーは共有，伝播できない。先述のガーゲンらは，特定の文化には受け入れやすい物語の「型」が存在し，そこから逸脱するものについては，聞き手がそれを解釈する際に困難が生じるという。例を挙げるならば，我々の属するこの時代の日本において，「朝，玄関を出たらカラスがいたので会社を辞めた」という語りは，いかにそれが純粋な理由だと本人が認識，主張しようとも，説明原理として受け入れづらい。しかし，「仕事がつらいので辞めた」という理由づけは許容されるだろう。また，かつては受け入れられなかったであろう，「仕事よりも趣味や家族との時間を大切にしたいがために辞めた」といった語りも，社会的な価値観の変化とともに受け入れられるようになってきた。すなわち，何が理解可能なものとして受け入れられ，何が許容されないのかは，時代や文化に相対的なのである。

　ここで述べていることは，なんだか経験をあとづけで解釈するようで，少しずるい気がする人もいるだろう。しかしこういった手法はキャリアの問題よりもやや深刻な臨床心理の分野においても注目されてきている。ナラティヴ・アプローチ（narrative approach）という言葉を聞いたことがあるだろうか。ナラティヴは通常，「語り」または「物語」と訳され，「語る」という行為と「語られたもの」という行為の産物の両方を同時に含意する用語である（野口，2009，p. 1)[13]。それに基づくアプローチであるので，文字通り直訳すると物語的接近とでもなるのだろうが，そこでは現実はさまざまなナラティヴによって成り立

っている，という視点から問題に接近していく。マクナミーとガーゲン（McNamee, S., & Gergen, K.J.）による編書『ナラティヴ・セラピー』において広く知られるようになったこの考え方に基づくと，われわれの現実は人々の言語を用いた相互作用の中から生まれ，現実が解釈されるというよりもむしろ，ストーリーを語る形式や物語の形式といった道具立てが先にあって，それが過去にあてはめられ，形をなす（邦訳 p.20）という[14]。

そうであれば，問題を抱えている人というのはかれ（彼女）らを支配している物語が問題なのであって，それを書きかえることによって問題を解決しようと考えるのは当然の帰結だ。エプストンとホワイト（Epston, D. & White, M.）は上記の『ナラティヴ・セラピー』の第5章において「ドミナント・ストーリー」と「オルタナティヴ・ストーリー」の考えを紹介している。ドミナント・ストーリーとは，その人の人生を支配してきたシナリオであり，より広範な定義としてはある状況を支配している物語と表現され，その状況においては自明の前提とされ疑うことのできないものである（野口，2009, p.13）。何らかの問題を抱えている人は，自己をないがしろにしたり，自分自身を責めるといった，問題のあるストーリーに支配（ドミネイト）されている。それに対して，オルタナティヴ・ストーリーとは「代替的な」物語であり，クライアントにとってより望ましい結果をもたらす別のシナリオである。エプストンとホワイトは，ナラティヴ・セラピーの段階として，まずは問題を抱えている個人がかれ（彼女）らを支配している物語から＜離れられるよう＞手助けし，服従を余儀なくされている自己や人間関係に＜対抗できるよう＞援助し，その上で，クライアントが自分自身の人生をオルタナティヴな知見またはストーリーに沿った方向で＜書きかえられるよう＞励ます，という3つを挙げている。

キャリアの問題をナラティヴという側面から考えるならば，われわれが語る自分自身のキャリアも何らかの物語あるいはシナリオに支配されているといえよう。そこで問題が発生していないのならいいが，キャリアの停滞を感じる時というのは，誰かに押し付けられた物語に自分が適合していないとも考えられる。「昇進こそが成功」，「仕事第一」，「ノルマ達成は絶対だ」といった価値観に裏付けられたストーリーを押し付けられ，そこで自分自身が停滞していると

感じていたり，やりがいを感じられないのならば，そろそろオルタナティヴ・ストーリーを模索し始めていいのではないだろうか。

第5節　おわりに

　これまで，キャリア・ミストとキャリア・ホープという概念から，将来の見通しと過去の回顧にまつわる諸相について考えてきた。ここからキャリアの停滞についてどのようなことがいえるだろうか。

　今，自分のキャリアが停滞していると感じているならば，それは将来の展望のなさが大きいのかもしれない。いわゆる，キャリア・ミストが濃い状態だ。質問票調査の結果からマクロの傾向を述べるならば，このような状態にある人はキャリア・ホープが感じられない傾向にある。ホープを感じたければ，キャリアの将来像を明らかにすべく，キャリア・ミストを晴らす方向に動くのが有効だといえる。そのためには組織内で目標となる人物を探す，あるいはキャリアの先を行く人に，自分の年齢の頃に直面した課題やそれをどう乗り越えたかを聞くのもいいかもしれない。また，より直接的には人事の評価面談等において人事担当者もしくは上長に「これから先，どうなるんですか」と聞いてみてもいいだろう。それで将来にビジョンを持つことができ，さらに贅沢をいうと「一生やっていこう」と思えるようになればしめたものだ。心底その組織，あるいは仕事で「ドツボにはまった」と思えるなら，心理的免疫メカニズムの働きで幸福感を感じることができるからだ。

　ただし，将来の見通しは本当に晴れたわけではない。先述した各種の認知バイアスがかかった状態の中で，将来の見通しが立ったと「感じる」だけだが，そこでキャリア・ホープが発生するならば，人は幸福感を感じながら生きていける。もう一度いうと，誰も将来のことなどわからない。お先真っ暗と感じるのであれば，自分でその未来を照らせばいい。ただし照らすなら，ポジティヴな気分になった時をねらってやることだ。そこから生まれる将来の見通しはもちろん，そのときの気分に大きく影響された想像の産物だ。でも人はそうやって生きていく。

より重要なのは過去を振り返って自分を意味づける時だ。過去を振り返るとき，人は自由だ。過ぎ去ってしまい，取り返しのつかないものが文字通りの「過去」と考えている人は多い。しかし，いつでも自分の都合に合わせて解釈しなおせるのも過去だ。特定のエピソードが変化するときには，

　　【嫌な思い出】⇒【良い薬】⇒【あれがないとダメだった】⇒【素晴らしい経験】
というように変化することもあるし，

　　【自慢できる栄光】⇒【たいしたことなかった】⇒【その気になっていただけ】
　　⇒【むしろ恥ずかしい】
ということもある。先に紹介した，ナラティヴ・アプローチはこの書き換えに取り組んでいる。問題を抱えている人たちに対して，過去を意味づけ直すことを促し，否定的なドミナント・ストーリーからの解放を目指している。

キャリアが停滞していると感じる時には，過去を振り返り，過去の経験とそれにまつわる情緒について別の解釈をあてはめることが自分自身にとって重要だ。結局，人間には徹頭徹尾過去しかない。自分にとって一番しっくりくるキャリアについての物語をお守りとして持ちながら将来について考えをはせる時，そこにはまったく別の意味が見出せるはずだ。

【注】

1 ）加藤（2004）。
2 ）加藤・鈴木（2004），pp. 57-70。
3 ）加藤・鈴木（2016），pp. 45-57。
4 ）Hills & Argyle (2002), pp. 1073-1082.
5 ）Arthur & Rousseau (1996).
6 ）Schwarz & Clore (1983).
7 ）中塚（2015）。
8 ）加藤（2014），pp. 43-63。
9 ）Nicholson & West (1988).
10) Gergen & Gergen (1988), pp. 17-56.
11) Quoidbach, Gilbert & Wilson (2013), pp. 96-98.
12) Gilbert, Pinel, Wilson, Blumberg & Wheatley (1998), pp. 617-638.

13) 野口 (2009)。
14) McNamee & Gergen (1992) (野口・野村 [訳] (1997)).

[引用文献]

Arthur, M. B., & Rousseau, D. M. 1996 The boundaryless career as a new employment principle. In Arthur, M. B., & D. M. Rousseau (eds.), *The Boundaryless Career : A New Employment Principle for a New Organizational Era*. Oxford University Press.

Gergen, K. J., & Gergen, M. M. 1988 Narrative & the self as relationship. In B. Leonard (Ed.) *Advances in Experimental Social Psychology*, **21**(1), 17-56.

Gilbert, D. T., Pinel, E. C., Wilson, T. D., Blumberg, S. J., & Wheatley, T. P. 1998 Immune neglect : a source of durability bias in affective forecasting. *Journal of Personality and Social Psychology*, **75**(3), 617-638.

Hills, P., & Argyle, M. 2002 The Oxford happiness questionnaire : A compact scale for the measurement of psychological well-being. *Personality and Individual Differences*, **33**(7), 1073-1082.

加藤一郎 2004 語りとしてのキャリア―メタファーを通じたキャリアの構成 白桃書房.

加藤一郎 2014 組織への社会化プロセスにおけるナラティヴの変遷 釧路公立大学紀要 社会科学研究, **26**, 43-63.

加藤一郎・鈴木竜太 2004 キャリア・ドリフト／ミスト／ホープの新規概念枠組の妥当性 経営行動科学学会年次大会発表論文集, 57-70.

加藤一郎・鈴木竜太 2016 キャリアについての見通しが幸福感（ハピネス）に与える影響について 釧路公立大学紀要 社会科学研究, **28**, 45-57.

McNamee, S., & Gergen, K. J. eds. 1992 *Therapy as social construction*. Sage Publication Ltd. (野口裕二・野村直樹 [訳] 1997 ナラティヴ・セラピー―社会構成主義の実践― 金剛出版)

中塚理奈 2015 あの頃ってそんなによかった？ 心理操作が過去の出来事に及ぼす影響についての研究 釧路公立大学経済学部経営組織論演習卒業研究。

Nicholson, N., & West, M. A. 1988 *Managerial Job Change : Men and Women In Transition*. Cambridge University Press, Cambridge.

野口裕二 2009 ナラティヴ・アプローチ 勁草書房.

Quoidbach, J., Gilbert, D., & Wilson, T. 2013 The end of history illusion. *Science*, **339**, 96-98.

Schwarz, N., & Clore, G. L. 1983 Mood, misattribution, and judgments of well-being : Informative and directive functions of affective states. *Journal of Personality and Social Psychology*, **45**(3), 513-523.

第5章
中年期のキャリアの停滞と仕事の動機づけ

第1節　ライフステージの中での中年期

1-1　組織と社会の視点から見た中年期のキャリア

　先進国はどこでも，今後25年ほどにわたって50歳以上の労働者の割合は増加することが予想されている。中でも日本は，特に高齢化に向けて進んでおり，働き手の減少がそう遠くない将来に大きな問題となることが指摘されている。そこで，これまで以上に働き手として，女性とともに活躍が期待されているのが高齢者である（内閣府　平成15年度　年次経済財政報）。

　ちなみに，日本では一般に高齢者の就労意欲が高いといわれており，第7回「高齢者の生活と意識に関する国際比較調査」（厚生労働省，2012）では，60歳以上の男性で仕事に従事している人の85％以上が，現在の仕事を続けたいと回答している。それでは高齢者は活躍できているのだろうかといえば，必ずしもそうとはいえないようである。2006年に労働政策研究・研修機構が行った「従業員の意識と人材マネジメントの課題に関する調査」では，働く意欲，仕事への満足感，仕事への関与度合いのいずれもが，40歳代を境に下降することが示されている。

　少なくとも現代社会において40歳代がひとつのターニングポイントになっているようだが，高齢者になってからの働きがいを考えると，中年期にやりがいを持ち続けられるかが重要な視点となると思われる。

1−2　個人の視点から見た中年期のキャリア

　どのようなときに，人は意欲高く，また継続的に仕事に取り組むのかについて「仕事の動機づけ（Work motivation）」という概念を用いて，これまで多くの研究が行われてきた（Latham & Pinder, 2005）。これらの研究のほとんどは，年齢に関係のない一般理論とされてきたが，2000 年代以降になって，年齢との関連で生じる変化についての研究が，ようやく本格化してきた。その中で比較的安定した結果として，例えば若い世代と比べると，中高年の従業員は学習目標に魅力を感じにくいことや，他者を助けたり，次世代に自分の知っていることを伝えたりすることにより動機づけられることなどが挙げられている（Hertel et al., 2013）。これらは年齢による一般的な変化であるが，一方で，特に実務への応用知見として検討する際には，高齢者の仕事の動機づけについては特に，一般的な傾向ではなく個別性を見るべきであるとの主張もある（Stamov-Roßnagel & Hertel, 2010）。そこで以降の議論においては，仕事の動機づけについて，中高年の働き手に一般に見られる傾向と，個人差の両方の視点から検討する。

　人々にとって仕事をすることは時間的にも心理的にも重要な位置を占めているにもかかわらず，一般的な心理学の研究では働く人の心理が十分考慮されていない。これを問題視し，総合的な人間理解のために，"仕事をすることの心理（work psychology）" の研究を行うことを提案したブルースタイン（Blustein, D. L., 2008）によれば，人は仕事をすることで，生存の欲求，関係性の欲求，自己決定の欲求の 3 つの欲求を満たすことができるとしている。仕事を行うことで，人は生活に必要な衣食住を手に入れることができるだけでなく，そこでの人間関係や社会とのつながりを実感することもできるし，自分で自分の生活をコントロールできるといった自己効力感を得ることが可能になる。逆に仕事を失うことは，衣食住が保障されなくなるだけでなく，社会とのつながりや対人関係を失うことで心理的なサポートが得られなくなったり，自己効力感が失われ，自尊心の低下を招いたりと，多様な面で心理的健康を損なうことが予想される。実際に，ギャラップ（Gallap）がさまざまな国で働く 47,000 名の従業員から集めたデータでは，仕事へのエンゲージメントの高さと，個人的な幸福

感や人生満足度との関連が見出されている（Crabtree, 2011）。

　今後の日本社会を考えると，従業員一人ひとりが，なるべく長くやりがいを持って働くことが重要であることは間違いなさそうである。加えて，来るべき高齢化社会においては，今までよりも長期間働き続ける必要が，個人は生活の糧を得るため，また企業は労働力確保の側面から生じてくる。さらに意欲高く働くことは，個人の幸福のため，そして企業の発展のために，必要になる。したがって，どのような条件が整えば昇進を前提とせずとも，個人は長いキャリアを生き生きと働き続けられるのかは，今後ますます重要な問題となるだろう。

　この章では，中年期の働き手はどのような理由で仕事の動機づけを低下させるのか，それを取り戻すためには何が必要か，また中年期におけるキャリアチェンジについて，考えていきたい。

第2節　キャリア停滞（プラトー化）が仕事の動機づけの低下に及ぼす影響

　この節では，キャリアの停滞によるプラトー化がどのようなプロセスで仕事の動機づけの低下を引き起こすかについて見ていく。

2-1　中年期におけるキャリアのプラトーと仕事の動機づけ

　より上位の職位へ昇進することや，現在よりも高次の責任や難しい仕事を任されることが，仕事における成功と考えるのならば，このような機会が閉ざされること，あるいは閉ざされたと感じることは，仕事の動機づけを低下させるだろう。このような現象は"キャリア・プラトー"として，キャリアの研究の中で扱われてきた。

　キャリア・プラトーの概念については第1章に詳細な説明がなされており，そちらを参照いただければと思うが，特に日本企業で働く中高年に着目したときには，まず昇進のプラトーが，そしてそれに対比する形で仕事の内容のプラトーが重要になってくるだろう。第1章で「階層プラトー」とあるものが昇進のプラトーに，また「内容プラトー」が仕事内容のプラトーにあたる。ここで

は，より一般用語に近くイメージがとらえやすいため，昇進のプラトー，内容のプラトーという用語で論じることとする。この章では，プラトーの帰結としての仕事の動機づけの低下に着目する。「動機づけ」というのはかなり大きな概念で，心理学の一大テーマとして多くの研究が行われている。そこでこの知見を援用しながら，プラトーの結果生じる仕事の動機づけの低下をどう解決できるのか，そのヒントを探してみたい。

2－2　中年期における昇進のプラトーと仕事内容のプラトー

　先行研究には昇進のプラトーを扱ったものが多い。これは日本を含めて，多くの先進国において，昇進がキャリアの成功の1つと考えられてきたことと無縁ではないだろう。ところが，経済成長の鈍化により，少なくとも日本国内において昇進のポストが今後増加する可能性はあまり高くないように思われる。仮にポストがあっても，組織の一員として真面目に努力すれば，ほぼ常に手に入るものではなくなったことは間違いないだろう。このような状況下で，個人も企業も昇進に代わる仕事の動機づけとは何かを考える必要が出てきた。

　おそらく1つの回答は，仕事そのもののやりがいによる動機づけである。職務特性理論（Hackman & Oldham, 1976）では，使用するスキルの多様性や仕事の重要性が感じられること，仕事が自律的に行えること，自分の仕事についてフィードバックが得られることなどの仕事の特徴は，仕事の動機づけを高めるとされている。たとえ昇進の見込みがなくとも，やりがいのある仕事を行うことで動機づけを高く保つことが可能になるということだ。

　ところが，すでにある分野で仕事を一人前にこなせるようになった中年期の働き手にとって，仕事そのものによる動機づけは簡単ではない。仕事ができて当然であることを想像すると，若い就労者と比べて，もはや仕事の多様性はあまり増えず，成長感も得にくいと考えられる。その仕事は組織にとって重要かもしれないが，あらためてそれを認めてくれる機会もあまりないのではないだろうか。このような仕事の内容がマンネリ化している状態，あるいは，挑戦しがいのない状態は，仕事内容のプラトーと呼ばれている。つまり中年期は昇進のプラトーのみならず，仕事内容のプラトーのリスクもあるということである。

山本（2001）や今城・藤村（2010ab, 2011）が行ってきた研究では，これら2つのプラトーはそれぞれ異なる影響を仕事の動機づけに及ぼすことが報告されている。そこで，まず昇進のプラトーと仕事内容のプラトーはどのように関連し合って，動機づけの低下を招いているか，そのプロセスと理論的背景について，見ていくことにする。

2-3　キャリア停滞（プラトー化）から仕事の動機づけの低下に至る理論的背景

人の動機づけ一般について扱った期待価値理論（Vroom, 1964）によれば，人は，自分が価値を感じる結果（Value）があり，その結果に至る手段（Instrument）があり，それを実現できる可能性（Expectation）があるときに，強く動機づけられる。昇進に当てはめると，高い賃金，社会的ステータス，社内での権力掌握，よりスケールの大きな仕事など，自分が価値を感じるもの（価値ある結果）が昇進によって獲得できる場合（結果に至る手段），その人にとって昇進は魅力的となる。仕事で高く評価されることで昇進できる可能性があり，自分には仕事をうまくやる能力が備わっていると思えば（実現できる可能性が高い状態），その人は一生懸命に仕事を行うだろう。

この枠組みを用いて考えると，昇進のプラトーにある人は，仕事をがんばっても評価されない，あるいはポスト不足などの理由で昇進できず，望む結果を得る可能性が低いと思っている。また仕事内容のプラトーにある人は，仕事を通じた成果があがっていたとしても，中年期になると仕事に変化がなくなり，どうすれば20代，30代のころのように成長感を感じられるかがわからない，つまり望む結果を得るための手段がないと感じているかもしれない。あるいは，注目度の高い大きなプロジェクトを任されれば成長できると思っていても，その可能性はないと感じているかもしれない。つまりプラトーは，望む結果を得るための手段がない，あるいは手段はあったとしても自分の手に入らないと感じている状態であるといえる。

2つのプラトーがどの程度関連するかは，期待価値理論の3つの要素のうち，得たい結果が重複する程度によって異なる。得たい結果が異なれば，2つのプ

ラトーは，それぞれに独立して仕事の動機づけの低下に影響することになるし，得たい結果が同じであれば，相互に補い合う可能性が出てくるといえる。

リクルートマネジメントソリューションズ（2012）が行った調査の結果では，管理職になりたい理由として「多くの報酬がもらえる」を選択した人が最も多かった（47.5%）。しかしそれに続いて，「責任範囲や扱う金額の大きな仕事にチャレンジすることができる」（41.1%），「自分が成長できる」（32.3%）が選択されている。同調査で専門職として働くことを望む人に尋ねた結果と比較すると「自分が成長できる」は，そちらでも2番目に多く選択されていた（38.2%）。また項目はやや異なるものの，専門職志向の人でも「専門職についたほうが，自分のやりたいことができる」が3番目にあり（34.6%），大きな仕事をしたいということも緩やかに共通しているように見える。つまり仕事を通した成長を望む人，自分にとっての価値を実感したい人にとっては，昇進が難しい場合もチャレンジングな仕事を与えることが，価値ある結果を得るための代替手段になり得る。

2-4 キャリア停滞（プラトー化）から仕事の動機づけ低下に至るプロセス

今城・藤村・本合（2010）では，昇進可能性の低下（昇進のプラトー），仕事のやりがいの低下（仕事内容のプラトー），そしてキャリアの継続性がどのように仕事の動機づけの低下に影響するかを検討した。

米国のように人材の流動性が高まってくると，高い職位に就くことではなく，専門職としてより高度なレベルに達することをキャリアの成功と考える人が増える。このような環境変化を受けて，リー（Lee, P. C. B., 2003）は，仕事内容のプラトーを含む上位概念としてプロフェッショナル・プラトーの概念を用いることを勧めている。このプラトーの特徴は，自分の仕事が専門職としてより高いレベルへと到達しているかが重視される。

日本の人事制度では，ホワイトカラーは一般にジェネラリストとして職業生活を送るといわれている。しかし小池（1999）によれば，欧米と比べるとローテーションの幅は広く，一見異なった職種を経験する日本のホワイトカラーも，

仕事経験を通じて，より高次の問題解決能力を徐々に構築している。つまり，日本のホワイトカラーにも，ある種の専門性が存在するということである。そこで，昇進と仕事内容のプラトーにキャリアの継続性を加えて，検討を行った。

検討の結果を簡単にまとめたものを図表5-1に示す。仕事の動機づけが低下した状態については，2種類の停滞感を用いている。「見通し不全型の停滞感」とは，結果を得る期待が低いことに気付く状態だが，昇進に足る仕事成果をあげられるとの可能性は捨てておらず，環境が変われば目標が達成できるかもしれないと考えるような状態を指す。一方，「意欲喪失型の停滞感」とは，例えば環境を変える試みが失敗に終わったり，新しい環境下でも昇進できなかったりした場合，望む結果を得ることをあきらめてしまう状態を指す。つまり，望む結果を得る見通しが悪くなったことに気付く段階があって，その先に結果を得ることをあきらめてしまう段階があると想定する。これらは，第1章に取り上げられていた従業員のプラトー化の進行段階（理性的対応段階，抵抗段階，

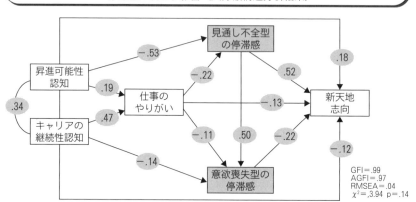

図表5-1　昇進可能性認知・仕事のやりがい・キャリアの継続性が停滞感に及ぼす影響（共分散構造分析結果）

※モデルの適合度指標
GFIおよびAGFI：モデルがデータをどの程度予測できるかを表す指標で，一般に0.9以上であればモデルのあてはまりが良いとされる。
RMSEA：モデルの複雑さの影響を取り除いてモデルの適合度を表す指標で，一般に0.08未満であればモデルのあてはまりが良いとされる。

出所：今城・藤村・本合（2010）より引用。

服従段階；Bardwick, 1986) に緩やかに対応している。

　図表5－1からは、以下のことが読みとれる。まず、昇進可能性が低いと感じると、あるいは仕事のやりがいがないと感じると、見通し不全型の停滞感を生じており、2つのプラトーは停滞感に個別の影響があった。また、昇進可能性が低いと感じると仕事のやりがいが下がるが、キャリアの連続性の方が仕事のやりがいへの影響は大きく、仕事内容のプラトー化を軽減するためには、キャリアの核となる仕事経験を積むことの重要性が示された。そして、見通し不全型の停滞感は、意欲喪失型の停滞感につながっていたが、それぞれの停滞感は、現状を変えたいとする新天地志向に異なる影響を及ぼしていた。見通し不全型の状態にあるほど、新天地を求める傾向が強かったのである。これは、最初の目標である昇進や、やりがいのある仕事をあきらめたわけではなく、環境を変えることで、目標を達成することに期待を持っているためと考えられる。一方で、意欲喪失の状態にある場合は、現状を変えようとはしないことを示唆している。今の状態では望む結果が得られないとわかっていても、望む結果を得ること自体を放棄している様子が伺える。見通し不全を経て、意欲喪失に至るとすれば、企業は、中年期の従業員が前者の状況にあるときに何らかの手を打つ必要性があるといえるだろう。

　上記の分析結果から、昇進のプラトーも仕事内容のプラトーも仕事の動機づけ低下に影響があったが、その様子は異なっていた。それぞれのプラトー状況の解決には別の打ち手が必要であると考えられるが、どちらのプラトー状況に優先的に手を打つべきかについては、仕事の動機づけにダメージを与えている程度の違いによるだろう。そこで次節では、プラトーが仕事の動機づけ低下に与える影響の個人差について考える。

第3節　キャリア停滞（プラトー化）が仕事の動機づけ低下に及ぼす影響の個人差

　前節では、昇進のプラトーと仕事内容のプラトーがともに仕事の動機づけ低下を引き起こす一般的な傾向について検討を行った。しかし中高年を見てみる

と，若年層以上にさまざまな個人差が大きくなることが指摘されている。また，年齢による仕事の動機づけの変化に関する議論でも，どのような要因によって仕事の動機づけがどの程度低下するかについては，かなり個人差があることが指摘されている（Stamov-Roßnagel, & Hertel, 2010）。そこで本節では，昇進のプラトーと仕事内容のプラトーに関連性が高いと思われる個人差として，仕事への志向と，組織との関係性に関する志向を取り上げ，それぞれのプラトーが仕事の動機づけ低下に及ぼす影響の個人差について考える。

3－1　管理職志向と専門職志向（仕事への志向）

　昇進のプラトーに最も関連すると思われるのは，管理職志向である。管理職になりたいという志向の強い人ほど，なれないとわかった時の仕事の動機づけの低下が大きくなることは，想像に難くない。一方で，専門職志向の人はどうだろう。日本のホワイトカラーを対象に最近行った調査では，専門職を志向する人の7割近くが昇進したいと回答している（リクルートマネジメントソリューションズ，2012）。専門職志向の人が昇進したいという場合，専門職として力を発揮できる裁量や組織の後ろ盾が欲しいと思っている可能性がある。管理職志向にしても，人に対する影響力を発揮したい人もいれば，よりスケールの大きな仕事をしたいという理由の人もいるだろう。期待価値理論でいえば，昇進したいという希望の先にある望ましい結果は，かなり多様なものを含むと考えられる。

3－2　組織志向と仕事志向（組織との関係性の志向）

　太田（1999）は，個人と組織の関係性において，組織人と仕事人という2通りの働き方があると述べている。組織人は，所属組織にコミットしており，そこから得る報酬や誘因によって主に欲求の充足を得る。一方で仕事人は，所属組織よりも自分の仕事に強くコミットし，仕事を通して欲求の充足を得る。

　組織人にとって，昇進はまさに自分のコミットする組織への貢献が成功した証しであり，職業生活における主要な目標と考えられる。一方，仕事人は，仕事そのものへのコミットメントが強く，その結果として専門分野で第一人者に

なることが，職業人生の到達目標になる。仕事人には研究職，技術職，法律やマーケティングの専門家，コンサルタントなどが含まれるが，彼らにとっては，組織における昇進よりも，自分のキャリアの積み重ねの方が重要であると考えられる。

ここでは，太田のいう組織人を組織志向と，仕事人を仕事志向と言い換えることにする。なぜならば，管理職志向や専門職志向同様に，どちらも高い人や，どちらも低い人がいる可能性が考えられるためである。

3－3　仕事への志向と組織との関係性の志向

仕事への志向と，組織との関係性の志向について，それぞれ見てきたが，両者の関連については，管理職志向の人は組織志向が高く，専門職志向の人は仕事志向が高いという関係があるように思われる。実際に志向の程度を測定し，尺度の平均値を境に便宜的に分類を行った結果が図表5－2である。これを見ると組織志向の人には，管理職志向，専門職志向の偏りは見られないが，仕事志向の人には，管理職志向の人よりも専門職志向の人の方が多いことがわかる。プロフェッショナルとしての管理職をめざす人（管理職・仕事志向）や，特定の組織にとどまることを前提として専門職として活躍することを選ぶ人（専門職・組織志向）も一定数いることがわかる。

これまでの日本企業のホワイトカラーの典型的な働き方であると考えられる

図表5－2　組織志向・仕事志向と管理職志向・専門職志向　人数分布

	管理職志向	専門職志向
組織志向	管理職・組織志向 n＝88	専門職・組織志向 n＝89
仕事志向	管理職・仕事志向 n＝41	専門職・仕事志向 n＝132

出所：今城・藤村（2012）より引用。

「組織にコミットして働き，その組織で管理職として昇進をめざす」人（管理職・組織志向）と，今後のホワイトカラーの働き方として増加が見込まれる「組織ではなく仕事にコミットして，専門職としてその道を究めることをめざす」人（専門職・仕事志向）を取り上げて，前節で紹介したプラトーから仕事の動機づけの低下へのプロセスに，どのような違いがみられるかを検討した（今城・藤村，2011）。その結果，昇進可能性認知の低さが仕事のやりがいを低める効果は，予想通り管理職・組織志向の人の方が強かった。また，見通し不全型の停滞感が生じた際に，新天地を志向する傾向は専門職・仕事志向の人の方が強かった。

3-4　2つの志向の組み合わせによるキャリアの特徴

今城・藤村（2011）のデータを用いて，2つの志向の組み合わせで4つの分類を作成した。分類ごとの特徴をまとめたものが図表5-3である。また，各分類の特徴から考えられる仕事の動機づけの低下を軽減させるためのヒントを，以下にまとめた。

① 管理職・組織志向の特徴

　管理職を志向し，コミットメントの対象が組織である人にとって，昇進は「自分の貢献が組織から認められた証」としての意味合いが強くなる。昇進のプラトーは，直接的にも，仕事のやりがいが下がることによって間接的にも，仕事の動機づけの低下に強く影響する。この群にとっては，昇進は重要な動機づけの源泉であり，その可能性が低いと思うと意欲の低下は避けられないが，組織へのコミットメントの強さを考慮し，「組織に認められている」，「組織の役に立っている」とのフィードバックを得ることで，仕事の動機づけの低下を軽減できる可能性がある。

② 管理職・仕事志向の特徴

　管理職を志向し，コミットメントの対象が仕事である人の場合，昇進は自身の影響力を高め，自分のやりたいことを実現するための条件であると考える。

図表 5 - 3 組織志向・仕事志向と管理職志向・専門職志向の特徴

		管理職志向	専門職志向
組織志向	コミットメントの対象が組織 組織コミットメントが高く、転出志向が低いのが組織人の特徴	組織に貢献することが一番大事 ▶転職0回の比率最多（78％） ▶できる限り昇進したい（40％）生活と調和が図れる範囲内で昇進を目指したい（55％） ▶昇進希望部長クラスまでが最多（38％） ▶営業、研究開発、経企・事企、シス企、経理が多い	スペシャリストとして組織に貢献することが一番大事 ▶生活と調和が図れる範囲内で昇進を目指したい（51％）、昇進にこだわらない（37％） ▶昇進希望部長クラスまでが最多（35％）、課長クラスでもいい人も31％ ▶意欲喪失型停滞感 平均最高 ▶研究開発、営業が多い ▶30代前半が多い ▶9割係長以下、課長率最低
仕事志向	コミットメントの対象が仕事 組織コミットメント（存続以外）が低く、転出志向が低くないのが仕事人の特徴	プロ管理職タイプ ▶転職3回以上の比率最多（12％）、転出志向 平均最高 ▶組織コミットメント他群より低い ▶できる限り昇進したい（37％）生活と調和が図れる範囲内で昇進を目指したい（54％） ▶昇進希望取締役クラスと部長クラスまでが最多（各32％） ▶見通し不全型、意欲喪失型停滞感、ともに平均最低 ▶営業、研究開発、マーケ、経企・事企、生産が多い	専門家社会の中で認められたい ▶昇進にこだわらない比率最多（51％） ▶昇進可能性認知 最低 ▶見通し不全型停滞感 平均最高、意欲低下型も高めだが上の専門職・組織志向よりは低い 転出志向が比較的高いのが影響しているか ▶研究開発、営業が多い ▶30代後半から40代前半が多い

出所：リクルートマネジメントソリューションズ（2012）より引用。

昇進を希望する職位も他群に比べて最も高く、その実現のためには転職もいとわないようなアグレッシブさがうかがえる。仕事の動機づけの低下は他群に比べて最も少なく、新天地志向は最も高い。組織コミットメントが最も低いこの群は、自分のキャリアにとって意味が感じられなくなると、異動・転職といった新天地を志向する傾向が強いため、リテンションのためには、やりがいのある仕事機会の提供が必要だろう。

③ 専門職・組織志向の特徴

専門職を志向し、コミットメントの対象が組織である人にとっては、スペシ

ャリストとして組織に貢献することが重要である。昇進は「自分の貢献が組織から認められた証」と考える組織志向でありながら，専門職を志向するこの群の中には，管理職になれないから専門職志向に転換した人が一定数いることも想定される。仕事の動機づけの低下の程度が最も高いこともそれを裏付けている。管理職と専門職の両方のキャリア・パスを考慮する複線型人事制度が導入されていても，管理職として遇されることを貢献の証とする考え方が企業において支配的である限り，仕事の動機づけの低下は改善されないだろう。専門性を通じた組織への貢献の評価方法を検討する必要性が問われるところである。

④　専門職・仕事志向の特徴

　専門職を志向し，コミットメントの対象が仕事である人の場合，組織内外を問わず，専門家集団の中で認められることを求める。昇進にこだわらない比率も最多であり，仕事のやりがいが仕事の動機づけの低下に及ぼす影響が大きい。新天地志向が高いのも特徴であるが，やりがいのある仕事ができる，あるいは自分が成長できるような刺激的な環境が組織にあることによって，動機づけの低下が抑制されたり，リテンションの問題も払しょくされたりする可能性がある。

　プラトーが仕事の動機づけの低下に及ぼす影響の個人差に関与するのは，ここで紹介する2つの志向だけではない。ただこれらを組み合わせるだけでも，同じ状況下にある人の反応の裏には，かなり複雑な様相が見える。組織はこのような個人差が存在することを知ることで，より的確な対策を講じることが可能になるだろうし，個人は自分の状況を分析する際の参考になるだろう。

　第2節では，昇進のプラトーと仕事内容のプラトーがどのように仕事の動機づけの低下を招くかについて，一般的なプロセスを検討した。そして第3節では，仕事への志向や組織との関係性の志向の個人差によって，プラトー化が意欲低下に及ぼす影響，また先の見通しが悪くなった時に新天地に向かおうとする傾向の違いについて論じた。これらの知見は，企業が中年期の従業員の仕事の動機づけの低下を防ぐ施策や，個人がより長くやりがいを持って仕事を続け

るための方法を検討するために，どのように活用できるだろうか。第4節では，中年期以降にキャリアのつまずきを経験した人を対象にした調査研究から，どのようにプラトー化からの脱却が図れるかについて考える。

第4節　キャリア停滞からの復活

　昇進機会も注目度の高い仕事に従事する機会も，全員が手にできるわけではない。多くの人は，中高年になるとキャリアの転換点にさしかかる。中年期以降のいわゆるキャリアの危機はどうすれば克服できるのだろうか。

4－1　自律的なキャリアの必要性

　グローバル化やビジネス環境の変化，テクノロジーの発展などによってわれわれの働く環境は急速に変化している。このような環境変化がキャリアに与える影響について，サビカスら（Savickas, M. L. et al., 2009）は，組織も個人も環境に適応するための柔軟性が求められることになり，個人も特定の職種での固定的なキャリアパスを進むという従来型のものではなく，その時々の環境に合わせた対応が求められると論じている。その結果，個人がみずからのキャリアをコントロールすることが以前にも増して求められるとしている。また，変化する環境に柔軟に適応するキャリアを表わすプロティアン・キャリアや職務や組織産業などの壁を超えて展開するキャリアを指すバウンダリーレス・キャリアといった概念を用いた最近の議論でも，キャリアの主体は，個人の側に，より求められると述べている（Hall, 2004；Sullivan, 2011）。

　日本の現状はどうだろう。終身雇用の崩壊に代表される組織と個人の関係性の変化は，さほど急速に進むとは思えないものの，以前ほど1つの会社でずっと仕事がある保障はない。さらに，今後は多くの人にとって65歳まで働くことが当然になるため，個人の側の長期的なキャリアのかじ取りが求められるだろう。

4－2　中年期のキャリアの危機

　中年期はキャリアの転換点であるといわれている（Murphy & Burck, 1976）。中年期に共通に見られる心理状態として，ポジティブな自己概念の低下，人生の意味への疑問，個人的な価値の見直し，人生への漠然とした不満，若いときの理想とのギャップを挙げている。さらに中年期に共通した社会的な経験事項として，キャリアや経済力の頭打ち，子供の独立，若者や新たなテクノロジーの脅威などがあるという。レヴィンソン（Levinson, D. J., 1986）も成人発達論の中で，社会人となる若年期，老化を迎える高年期とあわせて，中年期を移行期の1つとしている。日本でも，岡本（1985）が中年期に自我同一性の再体制化（職業生活の中での自分が何者かを再度問い直すこと）が行われることを示している。以上の先行研究から，中年期のホワイトカラーは，キャリアの危機を経験する可能性が高い。実際，第1節で紹介した40代以降の働く意欲の低下はこれを示唆するものである。

4－3　キャリアの危機への対処

　レジリエンス（精神的回復力）とは，困難な状況下で発揮されるポジティブな適応プロセスであるとされている。「人生において意義のある目的を見つけようとする」，「自分には周囲の環境や出来事に影響力があると信じている」，「良くも悪くも経験から学び，成長できると思っている」といった特徴をハーディネス（頑健さ：高ストレス下で健康を保つ人が持つ個人特性）と呼ぶが，このような特徴を持つ人は，レジリエンスが高いことがわかっている（Maddi, 2005）。ハーディネスの高い人は，仕事で大きな失敗をしたり，降格されたりしたときに，今はつらいけれども，そうなった理由を明らかにしてそれを克服することで，次の機会が回ってきたときに自分はきっと活躍できるだろう，と考えるのではないだろうか。

　このような「自分はこの先〇〇できるだろう」といった今後に向けた自分のポテンシャルの評価と，「自分はよくやった」，「自分には優れた能力がある」といった評価を区別して，それぞれが愛する人との死別後の悲しみの程度にどのように影響を及ぼすかを検討した研究では，自分のポテンシャル評価のみ,

安定して悲しみの程度を軽減する有意な効果が確認されている（Bauer & Bonanno, 2001）。つまり，危機的状況の克服には，自己評価の高さではなく，先行きに対する明るい見通しを持つことが重要だといえる。

また，職業上のストレス対処に関する先行研究をレビューしたラタックとハブロヴィック（Latack, J. C., & Havlovic, S. J., 1992）は，対処方法をまとめる枠組みとして，2つの軸を提案している（図表5－4）。課題や仕事にフォーカスするか，感情や反応にフォーカスするかの焦点の違いの軸と，認知的な対処か，行動的な対処かの対処方法の違いの軸である。例えば，課題に対する認知的な対処では，手元にある仕事の課題を明らかにして整理したり，優先順位をつけたりすることなどが挙げられる。反応に対する認知的な対処は，自分にはどうすることもできないと言い聞かせたりすることなどである。課題に対する行動的な対処では，ほかの人にアドバイスを求めることが含まれるし，反応に対する行動的な対処には，仕事以外の気晴らしをすることが含まれる。キャリアの危機に直面した中年期のホワイトカラーも，上記のいずれかの対処行動をとると考えられる。

図表5－4　ストレスに対する対処方法

出所：Latack, J. C., & Havlovic, S. J.（1992）を基に筆者が作成。

4-4 中高年ホワイトカラーのキャリアの危機への対処プロセス

今城・藤村（2012）は，キャリアの危機を経験した中年期のホワイトカラーへのインタビュー調査を行い，キャリアの危機の認知の仕方や対処方法を探索的に検討した。その結果をもとに，キャリア停滞（プラトー化）からの復活プロセスをモデル化したものが図表5-5である。

「キャリアを自らコントロールしようとする意志」は，ハーディネスの高さを示す特徴の1つと考えられる。また，キャリア停滞時の対処行動の「状況への働きかけ」は，対処方法の分類でいうと「課題・行動」になる。「状況認知の変化」は「反応・認知」で，「目の前の仕事への全力投球」は「課題・行動」の場合と「反応・行動」の場合の両方が含まれていた。これら2つの対処行動は，結果的に状況の改善へとつながり，キャリア停滞からの復活を後押ししていた。

「キャリアをみずからコントロールする意思」には，社内での異動希望や，

図表5-5 中高年ホワイトカラーのキャリア停滞からの復活プロセス

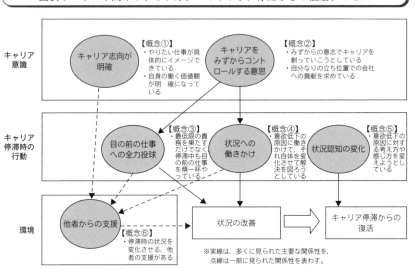

出所：今城・藤村（2012）より引用。

社外への転職可能性も視野に入れてみずからの意志でキャリアを創っていこうとする発言が主に含まれていた。また，以下の発言のように自分なりの立ち位置での会社への貢献を模索するものもあった。

　"30過ぎて，どんな道に自分が行くんだろうと思ったときに，ちょっと何か考える時間が欲しかった。（中略）本業で自分がどうやってこれから会社に貢献していけるのか，何だろうというのはずっと考えていました"

逆に自分のキャリアを会社に委ねていて，本人の意思が感じられなかった発言もあった。

　"今まで，40前半ぐらいまでに自分の50代，60代，あるいは，それ以降の自分の将来像みたいなものを具体的に考える機会がなかった"
　"本人の希望なんていうのは最後の，特に管理職なんていうのは最後の話なんで，異動させるなんていうのは，もう会社の都合で異動させるのが先"

対処行動のうち，「目の前の仕事への全力投球」では，例えば不本意な異動などの後でも，

　"そのときもやっぱり夢中でやっていましたね"
　"やっていけばやっていったなりに，なんていうんですか，別に道を究めるじゃないですけども，それなりの仕事ができるように努力はしたかなとは思います"

といった発言が聞かれた。逆に，最低限の責務を果たすのみであったことを示す発言もあった。

　"仕事はしてましたよ，してたけど，（中略）頑張ろうなんて思えなかったですよ"

仕事の動機づけ低下の原因そのものに働きかけて，それ自体を変化させて解決を図ろうとする「状況への働きかけ」では，異動の相談をしたり（"ほかの部署に異動してくれとかって，やっぱり言うんですよね，上司に"），動機づけ低下の原因となっている上司と直接話をしたり，さらに上の上司や（"その上の部長にも話は結構しました"），会社の相談室に相談をしていたものもあった。一方

で，下記の発言に見られるように，みずから働きかけを行うことは不可能だと考えているものもあった。

"これでいいのかな？　と。でも，そんなことは言えないじゃないですか"
"管理職ですので，当時。人事にかけ合うなんてばかなことは，それはしないで"

4－5　組織との関係性の志向がキャリア停滞（プラトー化）からの復活に及ぼす影響

先の調査では，組織との関係性に関する志向によって，キャリア停滞（プラトー化）からの復活プロセスに，いくつかのパターンが存在する可能性が示唆された。具体的には，所属組織にコミットし，そこから得る報酬や誘因によって欲求の充足を得る「組織志向」と，所属組織よりも自分の仕事に強くコミットし，仕事を通して欲求の充足を得る「仕事志向」による違いである。

組織志向の人の場合，キャリア志向が明確で，キャリアをみずからコントロールする意思があり，キャリア停滞中も目の前の仕事に全力投球しているうちに，結果的にキャリア停滞から復活している。例えば，本業で会社に貢献したいという意思が明確で，自分に何ができるかをずっと考えてきたAさんは，上司の勧めもあって，スタッフから営業に異動になった。当初は仕事に適応できず，相談室に通うまでになったが，精一杯取り組んでいるうちに成果が出るようになり，現在はさらに前向きに取り組んでいる。彼らは組織への貢献を重視しているため，貢献できていれば仕事内容には強いこだわりがなく，目の前の仕事にまい進しながらキャリア停滞を乗り越えていっている。

仕事志向であるBさんは，入社以来アパレルの仕事をしていきたいというキャリア志向が明確で，合わない上司との衝突で仕事の動機づけが低下したものの，やりたい仕事には携われていたために仕事には全力で取り組んでいた。結果的に，違う上司の下への異動によって，キャリア停滞から復活した。

キャリア停滞をきっかけに組織志向から仕事志向に変化した人は，自身にとってのやりたい仕事を再定義できている。例えば，入社以来製薬企業でMRとして会社に貢献していくことを志向してきたCさんは，業績があがって任

される範囲が広がってきた矢先に突然のスタッフ部門への異動を命じられ，仕事の動機づけが低下した。その後，異動はMR出身者による研修の再構築を期待されてのことだとわかり，全力で仕事に携わっているうちに，社員教育の仕事を究めていきたいという思いを強くしている。

一方で上手く復活できていない例を見ると，組織志向であるDさんは今の会社で昇進したいとの志向は明確であったが，ある時昇進ルートから外れる異動を命じられた。その後，状況変化に対するみずからの働きかけもなく，仕事にも全力で取り組めない状態が続いている。また，Eさんは，Cさん同様に停滞をきっかけに組織志向から仕事志向へと変化したものの，明確なキャリア志向やみずからキャリアを創っていこうという意思がないままに，子どもの養育費がかからなくなるまでは現状維持で働き続けようというスタンスで，仕事にやりがいを見出していないようだ。

こうして見てみると，停滞時には，自分の貢献したい領域や貢献のあり方と組織が本人に求める貢献領域にずれが生じていることがわかる。ただし，どちらか一方に合わせることがよいわけではなく，うまく復活できている場合には，みずからの意志でそのずれに折り合いをつけていることがわかった。そのプロセスにおいて，どう折り合いをつけるかを自分で決めること，折り合いをつけるための行動，例えば他者に相談することや，目の前の仕事の中に自分の貢献できる価値を見つけることや，新天地を模索することなどの行動を主体的に行うことが，復活に向けたキーであるように思われる。

昇進であれ，仕事内容であれ，望む結果が得られなくなった状況下では状況を変える必要があるが，それは耐えて待つか，自分が動くことによってでしか生じない。普段とは異なる行動が求められるかもしれず，ある種のリスクを伴うこともあるだろう。それでもあえて一歩を踏み出すことが必要かもしれない。

第5節　新たなキャリアステージに向けて

第4節では，復活のための主体的な意思決定と行動の必要性について論じたが，この行動の1つが転職といえるだろう。中高年になってからのポジティブ

な意味でのキャリアの変更は，キャリア・リニューアルと呼ばれることもある（Power, 2009）。ここでは，日本における中高年のキャリア・リニューアルの中でも比較的リスクが高いと思われる，職種や業種の変更を伴う転職（キャリアチェンジ）に着目し，その成功要因について考える。

5－1　中高年にとってのキャリアの成功とは

　何をもってキャリアの成功とするかは多義的である。1つの見方として，昇進や出世などの客観的キャリアの成功と，仕事の満足度に代表される主観的キャリアの成功の2つに分ける考え方がある（Arthur et al., 2005）。これらのキャリアの成功の間には，正の相関があることがこれまでの先行研究の結果から報告されているものの，その関連性はあまり強いものではない（Ng, et al., 2005）。

　現実を見れば，中高年ホワイトカラーで，特にキャリアチェンジを経験した人の場合，多くは年収の低下を経験する（みずほ総研，2011）。しかし客観的なキャリアの成功の指標の1つである条件面で多少見劣りがする転職であっても，本人にとって前向きな転職はありえる。実はこれは日本だけでなく，欧米でも同様の状況であることがわかっている。ジョンソン（Johnson, R. W., 2009）が1996年から2006年までに行った，9,000名を対象とした調査でも，条件面が悪い転職を経験した対象者の多くが，転職後の仕事を楽しんでいると回答している。このような状況は，主観的なキャリアの成功状況と考えられるが，プラトー化との関連では，仕事内容のプラトー化にない状態であるともいえる。以降では，この主観的なキャリアの成功について考える。

5－2　キャリアの意思決定

　キャリアの意思決定のあり方には大きく分けて2つある。1つは，自分のやりたいことを実現するために，主体的に新しい機会を探索するもので，プロティアン・キャリア（Hall, 2004）の考え方はこれに当てはまる。他方，中高年になってからの変化は，会社の倒産やリストラといった外的環境によってもたらされることも多いが，前者の主体的なキャリア探索と比べると，当人がどのようにキャリアの選択や意志決定を行うのかについての研究はあまりない

(Blustein, 2001)。

　シャイン（Schein, E. H.）が論じたように，実際には，主体的キャリアの歩み方としての「キャリア・アンカー」と，ある現状での生き残りをかけた「キャリア・サバイバル」の両方のバランスをとりながら，キャリアの選択がなされると考えられる（金井，2003）。中高年ホワイトカラーの転職の際に，この2つのバランスはどう取られているのだろうか。

5-3　組織再社会化

　新しい組織や仕事への適応は組織社会化と呼ばれ，これまで数多くの研究が行われてきた。メタ分析の結果からは，組織側の受け入れ態勢と組織参入者自身の主体的な情報探索行動のどちらもが有効であることが示されている（Bauer et al., 2007）。

　中高年の転職の場合，組織の受け入れ態勢は若年層ほど整っていないものと思われる。組織は即戦力として中高年転職者を見る傾向があり，そもそも受け入れのために何かを行う必要性を感じていない場合も多いだろう。転職者がみずから組織に溶け込むための努力はどうだろうか。2013年に人材サービス産業協議会が行った調査では，企業が中高年を採用したくない理由として「給与が高い」が最多であったが，それに続いて「新しい仕事を覚えるのに時間がかかる」，「自分のやり方を押し通そうとする」が多く選ばれた。つまり中高年転職者は変化に適応しにくいと見られている。中高年になると，自分の仕事スタイルを確立しているため，それを変化させることは若年層に比べると容易ではないのかもしれない。またプライドの高さから，わからないことを素直に尋ねられないこともあるかもしれない。中高年転職者が，適応のために転職後に採った行動や，周囲の人の関わりは，転職後の再社会化にどのような影響があるのだろうか。

5-4　キャリアチェンジ後の再社会化プロセス

　今城・藤村（2014）では，主観的キャリアの成功の要因を明らかにするために，キャリアチェンジを経験した中高年ホワイトカラーを対象にインタビュー

図表5－6　中高年のキャリアチェンジ後の適応プロセス

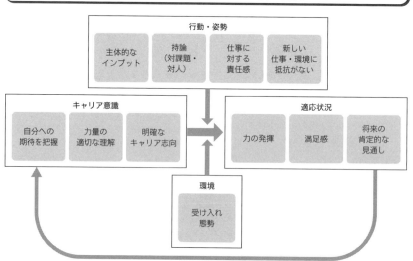

出所：今城・藤村（2014）より引用。

調査と分析を行った。その結果，図表5－6に示したような概念がキャリアチェンジ後のキャリアの成功に及ぼす影響が見えてきた。

　まず，キャリア意識については，3つの要素が抽出された。これらはシャインによるキャリアを考える際の3つの問いに相当する。自分のキャリアの目標や理想を明確に持つ Will にあたる「明確なキャリア志向」と，自分への期待の正しい理解を示す Must にあたる「自分への期待を把握」，さらにそのどちらにも関連し，転職を決める際に特に重要な自己の能力認知である Can にあたる「力量の適切な把握」である。インタビュー対象者の中には，「明確なキャリア志向」が顕著な人もいれば，「明確なキャリア志向」と「自分への期待を把握」のバランスが取れた人も，また「自分への期待を把握」が顕著な人もいた。ただし強弱はあれ，3つの視点を兼ね備えた人の方がキャリアにおける成功を収める傾向が見られた。

　今後の可能性を大きく見積もることができる若年の転職者と比べると，中高年の転職者ではそれまでの経験を活かす意味で「力量の適切な把握」の重要性

が高まることが予想される。つまり，自分のやりたいことや組織からの要請のいずれも，それを行う力が現時点で自分に備わっていることが重要だと考えられる。

組織再社会化に関しては，やはり本人からの歩み寄りや進んで学ぶ姿勢といった行動と，組織の受け入れ態勢の両方が新しい職場への適応に関連していた。本人側の行動として，主体的な情報探索行動を含むいわゆるプロアクティブ行動といった積極性・意図性を含む概念（Grant & Ashford, 2008）とは意味合いの異なる「責任感」，「新しい仕事・環境に抵抗がない」，「持論」といった要素も抽出された。先行研究を統計的にまとめたメタ分析では，組織社会化の成功に対して，組織側の受け入れ態勢と，組織参入者自身のプロアクティブ行動の効果を媒介する変数として，役割の明確さ，自己効力感，社会的な受容の向上が挙げられていたが（Bauer et al., 2007），「責任感」は社会的受容を促進する効果が期待できる。きちんとした仕事ぶりは周囲の人からの信頼感を得るためには不可欠だろう。また「新しい仕事・環境に抵抗がない」は，プロアクティブ行動ほど強いものではなく，素直さや受容性の高さを示すものである。

意外な結果として，「持論」がプラスの影響を及ぼしていた。持論は下手をすると柔軟性を欠く要因にもなりえるが，今回のインタビュー対象者では持論をうまく使って新しい環境に適応していることが，以下のような発言に見られた。

 "やっぱり仕事を理解することですよね，1日も早く。全体の概要から，どういう流れで仕事が，各セクションの仕事がどういうふうに分担されているかというのを理解することが，僕は一番だと思っているんです"

 "（人を動かすには）単純に成果を得た人を評価すればいいというわけでもないし，プロセスだけ評価してもダメだし。ただ，1つだけ言えることは，"ちゃんと説明をする"というのだけ。それを守っただけですね"

この点も，仕事経験の長い中高年転職者に特徴的であると考えられる。自分なりの成功パターンをうまく抽象化して学習できている場合，異なる環境においてうまく適用できているようである。こういった応用性の高い持論の形成を

可能にする能力が適応を促進する可能性がある。

　特筆すべきは，中高年の転職者であっても，組織からのサポートはキャリアの成功に重要であることが示されたことだ。今回の対象者は仕事内容そのものの変化を伴う転職であったが，仕事への適応以上に，新しい会社での対人ネットワークの構築の重要性や難しさが数多く述べられていた。このことは，仮に同業種，同職種への転職であったとしても，社会化のためのサポートと時間を必要とすることを示唆している。さらに組織のサポートは，仕事内容もさることながら，転職者が対人ネットワークを築くために，より効果を発揮すると考えられる。今後，中高年の転職者が増加することが予想されるが，そこに向けて企業はある程度の受け入れ態勢を整える必要があるだろう。

　最後に，キャリアの成功であるが，インタビューの結果からは，「力の発揮」，「満足感」，「将来の肯定的な見通し」の3つの要素が抽出された。多くの対象者で3つの要素ともにプラスのコメントが見られたが，例外もあった。Fさんは，自分の力を発揮できているとしながらも現状に不満を感じている。これは彼のキャリア意識には「明確なキャリア志向」の要素が強く，今の職場ではそれがかなえられない不満によるものである。「力量の適切な理解」と「自分への期待の把握」の折り合いによって，力は発揮したとしても，長期的にその組織で働き続ける選択をしない可能性がある。できれば長期的に働ける場所が転職先としては望ましいとのコメントもインタビューの中では多く聞かれており，組織と個人が長期的な関係を築くためには，キャリア志向についてある程度の理解と合意を得ることが必要になるだろう。

　キャリア意識の3つの要素は，仕事の動機付けを前で論じた際に用いた期待価値理論で説明することもできる。Willは自分が価値を感じる結果が何であるかによって規定され，その価値を実現できるための仕事の機会があるかは，採用する企業が何を求めているか（Must）を持って推し測っている。そしてその仕事の機会を活かして，得たいものを得る力が自分にはあるかはCanによって判断する。キャリア停滞からの復活もそうであったように，まずは先への見通しを持つことが動機を高めるためには重要であるが，その見通しは具体的な行動を伴ってこそ，実現につながるものだといえる。

ここまで，中高年が直面するプラトー化が仕事の動機づけに及ぼす影響や，そこから脱却するために必要な要素についてみてきた。ここから見えてくるのは，長いキャリアを通じて，生き生きと仕事をし続けたいと願う個人の姿である。それを支えるために社会や組織は何ができるか，また個人は何をすべきか。難しい課題だが，取り組むべき重要な課題であることは間違いないだろう。

引用文献

Arthur, M. B., Khapova, S. N., & Wilderom, C. P. 2005 Career success in a boundaryless career world. *Journal of organizational behavior*, **26**(2), 177-202.

Bardwick, J. M. 1986 *The Plateauing Trap*. Bantam Books, New York, NY.

Bauer, J. J., & Bonanno, G. A. 2001 I can, I do, I am : The narrative differentiation of self-efficacy and other self-evaluations while adapting to bereavement. *Journal of research in personality*, **35**(4), 424-448.

Bauer, T. N., Bodner, T., Erdogan, B., Truxillo, D. M., & Tucker, J. S. 2007 Newcomer adjustment during organizational socialization : a meta-analytic review of antecedents, outcomes, and methods. *Journal of applied psychology*, **92**(3), 707.

Blustein, D. L. 2008 The role of work in psychological health and well-being : a conceptual, historical, and public policy perspective. *American Psychologist*, **63**(4), 228.

Crabtree, C. 2011　http://gmj.gallap.com/content/149405/Employees-Worldwide-Common.aspx?utm_source=email&utm_medium=102011&utm_content=morelink&utm_campaign=newsletter（2011年ダウンロード）

Grant, A. M., & Ashford, S. J. 2008 The dynamics of proactivity at work. *Research in organizational behavior*, **28**, 3-34.

Hackman, J. R., & Oldham, G. R. 1976 Motivation through the design of work : Test of a theory. *Organizational behavior and human performance*, **16**(2), 250-279.

Hall, D. T. 2004 The protean career : A quarter-century journey. *Journal of vocational behavior*, **65**(1), 1-13.

Hall, D. T., & Chandler, D. E. 2005 Psychological success: When the career is a calling. *Journal of Organizational Behavior*, **26**(2), 155-176.

Hertel, G., Thielgen, M., Rauschenbach, C., Grube, A., Stamov-Roßnagel, C., & Krumm, S. 2013 Age differences in motivation and stress at work. In *Age-differentiated work systems*（119-147）. Springer Berlin Heidelberg.

今城志保・藤村直子　2014　中高年ホワイトカラーのキャリアチェンジ：キャリアの継続性と適応　経営行動科学学会第17回大会発表論文集　193-198.

今城志保・藤村直子・本合暁詩　2010　キャリア停滞と仕事の意欲低下：見通し不全型の停滞と意欲喪失型の停滞　産業・組織心理学会第26回年次大会発表論文集　137-140.

今城志保・藤村直子　2012　キャリア意識がキャリア停滞時の行動におよぼす影響：中年期のホワイトカラーを対象としたインタビュー調査から　経営行動科学学会第15回大会発表論文集　201-206.

今城志保・藤村直子　2010　キャリア停滞と仕事の意欲低下：管理職志向と専門職志向の違い　経営行動科学学会第13回大会発表論文集　66-71.

今城志保・藤村直子　2011　キャリア停滞と仕事の意欲低下（3）：昇進意欲と組織との関係性がもたらす影響　産業・組織心理学会第27回年次大会発表論文集　103-106.

人材サービス産業協議会　2013　中高年ホワイトカラーの中途採用実態調査_企業編 http://www.j-hr.or.jp/wp/wp-content/uploads/middlematch-pdf01.pdf

Johnson, R. W. 2009 Older workers on the move: Recareering in later life. http://www.urban.org/research/publication/older-workers-move-recareering-later-life

金井壽宏　2003　キャリア・デザイン・ガイド　白桃書房.

小池和男　1999　仕事の経済学　東洋経済新報社.

厚生労働省　2012　第7回高齢者の生活と意識に関する国際比較調査結果．http://www8.cao.go.jp/kourei/ishiki/h22/kiso/zentai/

Latack, J. C., & Havlovic, S. J. 1992 Coping with job stress: A conceptual evaluation framework for coping measures. *Journal of organizational behavior*, **13**(5), 479-508.

Latham, G. P., & Pinder, C. C. 2005 Work motivation theory and research at the dawn of the twenty-first century. *Annual Reviewof Psychology*, **56**, 485-

516.

Lee, P. C. B. 2003 Going beyond career plateau : Using professional plateau to account forwork outcomes. *Journal of Management Development*, **22**, 538-551.

Levinson, D. J. 1986 A conception of adult development. *American psychologist*, **41**(**1**), 3-13.

Maddi, S. R. 2005 On hardiness and other pathways to resilience. *American Psychologist*, **60**(**3**), 261-262.

みずほ情報総研 2013 産業構造転換と雇用・人材育成政策に関する調査.

Murphy, P. P., & Burck, H. D. 1976 Career development of men at mid-life. *Journal of Vocational Behavior*, **9**(**3**), 337-343.

内閣府 2013 平成15年度年次経済財政報.

Ng, T. W., Eby, L. T., Sorensen, K. L., & Feldman, D. C. 2005 Predictors of objective and subjective career success : a meta-analysis. *Personnel psychology*, **58**(**2**), 367-408.

岡本祐子 1985 中年期の自我同一性に関する研究 教育心理学研究, **33**, 23-34.

太田 肇 1999 仕事人と組織 インフラ型への企業革新 有斐閣.

Power, S. J. 2009 Midcareer renewal : A research agenda for the twenty-first century. In S. G. Baugh & S. E. Sullivan (Eds.), *Maintaining energy, focus and options over the career : Research in careers : Volume 1.* (107-133). Charlotte, NC : Information Age.

リクルートマネジメントソリューションズ 2012 昇進と働く意欲に関する調査2012.

労働政策研究・研修機構 2006 多様化する就業形態の下での人事戦略と労働者の意識に関する調査.

Savickas, M. L., Nota, L., Rossier, J., Dauwalder, J. P., Duarte, M. E., Guichard, J., & Van Vianen, A. E. 2009 Life designing : A paradigm for career construction in the 21st century. *Journal of vocational behavior*, **75**(**3**), 239-250.

Stamov-Roßnagel, C., & Hertel, G. 2010 Older workers' motivation : against the myth of general decline. *Management decision*, **48**(**6**), 894-906.

Sullivan, S. E. 2011 Self-direction in the boundaryless career era. In Hartung, Paul J. (Ed) ; Subich, Linda M. (Eds), *Developing self in work and career :*

Concepts, cases, and contexts（123-140）. Washington, DC, US：American Psychological Association.

Vroom, V. H. 1964 *Work and motivation.* New York：Wiley.

山本 寛 2001 昇進の研究（改訂版） 創成社.

第6章
組織フラット化との関係にみる
新たなキャリア・プラトー現象の考え方

第1節　はじめに

　皆さんは，仕事において何らかの行き詰まりを感じる経験をしたことはないだろうか。例えば，現在ついている職位での期間が長いことに行き詰まりを感じることがあるだろう。仕事での成長での行き詰まりや，もっと難しい仕事を任せてほしいなどの仕事内容に対するもどかしさや行き詰まりを感じることもあるかもしれない。誤解を恐れずに表現すれば，この仕事に対して行き詰まりを感じている状態こそが，キャリアの停滞であり，キャリア・プラトー現象であるということができる。

　キャリア・プラトー現象は，1970年代の後半以降，昇進での行き詰まりとして取り上げられた現象である。特に，組織の問題としてキャリア・プラトー現象を提示したフェレンスら（Ference, T. P., Stoner, J. A. F., & Warren, E. K., 1977）の考え方を継承する形で，ピラミッド型をした高階層の組織を前提とした研究が蓄積された。そのため，これまでは，キャリア・プラトー現象といえば，一般的には昇進での停滞として認識される傾向が強かった。

　しかし，上記で見たように，何に対してキャリアの行き詰まりを感じるのかは多様であり，必ずしも昇進だけに限定される訳ではないはずである。この点を明らかにすべくこれまでのキャリア・プラトー現象に関する研究を丹念に見た結果，昇進以外のキャリア，特に中心性におけるキャリアでの停滞にまで，キャリア・プラトー現象の研究対象は広がっていることが確認され，さらに，このようなキャリア・プラトー現象のとらえ方の変化の背景には，組織構造の

変容が関係していることが看取されている（櫻田，2005）。

　上記の点を踏まえて，本章では組織的要因の変化の観点からキャリア・プラトー現象の現状や課題について考える。これまで，特に日本においては，この組織的要因の変化とキャリア・プラトー現象の関係については，ほとんど議論されてこなかった。そのため，キャリア・プラトー現象というキャリアの問題をとらえるのに，なぜ個人的要因ではなく，組織的要因の変化の観点から検討するのかと疑問に思う人がいるかもしれない。しかし，キャリアをとらえるためには，組織と個人双方の観点から検討することは重要な意味を持つ。というのも，キャリアは組織と個人双方の相互作用により形成されるものであり（Schein, 1978），さらにこの関係は常に変化する可能性を持っているからである。

　また，キャリア・プラトー現象そのものが，それまで個人的要因としてとらえられてきた現象を組織的要因からとらえなおし，企業として考慮すべき課題があることを提示した（Ference, Stoner & Warren, 1977）ところから始まっていることに鑑みれば，キャリア・プラトー現象を組織的要因の変化に着目して検討することは，研究の観点としても妥当であると考えられる。

　以上の点から，本章では，組織的要因の変化が，そこで生じる組織と個人の関係性とキャリア・プラトー現象に対してどのような影響を及ぼすのかについて論じる。

　まず，次節において，これまで主にアメリカを中心として議論されてきたキャリアの概念が，日本では一般的にどのように認識されているのかを確認する。さらに，キャリアを構築する組織と個人の関係性に着目し，日本で構築されているキャリアの特徴およびその潮流について見る。

　第3節では，組織構造の変化がキャリア・プラトー現象概念の礎となるキャリア概念に対してどのような影響を与えてきたのかを議論する。その上で，キャリアに対する考え方の中から見出された特徴が，キャリア・プラトー現象とどのような関係性を持つのかについて検討する。

　第4節では，キャリアのどのような点における行き詰まりがプラトー現象としてとらえられるようになってきたのか，特に昇進以外のキャリア・プラトー現象が，いつ，どのような観点からとらえられたのか，そしてその変化に組織

的要因，特に組織のフラット化がどのような影響を与えているのかを，先行研究を基に整理する。

第5節では，これまでのキャリア・プラトー現象に関する先行研究において，実証的に検討されることがあまりなかった組織のフラット化とキャリア・プラトー現象の関係について検討する。その後，組織構造の変化の視点からキャリア・プラトー現象をとらえることから見えてくるものと，そこから日本企業に関わる我々はどのような含意を得ることができるのかについて考える。

第2節　日本におけるキャリア意識

2－1　高まるキャリアへの関心

キャリアの代表的な定義には，「生涯にわたり，仕事に関係した経験や活動と関連して，個人が知覚した態度や行動の連続」(Hall, D. T., 1976, p. 4 ; 2002, p. 12) や，「長年にわたる個人の仕事における経験が織りなす発展の連続」(Arthur, M. B., Hall, D. T., & Lawrence, B. S., 1989, p. 8) などがある[1]。これらの定義を参考に，キャリアをごく単純化すると，個人が仕事を通じて積み重ねる経歴と説明することができる。キャリア・プラトー現象に関する研究も含めキャリアに関する研究は，これまで，アメリカにおいて研究が蓄積される傾向が強かった。しかし，最近では，研究の裾野は広がっており，対象とされる地域，内容ともに多様化する傾向が見られる。

それでは，日本でのキャリアに対する関心は，どのように推移しているのだろうか。1960年から2012年の間に，日本で出版されたキャリア関連の書籍数（研究書と一般書双方を含む）の動向を見ると，キャリアに対する社会的関心は，2000年代に入り徐々に高まりを見せている。特に，2003年以降，書籍数が急増しており，年間100冊から150冊のキャリア関連の書籍が出版されている（図表6－1）。さらに，書籍の内容も，1970年代後半から2002年の間は，大学生を念頭に置いた就職関連本，特定の職種や女性を対象としたキャリアや正規雇用を前提とした昇進や異動に関するキャリアを扱っていたのに対して，2003年以降は，非正規雇用者をも対象としたキャリア形成に関する書籍や国

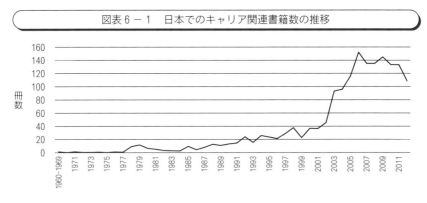

図表6-1　日本でのキャリア関連書籍数の推移

出所：櫻田涼子（2014a），116頁を基に筆者作成。

際的観点からのキャリアに表れるように，これまでに比べ広範にわたる対象者や多様な価値観を対象とした内容へと変化していることが確認されている（櫻田，2014a）。

キャリア概念に対する関心が日本で高まるのに伴い，キャリア・プラトー現象という考え方も，徐々に定着し始めている。例えば，2000年頃には，日本で出版される人的資源管理や組織行動論関連の教科書で，キャリア・プラトー現象を取り上げているものはほとんどなかったが，最近ではこの用語を取り上げている教科書が徐々に増えているのが，その良い例である。

2-2　キャリアを構築する組織と個人の関係に生じた変化

キャリアへの社会的関心が高まり始めた2000年前後の時期と重なるように，日本企業は新たな経営環境への対応を求められ始めた。これらの変化に呼応するように，組織と個人の関係性にも変化の兆しが見られる。そこで，キャリア意識が高まる背景として，日本企業と従業員において，どのような変化が生じていたのかを検討する。

(1) フラット化する日本企業

日本企業は，これまで終身雇用と年功序列を土台とした長期安定雇用と一企

業内で昇進することによってキャリアを積むことを前提としてきた。この従来型の組織では，役職階層を利用した命令系統および情報伝達手法が構築されていた。また，高度経済成長やその後の好景気を背景に，必要とされる以上の役職ポストがつくられた。これが「管理職の水膨れ」と呼ばれる現象である。

しかしながら，この高階層による組織構造そのものが，その後の経済の低迷や企業環境の変化の中で，大企業病に代表されるような問題を生じさせる原因をつくることとなった。さらに，このような構造上の問題だけではなく，グローバル化やICT化の進展など日本企業を取り巻く外的環境も変容を見せた。そこで，日本企業はこれからの生き残りをかけて，さまざまな組織変革を実施した。特に，2000年以降実施された組織変革としては，組織のスリム化やフラット化に代表される組織内の階層を減少させる方法が取られた。例えば，連合総合生活開発研究所（2003）の調査によれば，過去3年間に実施した組織変革として，本社部門のスリム化（実施企業比率60.3%），事業部・事業所の整理・統合（56.2%）や，組織のフラット化（47.1%）が挙げられている。このように，社内の部門や役職数などの組織階層を合理化する形での組織変革を本章では，組織のフラット化としてとらえる。

(2) 変化を見せる組織と個人の関わり方

企業を取り巻く環境の変化の中で，組織と個人の関わり方やキャリアに対する意識も変化している。

• キャリアに対する企業側の変化

企業（組織）側の変化を表す概念の1つが，エンプロイアビリティ（employability）である。エンプロイアビリティの考え方自体は，元々アメリカで着目されたものである。これまでのような雇用の維持ができない場合に，企業と個人がどのような関係を築いていくのかという視点で用いられ始め，従業員側の雇用されうるための能力とは何かを考えるところから提示された概念であるといわれている。

日本では，日経連教育特別委員会（1999）がNED（ネッド）モデル（Nikkeiren

Employability Development）として日本型のエンプロイアビリティの形式を提唱した。NEDモデルは，流動的労働市場を前提とするアメリカのエンプロイアビリティとは異なり，企業が従業員を雇用保障することを前提としている。その上で，従来型の企業主導による当該企業で評価される能力（企業特殊的能力）を重視した能力開発ではなく，労働市場で一般的に評価される能力（一般的能力）を培うことも視野に入れた「従業員自律・企業支援型」による能力開発を実施することが提唱されている。

企業特殊的能力を重視してきた日本企業においてこの概念が提示されたことは，これまで企業主導で行ってきたキャリア形成を，個人主導によって行ってもらうという企業側の意思表示の表れの1つであると考えることができる。

・キャリアに対する従業員側の変化

従業員側の意識の変化についても見てみよう。日本企業で近年よく取り上げられるキーワードの1つが，多様な人材の働き方を考えるダイバーシティー・マネジメントである。このキーワードが注目を集めているということは，それだけ多様な事情や価値観を持った人材が企業内にいるということの裏返しとも考えられる。日本企業で働く従業員（個人）の抱える事情や価値観が多様化しているとすれば，当然彼らがキャリアに対して求めるもの自体も多様化している可能性が考えられる。

例えば，日本労働研究機構が平成10年に実施した調査では，能力の発揮や専門的知識が活かせれば，昇進や管理職になることにはこだわらない従業員が，半数以上存在することが示されている。また，「勤務地を自分が希望する地方に限定できれば，昇進・昇格等にこだわらない」に「はい」と回答した従業員も64.5％存在している。当該データからは，日本企業で働く従業員にとって，これまでキャリアの成功として重視されてきた昇進だけではなく，専門的知識や自分の働き方を選択できる裁量権といった要素も重視されるという，キャリアに対する意識の変化が見られる[2]。

2−3　組織フラット化とキャリアの変化

　本節で見てきたように，日本でのキャリア意識と企業と個人を取り巻く状況の変化をデータから検討した結果，キャリアに関する社会的意識の高まりに，日本企業の組織変革が影響を与えている可能性を推察することができる。さらに，この時期と重なる形で，企業と個人の関係性が変化していることも確認された。これらの一見別々に見える現状，すなわちキャリア意識の高まり，組織のフラット化とそれに伴う企業と個人の関係性の変化は，キャリア・プラトー現象を考える上で，実は大きな意味を持つと筆者は考えている。その理由は，組織の階層性の多寡によって，そこで構築されるキャリアの特徴が変わると考えられるからである。そこで，この組織のフラット化と企業内でのキャリア形成のあり方について，もう少し詳しく考察してみよう。

　これまでの終身雇用と年功型賃金制度に基づく日本企業では，一企業内においてキャリアを構築することが基本であるとされてきた。さらに，この一企業内でのキャリアでは，役職階層と資格階層による高階層から成るピラミッド型の組織構造が構築されていた。この中では，同期入社の従業員を競わせ，徐々に昇進の速さと職位に差をつける方法で，企業は従業員の能力開発とモチベーションを引き出してきた[3]。そのため，昇進はキャリアの成功の証であり，昇進できない状態（キャリア・プラトー現象）は，組織にとっても個人にとっても，重大な問題であったと考えられる。

　だが，組織のフラット化によって，昇進に対する競争が激化するのみならず，昇進できない従業員数の増加により，企業内での昇進によるキャリア形成の可能性を見出せない従業員が増えてしまう可能性がある。そのため，組織のフラット化をすると同時に，組織は新たなキャリア形成の方法を提供することが必要になると考えられる。

　さらに，組織階層のフラット化によって，組織と個人の関係性の変化がますます促進され，従業員主導で構築するキャリア，すなわち自律型キャリアの意識が強くなることで，昇進することが企業内での成功を表す唯一の方法ではないとの価値観が醸成される可能性がある。この点は先にあげた従業員の意識の変化にも見て取ることができる。従業員の新たなキャリア意識の下で，もし，

企業が従来どおりの階層性を意識した評価の仕方しか提供しなければ，従業員のモチベーションの低下を招くだけではなく，貴重な人材の流出にもつながりかねない。

以上のように，組織階層のフラット化と新たなキャリア形成の必然性とは関連しており，役職数が減少する組織のフラット化の中で，新たに生じるであろうキャリアの行き詰まり，すなわちキャリア・プラトー現象を今後どのようにとらえ，そしてそれに対してどのような対処法を講じるのかを考えることは，現代の日本企業にとって重要な事項になると筆者は考える。

次節以降では，組織フラット化が，キャリア概念やその概念を土台とするキャリア・プラトー現象に対してどのような影響を及ぼしてきたのか，この論点は先行研究の中ではどのように扱われてきたのかを検討する。

第3節　先行研究にみる組織フラット化と　　　　　キャリア概念の関係

3−1　新たなキャリア概念を生じさせた要因[4]

キャリア研究は，アメリカを中心として多くの議論の蓄積がなされてきた。その中で，1990年代以降，特に注目され始めたのが，新たなキャリア像を研究する必要性である。そこで，本節では，伝統的なキャリア概念と新しいキャリア概念の違いを考察し，キャリア概念の移行を導いた背景要因を検討する。

キャリアには，形成する場所の違いに応じて2つのとらえ方がある。1つが，組織内キャリアと呼ばれる一組織内において構築されるキャリアである。もう1つが，組織間キャリアと呼ばれる，一組織にとらわれず，いくつかの組織を経ることで構築されるキャリアである（南，1988）。

伝統的なキャリア概念は，組織と個人の安定的な関係性を前提とし，一企業内での組織内キャリアを対象にしたキャリア研究が行われた。この動向は，現在では流動的な労働市場を前提とした組織間キャリアの印象が強いアメリカでも確認されている。例えば，アーサーらによれば，1980年代のキャリア研究の76％は，組織内キャリア研究であった（Arthur & Rousseau, 1996）。

だが，1990年代以降，新たなキャリア概念を研究する必要性が，さまざまな形で指摘されている。その大きな流れの1つが，組織や職務という境界にとらわれない形でのキャリア形成であり，組織間キャリアの受容である。例えば，境界のないキャリアを表すバウンダリーレス・キャリア（boundaryless career）(Arthur, 1994 ; Arthur & Rousseau, 1996) や，変幻自在なキャリアを表すプロティアン・キャリア（protean career）(Hall, 1996 ; 2002) が，新たなキャリアの代表的な概念として挙げられる。

これらの新しいキャリア概念は，組織と個人の関係性が安定したものではないことを前提としている。例えば，アーサーとルソーは，技術の変化によって新たに生じる不安定かつ柔軟な経済構造の出現と，それに伴う組織内での階層性の変化に着目している。そして，この組織内外で生じている変化によって，組織との関わりの中で構築されるキャリア概念そのものも変化すると考え，それをとらえる新たなキャリア概念として，バウンダリーレス・キャリアを提示している（Arthur & Rousseau, 1996）。

金井（2002）は，伝統的なキャリア概念と比較した場合に，新たなキャリア概念では5つの変化が見られると指摘している。新しいキャリア概念に見られる変化は，①組織や職種という境界が緩やかになる点，②垂直的な命令関係とは異なる対等で水平的な組織内関係への移行，③構造よりも行為が重視される点，④ネットワークを構築できるような対人スキルの必要性の高まり，⑤他社でも就業可能となるエンプロイアビリティの保障を基礎とした組織と個人の関係性の出現である。

また，この新たなキャリア概念を促す組織と個人の関係性に変化を生じさせた要因としては，知識に基づく産業構造の変化（金井，2002）や国内外を問わず仕事活動がより相互依存的になっていること（Arthur & Rousseau, 1996）などが指摘されている。

以上をまとめると，新たなキャリア概念の特徴およびそれが注目されるようになった要因からは，次の3点を読み取ることができる。

第一に，組織を取り巻く環境の変化に対応するために，組織の構造上の変化が生じている点である。そして，その変化に呼応する新たなキャリア概念を検

討する必要性が，1990年代以降，キャリア研究者の間で認識されていた点である。

第二に，新たなキャリア概念では，特に階層や境界のとらえ方が緩やかになっている点である。例えば，伝統的なキャリア概念では，組織と個人の安定的な関係性や組織内部の階層性を基にした垂直的関係が念頭に置かれていた。それに対して新たなキャリア概念では，緩やかな階層や境界に基づいた水平的関係を重視するように変化している。

第三に，組織と個人の関係性が安定的な関係から不安定な関係へと変化し，それに伴って能力のとらえ方やキャリア形成の主体が変わってきている点である。新たな組織と個人の関係の中では，雇用保障を前提とした能力開発ではなく，労働市場での流動性を担保するための能力が重視され，企業主導ではなく個人の責任で開発することが重視される。

このように，伝統的なキャリア概念から新しいキャリア概念への移行の背景には，組織を取り巻く外的変化とそれに対応するために生じた組織構造の変化が関わっていること，組織構造の変化としては特に階層での変化が顕著に見られることが確認された。このような環境による組織構造の特徴の違い自体は，古くはバーンズとストーカー（Burns, T., & Stalker, G. M., 1961）が指摘しているが，この新たなキャリア概念の流れは，実際にその変化をキャリアの観点からとらえたものであるということができるだろう。

3-2 伝統的なキャリア概念とキャリア・プラトー現象

ここでは，キャリア・プラトー現象が着目され始めた時点でのキャリアの課題を明らかにすべく，その当時の伝統的キャリア概念に照らして，キャリア・プラトー現象をとらえなおす。

キャリア・プラトー現象は，1970年代以降に研究され始めた，比較的新しい研究テーマである。キャリア・プラトー現象を経営課題の1つとして提示したフェレンスらの研究（Ference, Stoner & Warren, 1977）は，キャリア形成の中で重要な意味を持つ昇進に着目し，昇進の停滞をキャリア・プラトー現象として取り上げた。

フェレンスらの研究の意義は、それまで個人の要因、例えば業績や意欲が低いことに結び付けられ否定的にとらえられてきたキャリア・プラトー現象を、企業の上位層に昇るにつれ管理職位数が少なくなるというピラミッド型の組織構造の中では構造上どうしても生じてしまう現象であるという観点からとらえなおしたことにある。組織的要因としては、現在の職務や部署において非常に得難い人材であるために離れることができないことなどが挙げられている。そのため、キャリア・プラトー化していても高い業績をあげている従業員は存在しており、組織としては、むしろ彼ら・彼女らのような従業員がやる気を消失したり、業績を下げたりしないようにキャリア・プラトー現象を通じて考えることが重要であると指摘している。

この研究以降、キャリア・プラトー現象は、組織がピラミッド型をしている以上、必然的に生じる現象であるとの認識が受容され（Bardwick, 1986 ; Slocum, Cron, & Yows, 1987）、その組織的要因、特に昇進に関するキャリア・プラトー現象をどのように解消するか、実際にキャリア・プラトー化している従業員としていない従業員を分ける要因は何かについての研究が蓄積された。

キャリア・プラトー現象が着目され始めた1970年代後半は、伝統的キャリア概念が主流であった時期である。したがって、安定性を基盤とした組織内キャリアの中で、組織内での階層をいかに上昇するかが成功の証と考えられていた（Arthur & Rousseau, 1996 ; Feldman, 1996）。そのため、昇進の停滞が個人のキャリア課題としてとらえられたことはごく自然の流れであるといえるだろう。

それでは、フェレンスらは、なぜこの個人的課題とも考えられるキャリア・プラトー現象を組織的要因の観点からとらえ直したのか。

1つは、ピラミッド型の組織構造ゆえに、昇進の停滞という現象が避けられなかったことが挙げられる。ただ、この理由だけであれば、キャリア・プラトー現象を組織的にとらえる必要性としては、少し弱いだろう。そこで、筆者はもう1つの重要な点にも着目した。それは、組織の外的および内的変化の兆候が見え始めていたと考えられる当該時期において、組織的要因ゆえに昇進におけるキャリア・プラトー化する従業員が、今後さらに増える可能性を持っていた

ことである。すなわち，キャリア・プラトー現象とは，伝統的キャリアの中で徐々に生じ始めていた現象に着目しただけではなく，その当時徐々に兆候として現われていた組織内外での変化を汲み取っていたと考えられる。そして，今後の変化の中で，さらにこの問題が進むことを想定し，この現象を個人的要因の枠に押し込むのではなく，組織として取り組む必要性があることを提示したのではないかと筆者は考える。

　例えば，この点について，フェレンスらに続く研究において，キャリア・プラトー現象が生じた背景的要因としての指摘がなされている[5]。まず，1960年代末から1970年代にかけての時期は，アメリカの主力となってきた製造業の成長力が弱まってきた時期である。その中で，ベビー・ブーマー世代の登場，女性の社会進出，マイノリティー層の急増が生じた。このような労働市場における環境の変化と企業の管理職位削減の時期が重なることで，少ない地位に多くの昇進候補者が存在する状態が生じ，昇進におけるキャリア・プラトー現象を問題化させることとなった（Slocum, Cron, & Yows, 1987）。さらに，管理職が組織の最高水準の職位に到達する比率は1987年時点に比べ，2000年以降は低くなることが予測され，今後，今まで以上に深刻な事態を引き起こす可能性があることが指摘された（Cron & Slocum, 1992）。

　以上のことから，キャリア・プラトー現象が組織的観点から，昇進の停滞に焦点をあてた理由として，伝統的な組織内キャリアの中で生じ始めた1つの課題として昇進での停滞が生じ始めていただけではなく，企業をとりまく外的環境の変化や組織構造の影響によって，今後さらに深刻化する可能性があったことが影響しているといえるだろう。

3-3　キャリア・プラトー研究に見られる内容の変化

　さらに注目したいのは，フェレンスらの研究では「現在以上の昇進の見込みが非常に低いキャリアの状態」（Ference, Stoner, & Warren, 1977）として，昇進における停滞がキャリア・プラトー現象として提示されたが，その後の研究を見ると，昇進だけではないより広いキャリアでの停滞にも焦点が当てられている点である。

例えば，ヴェガ（1981）では，実際には昇進と職務での異動は連動しているとの観点から，現在ついている職位における在任期間だけではなく，ほかの職務への異動も含めて，キャリア・プラトー状態にあるかどうかを検討している（Veiga, 1981）。

また，バードウィック（Bardwick, J. M., 1986）は，従来どおりの昇進におけるプラトー現象とは別に，同一職務に長期に携わることで，新しいことへの挑戦や学ぶことが欠けている状態を仕事内容におけるプラトーとして，提示している。さらに，フェルドマンとワイツ（1988）では，責任に注目して，今後さらなる責任の増大がないことをキャリア・プラトー現象と考えている（Feldman & Weitz, 1988a, b）。類似の考え方としては，責任と報酬での停滞をとらえている研究もある（Cron & Slocum, 1992）。

以上のように，これまでのキャリア・プラトー現象に関する研究を丹念に見ていくと，昇進だけを研究対象としてきた訳ではないことがわかる。そして，昇進以外のキャリアにおける停滞がキャリア・プラトー現象としてとらえられてきた時期とその内容の変化には共通点がみてとれた。そこで，次節では，キャリア・プラトー現象の内容とその時期に着目して，詳細に検討を行う。

第4節 キャリア・プラトー現象は昇進だけの問題ではない

本章で注目している重要なポイントの1つがキャリア・プラトー現象は昇進だけに限定される訳ではないという点である。そこで，この点を掘り下げて考えるために，本節では，櫻田（2005, 2014b）での議論を基に，昇進以外のどのようなキャリアがいつ，なぜとらえられるようになったのかを考察する。

4－1 キャリア・プラトー研究は昇進だけに起こるわけではない

キャリア・プラトー現象は，フェレンスら（1977）の研究以来，約40年にわたる研究蓄積がなされてきたわけであるが，その間にもさまざまな変遷をたどってきた。ただし，これまでは，その点について体系的にとらえ直されることがないままに，各々の議論がなされてきた。特に，日本では，山本（2001）

の研究[6]）以降，山本が提示した昇進における停滞がキャリア・プラトー現象として認知されてきた。

　そこで，これまでのキャリア・プラトー研究を体系的にとらえ直し，これまでのキャリア・プラトー研究の変遷を明らかにする目的で，シャインのキャリア・モデルを用い，先行研究を整理し直したのが櫻田（2005）の研究である。

　シャイン（Schein, E. H., 1978）のキャリア・モデルとは，組織内キャリアを客観的にとらえたモデルである。このモデルでは，組織はトップに近づくほど役職数が少なくなる円錐形であるとされ，この組織の中ではキャリアは，3つの方向での移動を積み重ねる中で形成されると考えられている。

　3つの移動とは，第一に，昇進や昇格で表される垂直方向の移動で，企業の中の「偉さ」の階層を上がっていく動きを表している。第二に，職務（仕事）の種類（専門領域）を表す職能における移動で，一般的に異動と呼ばれる水平方向での移動がこれにあたる。第三に，企業の外縁から中核に向かって動く移動である。この移動はほかの2つに比べてとらえるのが難しいのであるが，シャインによれば企業の中での重要な情報や秘密にどれだけアクセスすることが可能かということや企業のほかのメンバーにどれだけ受け入れられているのかということからわかると説明されている。

　櫻田（2005）では，この3方向のキャリアの観点から，これまでのキャリア・プラトー研究がどの次元での停滞をとらえたものであるのかを検討した。その結果，当初は昇進という組織の垂直方向での移動に限定されていたキャリア・プラトー現象の対象範囲が徐々に広がっており，その流れは大きく分けて3つの段階に分類できることが明らかになった（図表6－2）。

　第一の段階は，「昇進」における停滞，すなわち組織階層の「垂直方向」での停滞をとらえたものである。これは，フェレンスら（1977）の研究以降，多くの研究に引き継がれており，日本でのキャリア・プラトー研究を牽引した山本（2001）の研究も，ここに分類することができる。

　第二の段階は，「昇進」と「水平方向」の2次元からキャリア・プラトー現象をとらえている研究である。これは先に述べたヴェガ（Veiga, 1981）の研究以降に見られる特徴である。ヴェガが指摘するように，現実的には昇進と異動

図表6-2 キャリア・プラトー研究が対象とするキャリア早見表

提唱者	年	キャリア次元
Ference et al.	1977	垂直
Veiga, J. F.	1981	垂直 水平
Slocum, J. W. et al.	1985	垂直 水平
Bardwick, J. M.	1986	垂直 水平 中心性
Gerpott, T. J., & Domsch, M.	1987	垂直 水平
Feldman, D. C., & Weitz, B. A.	1988 (a, b)	垂直 水平 中心性
Cron, W. L., & Slocum, J.W.	1992	垂直 水平 中心性
山本　寛	2001	垂直
櫻田涼子	2005	垂直 水平 中心性

出所：櫻田（2005）を基に，一部加筆のうえ筆者作成。

を分離してとらえるのは難しいとの考えのもと，昇進という形であれ異動という形であれ，移動そのものがないことをもってキャリアの停滞ととらえるものである。

　第三の段階は，単に組織階層もしくは境界間の移動といった昇進や異動だけではなく，組織内でより中核に向かう「中心性」での動き，すなわち企業内の重要なことにかかわるという点での停滞をキャリア・プラトー現象としてとらえようとしている研究である。

例えば，バードウィック（Bardwick, J. M., 1986）では，同一職務に長期に携わることで，新しいことへの挑戦や学ぶことが欠けていることが，取り上げられている。また，フェルドマンとワイツでは，責任での停滞がとらえられている（Feldman & Weitz, 1988a, b）。

この中心性での動きによるキャリア・プラトー現象をどのような名称で表すかは，各々の論者が根底に持つキャリア概念によって違いがある。例えば，バードウィックは，本章が中心性でのキャリア・プラトー現象として表した現象を「内容的プラトー（content plateauing）」[7]と表現している。その理由は，仕事における内容上の停滞に注目しているからである。ただし，櫻田（2005）では，バードウィックが注目した同一職務に長期にいることで欠けてしまう挑戦や学習だけに限定せず，シャインの3次元におけるキャリア概念に基づき，より広い観点からこの3つの目のキャリア・プラトー現象をとらえているため，中心性におけるキャリア・プラトー現象という表現を用いている。

以上のことから，第一に，キャリア・プラトー現象の研究は，3つの段階に分類することができること，第二に，キャリア・プラトー現象は昇進に限定されるものではなく，職能における異動や中心性での停滞にも研究が及んでいたこと，そして第三に研究蓄積がされるにつれ，中心性での移動に対する関心が高まっていることが確認された（櫻田，2005）。

さらに，このキャリア・プラトー研究での変化を先のキャリア概念の変化と照らし合わせると，時代を追うごとに垂直的関係から水平的関係を重視するように変化している点，および，昇進ではなく仕事の内容を重視するように変化している点がいずれにも共通して見られることがわかる。

4-2 キャリア・プラトー現象の変遷と組織フラット化

キャリア・プラトー現象に関する研究が三段階に分類できること，昇進という客観的にとらえやすいキャリアでの停滞から，とらえ方が難しい中心性におけるキャリアの停滞へとその関心が移っていることは，前項で見たとおりである。

キャリアが組織と個人の相互関係の中で構築されるものであることに鑑みれば，キャリア・プラトー現象がこのような変遷を辿った背景には，何らかの組

織と個人の関係性の変化があるのではないだろうか。

　そこで，櫻田（2005）では，組織において何らかの変化が生じていないかどうかという点から，先行研究を洗い出した。その結果，浮かび上がってきたのが，組織階層のフラット化による変化である。

　先に示した図表6－2を見ると，中心性に関する研究が増えてきたのは，1980年代後半である。この頃，キャリア・プラトー研究の対象とされたアメリカ企業では，リストラ（layoff）やダウンサイジングが行われている（Feldman, 1996）。このような組織階層のスリム化およびフラット化が実施される中では，当然これまでのような昇進を前提としたキャリア構築のあり方は成り立たなくなってきたと考えられる。さらに，組織のフラット化によって，これまで緊密に結びついていた職位と責任の関係にも変化が生じることが考えられる（櫻田，2005 ; 2014b）。

　例えば，櫻田（2005）で中心性をとらえている研究として分類したフェルドマンとワイツの研究（1988a, b）では，新たな観点からキャリア・プラトー現象をとらえる理由として，単に職位での移動のみに着目するだけでは，本来のキャリア・プラトー現象を把握することは難しいことを指摘している。その例として，彼らは「祭り上げ」という現象を挙げている。「祭り上げ」とは，職位は上がっているが，実際に任される責任自体は減少している状態のことである。あるいは，その逆で，職位は変わらないのに，責任だけが増えていく状況にも，彼らは触れている。

　彼らは，このような状況がある中では，単に職位での停滞をとらえるだけでは，本来生じているキャリア・プラトー現象をとらえることができないと考え，責任という観点からキャリア・プラトー現象をとらえることを主張するに至った。

　フェルドマンら（1988a, b）が指摘した，職位に着目するだけではキャリア・プラトー現象において実際に生じている課題を見誤ってしまうという危惧は，構造上の問題として生じる昇進でのキャリア・プラトー現象以外に，挑戦や成長という別の観点のキャリア・プラトー現象をとらえようとしたバードウィック（1986）の意図とも共通している。

　以上のことから，第一に，ダウンサイジングや組織フラット化に代表される

ような組織階層の減少によって，職位と責任の関係が曖昧になること，第二に，そのような組織的変化によって，キャリア・プラトー現象での問題にも変化が生じること，第三に，その新たなキャリア・プラトー現象の問題をとらえるためには，職位以外でのキャリア，すなわち中心性でのキャリアにおいて停滞が生じているか否かをとらえることが重要であると考えられたことが発見事項として明らかにされている（櫻田，2005；2014b）。

第5節　フラット化した組織での新たなキャリア

　中心性に焦点をあてたキャリア・プラトー研究は，フラット化した組織の中で新たに生じ始めたキャリアの課題をとらえようとしたものであるというのが，筆者がこれまでの研究から明らかにした点である。このことが示唆するのは，組織のフラット化が生じている状況下においては，キャリアとして重要視されることは変化することを認識することが重要であるという点である。

　中心性のキャリアが取り上げられた背景に見られた組織のダウンサイジング等の組織階層のフラット化は，第2節で見たように2000年以降日本企業においても生じている。したがって，日本企業においても，キャリア・プラトー現象に関する先行研究から確認されたような新たなキャリアの課題が生じている可能性が考えられる。

　しかしながら，日本企業を対象として考えた場合，新たに生じているフラット化した組織の中でのキャリア・プラトー現象の動向を明らかにしている研究は，管見ではほとんどといって存在していない。例えば，日本におけるキャリア・プラトー現象の実態を明らかにした山本（2001）の研究でも，基本的にはピラミッド型の高階層組織が前提とされており，組織のフラット化の可能性を示唆するにとどまっている。

　そこで，本章では最後に，組織階層のフラット化によって階層性が曖昧化している状況の中で，実際にどのようなキャリア・プラトー現象の課題があり，組織としてそれにどのように対処すればよいのかを櫻田（2014b）の研究を基に論じる。

5-1　組織のフラット化と昇進でのキャリア・プラトー現象の関係

　これまでの先行研究を精査することから，組織階層のフラット化がキャリア・プラトー現象のとらえ方に対して影響を与えている点については確認された。だが，この両者の関係を実証的に明らかにしている研究は，日本に限らず管見ではほとんどないといってよいだろう。例えば，この点について若干の指摘を加えている実証分析の結果（Veiga, 1981；山本，2001）からも，階層性とキャリア・プラトー現象の関係については，必ずしも有意な関係性は見出されていない。

　そこで，この組織のフラット化と従来型の昇進におけるキャリア・プラトー現象の関係を検証した（櫻田，2014b）。日本企業を対象としたアンケート調査に基づいた当該研究では，組織階層のフラット化が進行しているほど，その企業に所属しているミドル層の従業員は昇進でのキャリア・プラトー化を感じている傾向が高いことが示されている。この結果から，フラット化している企業であればあるほど，これまでどおりの昇進によるキャリア形成の方法は成り立ちえなくなることが考えられる。

　その上，昇進は，単に組織内での評価や処遇の結果を表すだけではなく，より難しい仕事をすることによって，従業員に成長の場を提供する意味合いも有している。この点に鑑みれば，組織フラット化によって，ミドル層での昇進でのキャリア・プラトー化が進行することは，彼ら・彼女らから昇進の可能性だけではなく，成長の場をも奪ってしまうことにつながる。したがって，ミドル層が昇進でのキャリアの停滞感を感じたままであることは，個人のキャリア形成上だけではなく，組織にとっても好ましい状況とはいいがたい。そこで，このような状況を避けるために，組織フラット化する企業は昇進に代わる新たなキャリア形成の方法を構築する必要性があると筆者は主張する。

5-2　昇進に代わる新たなキャリア形成の方法

　フラット化した組織において昇進によるキャリア構築が難しい場合に，どのような方法が有効になると考えられるのだろうか。組織階層のフラット化の影響を最も受けると考えられるキャリア中期（Feldman, 1996）の段階にあるミド

ルに焦点を当てて考える。紙幅の関係上，有効と考えられるすべての可能性を提示することはできないが，ここでは主に2つの方法について見てみよう[8]。

権限委譲による方法

　昇進に代わるキャリア形成を促す方法の1つとして，権限委譲が考えられる。職位は変わらなくても，権限委譲によって職場や仕事における自分の関与を高めることができるからである。そのため，職位階層が少なくても，キャリア形成，特により組織内での重要な役割を果たすことができるキャリア形成の可能性を高めることができると考えられる。

　この点を明らかにするために，櫻田（2014b）では，フラット化と権限委譲，そしてキャリア・プラトー現象の関係を検証した。その結果，組織のフラット化は，昇進におけるキャリア・プラトー化を助長するが，中心性におけるキャリア・プラトー化には影響を及ぼしていないことや，組織フラット化と権限委譲を同時に行うことで，ミドル従業員の中心性におけるキャリアの見通しを開くことができることなどが実証されている。

　以上の結果から，組織のフラット化によるミドル層のキャリア・プラトー現象の増大を解消し，新たなキャリア形成を促すためには，権限委譲を行うかどうかが重要な役割を果たしていることが明らかになった。

給与による差をつける方法

　欧米企業では，賃金による評価が社会的地位とも関係してくる。そこで，役職数を増やせない場合に，金銭的報酬によってキャリア形成や動機づけを行うという方法も考えられないことはない。実際に，クローンとスローカム（Cron, W. L., & Slocum, J. W., 1992）は，キャリア・プラトー現象の定義として，「責任および報酬に関して，現在以上の明らかな増加が見込めない状態」と，責任だけではなく報酬における停滞にも注意を払っている。

　ただし，日本企業の場合は，櫻田（2010）の結果にもあるように，同期入社の従業員の中で賃金格差をつけることは，必ずしも昇進におけるキャリア展望に効果を及ぼすわけではない可能性がある。日本企業はこれまで，同期入社し

第6章　組織フラット化との関係にみる新たなキャリア・プラトー現象の考え方　153

た従業員という同期集団内における競争を昇進ルールの中に取り入れてきた。そのため，同期内での賃金格差が広がることを，暗黙にでも否定的にとらえてしまう可能性がある。また，職務に対する報酬が社会的に標準化されていない日本において，賃金の多寡によって昇進が担ってきた承認欲求を完全に補完できるとはいいがたい。そこで，今後この点についてはさらなる検討が必要になる。

5-3　むすびに

　組織階層のフラット化は，スピードを重視する現代の企業経営にとって，重要な方策であると考えられる一方で，新たな経営課題を生じさせる原因ともなる。その1つが，組織フラット化によって増大する可能性があるキャリア・プラトー現象の課題である。

　この点に注意を払わず，組織階層のフラット化だけを敢行すれば，組織戦略的な問題を解決できたとしても，その企業で働く従業員にとっては，階層を上昇するという組織階層のタテ方向でのキャリア開発の機会を閉ざしてしまうだけの結果を生み出す危険性さえある。

　キャリア・プラトー現象自体は必ずしも負の側面だけではないが，経済成長の点で定常型社会にある日本企業であればこそ，従業員のプラトー感を解消し，それぞれの働く意義を見出せる工夫をする必要があるのではなかろうか。このような意味でも，昇進に一元化されない働き方を構築する必要性があると筆者は考える。

　さらに，従業員が抱える事情やキャリアに対する希望も多様化している。その中で管理職昇進を希望しない従業員や転勤を前提とした昇進が難しい状況を抱える従業員の数は増えている。この点を考慮すると，企業がキャリア・プラトー現象の構造上の問題に着目し，昇進という方法以外の形での人材を育成し活かす方法を検討することは，従業員が各自の事情や希望を反映させながら自律的な働き方を選択できる可能性を生み出すという前向きな意味合いを持っているのではないだろうか。

【注】

1）この定義の邦訳は，櫻田（2014a）に依拠している。
2）昇進に対する意識は変化していることがこの調査結果からわかる。ただ1点注目したいのは，「昇進などで同期に遅れを取りたくないと思っている」の項目については，「はい」と「いいえ」がほぼ半分ずつとなっている点には注意が必要である。
3）日本企業の昇進と昇格がキャリア・プラトー現象に果たしてきた役割や時代背景との関係についての議論については，櫻田涼子（2015）「日本的昇進構造が果たした役割の再確認—キャリア・プラトー現象と時代的背景に着目して—」『商学論集』第83巻第4号，35-51頁に詳しい。
4）ここでの議論は，櫻田（2014a）に基づいている。アメリカと日本のキャリア概念の違いに関する議論の詳細は櫻田（2014a）を参照いただきたい。
5）詳しい文献レビューは，櫻田（2005）を参照いただきたい。
6）初版は2000年であるが，筆者が確認できた中で最も古い版が2001年度版であるため，本章では2001年版を用いて議論する。
7）'content plateauing' は，訳書では「内的プラトー」と訳されている。ただ，ほかの研究者の概念との混同を避けるため，山本（2001）では「内容的プラトー」と表現されている。詳しくは，山本（2001, p. 46）参照。本章では，山本（2001）に基づき，内容的プラトーとの訳を用いる。
8）従来から提示されている方法としては，専門職制度もあげられる。

引用文献

Arthur, M. B. 1994 The boundaryless career: A new perspective for organizational inquiry. *Journal of Organizational Behavior*, **15**(4), Special Issue: The Boundary less Career, 295-306.

Arthur, M. B., & Rousseau, D. M. 1996 Introduction: The boundary less career as a new employment principle. In Arthur, M. B. & Rousseau, D. M. (eds.) *The boundaryless career: A new employment principle for a new organizational era* (3-20), Oxford University Press.

Arthur, M. B., Hall, D. T., & Lawrence, B. S. 1989 Generating new directions in career theory: The case for a trans disciplinary approach (7-25). *Handbook of career theory*, Cambridge University Press.

Bardwick, J. M. 1986 *The plateauing trap: How to avoid it in your career and your life*. Amacom（江田順子［訳］ 1988 仕事に燃えなくなった時どうするか ティビーエス・ブリタニカ).

Burns, T., & Stalker, G. M. 1961 *The management of innovation*. Tavistock Publications.

Cron, W. L., & Slocum, J. W. 1992 Career plateauing. In L. K. Jones (Ed.), *Encyclopedia of career change and work issues* (54-56). Phoenix : Oryx.

Feldman, D. C. 1996 Managing careers in downsizing firms. *Human Resource Management*, Summer, **35**(2), 145-161.

Feldman, D. C. & Weitz, B. A. 1988a Career plateaus reconsidered. *Journal of Management*, **14**(1), 69-80.

Feldman, D. C. & Weitz, B. A. 1988b Career plateaus in the salesforce. *Journal of Personal Selling and Sales Management*, **8**, 23-32.

Ference, T. P., Stoner, J. A. F., & Warren, E. K. 1977 Managing the career plateau. *Academy of Management Review*, **2**, 602-612.

Gerpott, T. J., & Domsch, M. 1987 R & D professionals' reactions to the career plateau : Mediating effects of supervisory behaviours and job characteristics. *R & D Management*, **17**(2), 103-118.

Hall, D. T. 1976 *Careers in organizations*. Goodyear, Pacific Palisades, California.

Hall, D. T. 1996 Protean careers of the 21st century. *Academy of Management Executive*, **10**(4), 8-16.

Hall, D. T. 2002 *Careers in and out of organizations*. Sage, California.

金井壽宏 2002 働くひとのためのキャリア・デザイン PHP研究所.

南 隆男 1988 キャリア開発の課題 三隅二不二・山田雄一・南 隆男編 組織の行動科学 福村出版, 294-331.

日本労働研究機構 1998 構造調整下の人事処遇制度と職業意識に関する調査（http://www.jil.go.jp/kokunai/statistics/doko/h1006/index.html）（最終閲覧 2015年3月）

日経連教育特別委員会 1999 エンプロイヤビリティの確立をめざして―「従業員自律・企業支援型」の人材育成を―.

連合総合生活開発研究所 2003 企業組織と職場の変化に関する調査研究報告書（7月). http://www.rengo-soken.or.jp/report_db/file/1221643880_a.pdf（最終閲覧 2015年3月）

櫻田涼子　2005　キャリア・プラトー現象に関する理論的一考察　六甲台論集―経営学編―，**52**(3)，1-17.

櫻田涼子　2010　フラット型組織における昇進展望に関する実証的一考察―キャリア・プラトー現象に着目して―　福島大学地域創造，**21**(2)，20-34.

櫻田涼子　2014a　キャリア研究の変遷―日米比較を中心として―　上林憲雄・平野光俊・森田雅也編著　現代人的資源管理―グローバル市場主義と日本型システム―　中央経済社，第8章，112-127.

櫻田涼子　2014b　フラット化した組織階層の下での新たなキャリア・プラトー現象の課題　日本労務学会誌，**15**(2)，20-33.

Schein, E. H. 1978 *Career dynamics ; Matching individual and organizational needs*. Addison-Wesley, Reading, MA（二村敏子・三善勝代［訳］　1991　キャリア・ダイナミクス　白桃書房）.

Slocum, J. W. Jr., Cron, W. L., & Yows, L. C. 1987 Whose career is likely to plateau?. *Business Horizons*, **30**(2), 31-38.

Slocum, J. W. Jr., Cron W. L., Hansen, R. W., & Rawlings, S. 1985 Business strategy and the management of plateaued employees. *Academy of Management Journal*, **28**(1), 133-154.

Veiga, J. F. 1981 Plateaued versus nonplateaued managers : Career patterns, attitudes, and path potential. *Academy of Management Journal*, **24**(3), 566-578.

山本　寛　2001　昇進の研究［改訂版］―キャリア・プラトー現象の観点から―　創成社.

第7章

看護職のキャリアの停滞

第1節　看護職の資格と教育制度

　本節では看護職の資格制度および基礎教育制度について解説する。それは、ほかの保健医療職に比較して看護職の資格制度と養成制度が複雑であり、理解し難いためである。

1－1　看護職の資格制度

　看護職とは、保健師、助産師、看護師、准看護師のことをいう。保健師、助産師、看護師として働くためには国家試験を、准看護師は都道府県の試験を受けて合格し、免許を得る必要がある。

　保健師の役割は、予防に重点を置いて、人々が健康であり続けるための健康管理を行うことである。個人の健康管理のみならず、働く人の労働条件や環境改善への貢献、地域住民の健康維持のための公衆衛生活動などを行う。その活動の場は、都道府県・保健所、市町村・保健センター、地域包括支援センター、企業などの健康管理室、病院・健診機関、学校の保健室、海外での保健活動などに広がっている。

　助産師の役割は、妊婦、じょく婦（出産を終えたばかりの女性）、新生児の保健指導を行うこととされており、妊婦の健康管理、妊娠中の食事、運動などの生活指導、分娩介助、じょく婦の体調管理、母乳指導、乳児指導と、妊娠から出産、育児に至るまでの「人の誕生」に関わる一連の流れを管理、指導することである。また、産前教育を通じて、すべての女性に「親になること」、「妊娠、

出産するということ」の知識を普及させたり，家族計画指導を行う。さらに不妊治療を受けている夫婦の相談，思春期・更年期の性に関する相談など，女性の生涯を通じた健康問題への支援を行う。その活動の場は，病院，診療所，助産所（助産師は開業権を持つ），助産師教育機関，市町村，海外での助産活動などである。

　看護師の役割は，傷病者や妊産婦の療養上の世話や診療の補助を行うことである。主な活動の場は，病院・診療所，訪問看護ステーション，社会福祉施設，看護の教育機関，企業の健康管理室，企業や団体の研究・開発部門，官公庁・職能団体，海外での医療活動などである。

　准看護師の役割は，医師，歯科医師または看護師の指示を受けて，傷病者や妊産婦の療養上の世話や診療の補助を行うことである。主な活動の場は病院・診療所，社会福祉施設などであるが，急速な高齢化，医療の高度化・複雑化を背景に，看護職には自律的な判断に基づく行動が求められるようになったことから，その活動の場は限られてきている。

1−2　看護職の基礎教育制度

　看護師となるためには最低3年間の教育が必要とされているが，医療の高度化に伴い看護に必要な知識も増していること，医療ミスの予防，医療倫理的問題への対応能力の育成といった観点から4年間の教育を義務とする意見や，卒後1年間の臨床研修を義務化する意見などがあり，検討されている。現在，看護系大学の数は250校に迫り，さらに学部・学科の新設が予定されている。

　一方，准看護師は基礎学歴の要件が中学校卒業である。第二次世界大戦後の荒廃した状況下において，女子の高校進学率は37％であったことから看護婦を十分に確保することが難しいとして，中学校卒業を要件とし看護婦を補助するものとして1951（昭和26）年に准看護婦制度が発足した（保健婦助産婦看護婦法改正公布）。看護職養成全体の中で准看護師の占める割合は1980年には49％だったが，2014年には15％となっている（厚生労働省；看護師等学校養成所入学状況及び卒業状況調査）。看護師の専門性と質の高さを保障するために，准看護師の養成教育は，縮小・廃止される方向にあり，全日制高校の衛生看護科も専

攻科との一貫制による看護師養成所（5年一貫看護師養成課程校）に移行しつつある。また，10年以上の経験を有する准看護師を対象とした看護師への移行教育課程（2年課程通信制）も2004年度から開設されている。

これまで述べてきたように，わが国では中学校卒業を要件とする准看護師から修士・博士の学位を持つ看護職まで，その教育水準の格差が広がっている。

第2節　看護職のキャリア形成

看護基礎教育を終えて看護師免許を得た後のキャリア形成について，大学院における看護職の教育，ジェネラリストおよびスペシャリストのキャリア形成支援，認定看護管理者の養成，看護師の役割拡大の動きの観点から述べていくことにする。

2-1　大学院における看護職の教育

近年，看護教育の高等化が急速に進んでおり，看護系大学院の数は150校を超えている。看護系大学院では，教育者，研究者，高度実践看護師，看護管理者などの養成が行われている。

高度実践看護師とは，わが国では「専門看護師」，「ナースプラクティショナー（Nurse Practitioner：以下NP）」を指す。アメリカでは，これに「助産師」，「麻酔看護師」が加わる。

専門看護師は，1994年に日本看護協会が設けた資格であり，看護系の大学院修士課程を修了した後，日本看護協会の専門看護師認定審査に合格する必要がある。複雑で解決困難な看護問題を持つ個人や家族，集団に，水準の高い看護ケアを効率よく提供するため，特定の専門看護分野の知識や技術を深めた者をいう。実践・相談・調整・倫理調整（倫理的な問題や葛藤を解決すること）・教育・研究の6つの役割を果たすことにより，保健医療福祉や看護学の発展に貢献することを役割としている。現在，「がん看護」，「慢性看護」，「精神看護」，「感染看護」など11分野が設けられており，約1.5千人が認定されている。

NPは，保健・医療・福祉の現場において病院・診療所などと連携して，現

にまたは潜在的に健康問題を有する患者にケア（世話・看護）とキュア（治療）を統合し，一定の範囲で自律的に治療的もしくは予防的介入を行い，卓越した直接ケアを提供する看護師をいう（高度実践看護師教育課程認定規定，2015）。アメリカでは医師不足や医療費が高額であるため思うように医療を受けられない人々への対策として1960年代に生まれたが，近年においては，オーストラリア，イギリス，カナダ，韓国などの国々がNP制度を取り入れている。わが国ではいくつかの大学院が先駆けてNPの養成に取り組んでいる。日本看護系大学協議会では，2015年度から教育課程認定を開始したが，資格認定制度は未だ設けられていない。

2－2　ジェネラリストのキャリア形成支援

　看護におけるジェネラリストとは，特定の専門あるいは看護分野にかかわらず，どのような対象者に対しても経験と継続教育によって習得した多くの暗黙知（言葉で説明することが難しい知識）に基づき，その場に応じた知識・技術・能力を発揮できる者をいう（日本看護協会，2007）。現場の大多数の看護師はジェネラリストとして働き続け，看護管理者のポストも限定的であることから，キャリアの停滞を生じやすい存在である。そこで，ジェネラリストを動機づけ，キャリア開発を助ける手段として開発されたのが「クリニカルラダー（臨床看護実践能力習熟段階）」である。

　クリニカルラダーは，これまでの経験年数別教育への反省や，能力評価への関心の高まりを背景に，1990年代から急速に広がった能力開発プログラムである（日本看護協会，2003）。実践についての内省や視野拡大，キャリア開発の指標となることなどが報告されている。クリニカルラダーは，主にベナー（Benner, P. 1984）の『ベナー看護論―初心者から達人へ―』を参考にして開発されている。ベナーは看護師が初心者から熟練した看護師に成長していくまで，どのようなプロセスを踏んでいくのかを考え，看護実践の技能をどのように習得していくかについてDreyfusモデルをもとにして5段階で表している。この段階をベナーは初心者（Novice），新人（Advanced beginner），一人前（Competent），中堅（Proficient），達人（Expert）と述べている。

Dreyfusモデルとはドレイファス兄弟により開発されたもので，パイロットやチェスプレイヤーがどのように技能を獲得していくか，そのプロセスを明らかにしたものである。

看護師のクリニカルラダーは，現在のところ病院単位で開発されており，評価項目や認証方法もまちまちであるため汎用性がなく，統計資料としても活用できないなどの欠点がある。そのため，日本看護協会では看護師の標準クリニカルラダーの開発を進めている。日本看護協会全国職能委員長会（2015）の資料では，領域や働く場にとらわれず活用可能な標準化された看護師のクリニカルラダー（案）が5段階で提示されている。併せて，看護実践能力認証制度（仮）が5段階で提案されており，間もなく現場に導入されるものと思われる。

一方，助産師団体は，「助産実践能力習熟段階活用ガイド」（日本看護協会，2013）を提示した。さらに「助産実践能力習熟段階」を認証する仕組みについて協議を行い，2015年には「特定非営利活動法人日本助産評価機構」を第三者認証機関として設け認証作業を開始した。「助産実践能力習熟段階活用ガイド」では，クリニカルラダー活用の目的を，①助産師の臨床実践能力を評価し，能力向上への動機づけとし，教育的サポートの基準にする，②助産師の職務満足度を向上させる，③助産師の個々のキャリア開発に役立てる，④人事考課，配置転換，給与等への資料とする，⑤助産実践能力の保証，の5点としている。これらの取り組みの効果が測定され，助産師のキャリア開発にとって有効なツールとなることが期待される。

2－3　スペシャリストの養成

医療の高度化や専門分化が進む中で，看護ケアの広がりと看護の質の向上を目的とする「専門看護師」，「認定看護師」の2つの資格が日本看護協会により創られた。知識や技術を磨き，専門性を高めるキャリアアップの選択肢の1つとして，これらの資格取得を目指す看護職が増加している。

専門看護師は，大学院修士課程で所定の課程を修了する必要があるが，認定看護師は，5年以上の実務経験を積んだ後6カ月以上の研修を受け，日本看護協会の認定看護師認定審査に合格する必要がある。ある特定の看護分野におい

て，熟練した看護技術や知識を用いて，水準の高い看護実践のできる者をいい，看護現場の中で実践・指導・相談の3つの役割を果たす。「救急看護」，「緩和ケア」，「認知症看護」など21分野で，約1.6万人が認定されており，その活躍ぶりをさまざまな看護の現場で目にするようになった。

　近年は，院内独自の専門資格制度を設ける医療機関が増えてきている。日本看護協会が設けた認定看護師，専門看護師制度がカバーしていない分野，例えば継続看護，呼吸器看護などのさまざまな分野に広がっている。また，既存の認定看護師・専門看護師の分野と重なる専門分野で，院内認定看護師制度を設けて，独自に研修プログラムと認定制度を設ける医療機関も増えている。これらの資格には汎用性がないという欠点はあるが，看護職員の能力開発に役立つ取り組みである。

　これらの資格制度のほか，関連学会が認定する「糖尿病療養指導士」，「心臓リハビリテーション指導士」，「透析療法指導看護師」などの各種の資格がある。これらの資格は，各専門分野に関わる一定の実務経験の上に必要な研修を受講し，資格試験に合格した場合に得ることができる。

2－4　認定看護管理者の養成

　今日，わが国の医療機関は，入院期間の短縮化，病床数の削減，地域包括ケア（地域の包括的な支援・サービス提供体制）推進への対応などの環境変化を受けて，大きな変革を求められている。その中で看護管理者が病院経営者の一員としての役割を担うようになっており，管理・経営の視点を持った看護管理者の育成が求められている。このようなニーズに応えるために，日本看護協会は1998年に認定看護管理者制度を設けた。

　認定看護管理者は，多様なヘルスケアニーズを持つ個人や家族，地域住民に対して，質の高い組織的な看護サービスを提供することにより，保健医療福祉に貢献することを役割としている。実務経験を5年以上積んだのち，大学院修士課程において管理・経営に関する学修を修了したもの，あるいは日本看護協会が認定した研修機関でセカンドレベルまでの3段階の研修を修了したものが，日本看護協会の行う認定看護管理者認定審査に合格することで資格を得ること

ができる。約 2.7 千人が認定されている（日本看護協会，2015b）。

2－5　看護師の役割の拡大（特定看護師の誕生）

　団塊の世代が 75 歳以上になる 2025 年に向けて，入院期間はますます短縮化され，在宅医療等への移行が推し進められている。かつては医療機関内で行われていた診療行為が患者の生活の場へと移行しつつある。生活の場で患者に状態の変化がみられた際に，医師の判断を待たずに一定の診療の補助行為を実施することができる看護師の養成が検討されてきた。2015 年 10 月には「特定行為に係る看護師の研修制度」に基づく研修が，全国 14 カ所で開始されることとなった。

　特定行為とは，診療の補助行為であって，看護師が手順書により行う場合には，実践的な理解力，思考力および判断力ならびに高度かつ専門的な知識および技能が特に必要とされるもの（保健師助産師看護師法第 37 条の 2）とされている。「創部ドレーンの抜去」，「人工呼吸器からの離脱」，「褥瘡または慢性創傷の治療における血流のない壊死組織の除去」，「脱水症状に対する輸液による補正」，「インスリンの投与量の調整」などの 38 行為を指す。従来は医師の守備範囲とされてきた診療行為を，特定看護師が事前に定められた手順書により診療の補助行為として実施するものである（図表 7 － 1 参照）。看護師の役割の拡大が図られる制度であるが，看護職の中でも賛否両論がある。今後，医療の現場に特定看護師がどのように受け入れられていくのか，また，看護師のキャリ

図表 7 － 1　制度の対象となる診療の補助行為実施の流れ

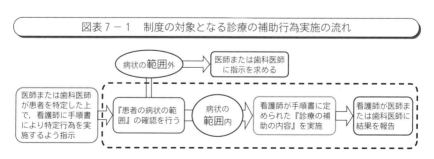

出所：厚生労働省作成。

ア形成にどのような影響を及ぼすかについて注視していきたい。

第3節　先行研究にみる看護職者におけるキャリアの停滞

　看護職者のキャリアの停滞性については，キャリア初期の職場への不適応や離職とそれらに対する支援に関する研究が数多く見られる。2000年代になるとキャリア中期にある看護職者のキャリアの停滞について検討がされるようになった。キャリアの停滞が生じやすい時期として，「キャリア中期」とか「中堅」という用語が用いられることが多い。キャリア中期とはシャイン（Schein, E. H. 1978, 1991）が示したキャリア・サイクルにおける「キャリア中期」および「キャリア中期の危機」の段階を指し，25～45歳の者を指す。一方，「中堅」看護職者の定義に一貫性はなく，臨床経験5年～19年の者をいうことが多い。

　「看護職者」，「キャリア中期」，「中堅」，「キャリア」，「停滞」をキーワードにした文献検索を行ったところ，以下の11文献を見出すことができた。それらの文献の概要を紹介したうえで，先行研究で明らかにされているわが国の中堅看護職者のキャリアの停滞の様相と関連要因，キャリアの停滞を防ぐための取り組みの2つの観点から検討してみたい。

3－1　看護職者のキャリアの停滞に関する先行研究の概要

　木村ら（2003）は，病院勤務助産師のキャリアの停滞とその打破について，病院勤務助産師16人を対象に半構成的面接（あらかじめ質問項目は準備しておくが話の流れに応じて柔軟に質問を変えたり加えたりする面接法）を行い，質的分析を行った。病院助産師は，20代後半から30歳過ぎに「ライフイベントに伴う心理上の悩み」，職場における「責任の重さ」や「業務・仕事に対する自信のなさと不充分感」という「家族・自己・職業における生活構造上の役割に対する停滞」をほぼ同時期に複合的に経験していた。また，キャリア11年以降には「立場が変化する時の不安・苦労」や「昇格に伴う役割不全感」などジョブローテーションに伴う停滞を体験していた。

　辻ら（2007）は，中堅看護師の看護実践能力の発達時期がS字型曲線におけ

るプラトー現象を起こしているという仮説の検証と，プラトー現象に影響する要因を明らかにすることを目的とした研究を行った。看護実践能力とは，ベナー（Benner, 1984）の看護理論に基づき，看護師の経験を通して得られる専門知識と技術の発達過程で得られる能力ととらえている。「看護実践能力」，「個人の自律性」，「専門職の自律性」，「訓練や教育」から構成された自記式質問紙調査を386人の看護師に対して行った。その結果，臨床経験5～20年未満の中堅看護師の看護実践能力はプラトー化の傾向を示しており，専門職の自律性が低いことが影響していた。なお，専門職の自律性とは「自らの判断，価値観に基づいて選択決定し，行動できること」と定義されている。

勝又ら（2008）は，「学び直し教育プログラム」に受講申し込みをした中堅看護師68人が抱える問題を明らかにするために，自由記述内容をKJ法（考案者の川喜田二郎のイニシャルにちなんで名づけられた発想法）で分析した。その結果，【課題がわかっているが行動に移せない】，【何が問題かわからずもやもやする】の2つのコアカテゴリーが得られた。キャリアの停滞に関連するカテゴリーは，前者では《モチベーションが低下している》，《ライフイベントが負担となっている》，後者では《（何をすればよいのか，目標が）分からない》，《（ただ業務をこなしているだけ，マンネリ化していることに）違和感がない》であった。

鶴田ら（2009）は，看護職者195人を対象に退職のきっかけや仕事を継続している理由，仕事を継続するために必要としている支援の実態を明らかにするための自記式質問紙調査を行った。30代の看護職者はプラトー現象のただなかにありながら将来を模索し，次の段階に上がるために懸命に努力しようとする姿勢がうかがえた。

小山田（2009）は，中堅看護師の特性と彼らを対象とする能力開発手法の状況を把握するために，1995年から2005年に発表された67文献の検討を行った。中堅看護師にとって継続的能力開発は不可欠であるが課題が多いとして，その内容を次のように報告している。まず，免許更新制度や義務的継続教育のシステムがないこと，加えて，中堅看護師に対する施設内の義務的教育の機会は少なく，昇進や給与などの人事システムは，年功序列の要素が強いため，能力開発に対するインセンティブは低いこと，また，中堅看護師が任意で参加で

きる能力開発の場は拡大しているが，費用や情報不足，アクセスなどが障害となり，参加状況には個人差が大きいことなどであった。

筆者ら（2010）は，病院看護師のキャリア・プラトー化に影響を与える要因を明らかにする目的で，1,903人の看護師を対象とした自記式質問紙調査を行った。その結果，主観的プラトー化を抑制する組織要因は，常勤看護師，看護管理者，認定看護師，高学歴看護師（大卒・大学院修了）の人数が多いことであった。個人要因としては，看護職としての学歴（看護専門学校，看護学部など）の高さとそれ以外の学歴の高さ，組織理念へのコミットメント，看護職であることへの誇り，昇進願望，職務業績，昇進機会の公平性，自律的キャリア開発の8項目が主観的プラトー化を抑制しており，年齢，経験年数，経験病院数，退職意思の4項目は主観的プラトー化を促進させていた。

加藤ら（2011）は，中高年看護職者の職務継続意志と職務満足に関連する要因を検討し，職務継続支援のための示唆を得ることを目的として経験15年以上の223人を対象に自記式質問紙調査を行った。40歳代の仕事の満足度が低く，燃え尽き（バーンアウトとも呼ばれ，極度の身体疲労と感情の枯渇を示す状況）得点が高かったことから，退職以外の方策を選択できるように，組織に見合った働き方の提案や勤務体制の整備が望まれるとしている。

山本ら（2012）は，看護職のキャリア目標の設定とキャリア・プラトー化との関係を，内容プラトー化との比較の観点から分析することを目的とした研究を行った。看護職1,903人を対象とした自記式質問紙調査の結果，キャリア目標の設定は，内容プラトー化よりキャリア・プラトー化に強く影響していた。また，目標の設定自体は職務挑戦性を促進しており，各種認定看護師養成研修の受講は昇進可能性と同様，職務挑戦性を促進していた。専門職として職務の変更がなくても，専門性の深化によって内容プラトー化が防止できる可能性が示唆された。

中山ら（2014）は，看護系大学院進学に至った中堅看護師の職業経験を表す概念を創出し，その特徴を明らかにすることを目的とした研究を行った。15人に半構成的面接を行い，質的な分析を加えた。その結果15の概念が創出され，キャリアの停滞に関連する概念として【職場環境への順応と順応に伴う惰

性での業務反復】,【目標設定と達成の反復による目標水準向上と目標喪失による就業継続への迷い】の2つが見出された。中山らは,惰性であっても就業を継続することが,看護師のキャリア発達に向けて不可欠であると考察している。また,中堅看護師のキャリア発達の過程が一方向的に継続的に進行するのではなく,目標を基軸に螺旋状に進むとともに,その過程に停滞を含むという特徴を持っていると述べている。

　関(2015)は,キャリア中期にある看護職者を対象として,キャリア発達の停滞において生じている現象,および停滞の過程を明らかにしている。臨床経験10年以上の看護職者8人に半構成的面接を実施し,グラウンデッド・セオリー・アプローチを用いて分析をした。その結果,キャリアの停滞と停滞が変化する過程のストーリーラインは次のようであった。キャリア中期の看護職者は,組織からの期待や要求が高く,多重役割を担っている。そうした状況では《仕事の達成感》を得ることが難しく,成長の実感や自信を持つことができず,看護職者としての《行き詰まりの自覚》を経験していた。さらに,自分の仕事に対して周囲から評価やフィードバックを受ける機会が減少し,他者から承認されるという実感を得にくかったり,自己評価と他者評価の間に不一致を感じることも《行き詰まりの自覚》を生じさせていた。行き詰まりを自覚し,現状の自分と向き合うことで,現状から踏み出したいという意識が高まると,異動,転職活動,受験,尊敬できる人との出会いといった【踏み出すきっかけを模索】することに繋がっていた。そうしたきっかけを活かすことができた参加者は,看護の原点,やりがい,自分の強み・弱みなどを見つめ直すことで,その後の《方向性を確認》することが可能となっていた。その結果,自身の看護観や仕事への向き合い方を整理することに繋がり,《目標に向けての踏み出し》に向かうことができていた。

　杉山ら(2015)は,中間看護管理者におけるキャリア・プラトー化に関連する要因の明確化を目的とした研究を行った。中間看護管理者258人を対象として,基本属性,階層プラトー化尺度,内容プラトー化尺度を用いた自記式質問紙調査を行った。分析の結果,中間看護管理者の階層プラトー化には,年齢と職位が促進要因,メンターの存在と認定看護師資格の使用が抑制要因となって

いた。また，内容プラトー化には，メンターの存在，認定看護師資格の使用，既婚が抑制要因になっていた。

3-2　先行研究から見える中堅看護職者のキャリアの停滞の様相

　以上述べてきたように，わが国における看護職者のキャリアの停滞に関する研究は数が少ない。限られた先行研究から読み取ることができる中堅看護職者のキャリアの停滞の様相と関連要因，停滞を防ぐ取り組みについて整理してみたい。

　看護職者が経験しているキャリアの停滞は，看護職としての行き詰まり，燃え尽き，惰性での業務反復の自覚などの仕事における主観的プラトー状態としてとらえられており，昇進の停滞に関する研究は行われていなかった。1文献（辻ら，2007）は，看護師の職能である看護実践能力が，中堅看護師ではプラトー状態にあることを明らかにしていた。

　看護職者のキャリア発達の様相は，発達は一方向的に継続的に進行するのではなく，目標を基軸に螺旋状に進むとともに，その過程に停滞を含むという特徴を持っていること，中堅看護職者はプラトー現象のただなかにありながら将来を模索し，次の段階に上がるために懸命に努力しようとしていることがとらえられていた。

　中堅看護職者のキャリアの停滞に関連する要因としては，まず心理的な側面からは，職場における責任の重さ，業務・仕事に対する自信のなさと不充分感，立場が変化する時の不安・苦労，昇格に伴う役割不全感，他者から承認されるという実感を得にくいこと，自己評価と他者評価の間に不一致を感じることなどが挙げられていた。制度や状況要因では，免許更新制度や義務的継続教育のシステムがないこと，中堅看護職者に対する施設内の義務的教育の機会が少ないこと，昇進や給与などの人事システムに年功序列の要素が強いため能力開発に対するインセンティブが低いこと，能力開発の費用負担・情報不足・アクセス障害などが挙げられていた。個人要因としては，年齢・経験年数・経験病院数の多さ，退職意思の強さ，ライフイベントがとらえられていた。

　一方，仕事におけるキャリアの停滞を抑制する組織要因は，常勤看護師・看

護管理者・認定看護師・高学歴看護師の人数が多いこと，個人要因は，一般学歴・専門学歴・組織理念へのコミットメント・看護職であることへの誇り・昇進願望・職務業績の高さ・自律的キャリア開発の高さ，メンターの存在，認定看護師資格の使用，既婚，昇進機会を公平であるととらえていること，目標の設定などであった。なお，昇進におけるキャリアの停滞には，年齢と職位が促進要因，メンターの存在と認定看護師資格の使用が抑制要因となっていた。

　仕事におけるキャリアの停滞による影響は，仕事への意欲・満足感や達成感の低下，就業継続への迷いなどとしてとらえられていた。キャリアの停滞を防ぐ取り組みとしては，「自己学習・自己啓発」，「生活構造のバランス調整」，「実績の積み重ね」，「変化または安定の選択」，「思考や発想の転換」，「社会的サポートの活用」などの看護職者自身による対処が明らかにされていた。組織的あるいは制度的には第2節で述べたような取り組みが行われているが，これらの取り組みが看護職者のキャリアの停滞に及ぼす影響については，山本ら（2012）の研究が行われているのみであった。

第4節　事例にみる中堅看護職者のキャリアの停滞

　本節では，病院に働く中堅看護職者のキャリアの停滞について現職の看護管理者から聞き取った5事例を通して，キャリアの停滞が何故起きたのか，プラトー化を防ぐためにどのような対処が効果的であったかについて検討する。

4－1　ライフイベントと仕事との両立に悩み退職を考えるAさん

　育児休暇明けで職場復帰した集中治療室で働く20代後半のスタッフナースのAさん。元気がない様子なので看護師長が声をかけると，「定時に仕事が終わらず，保育時間内に子どもを迎えに行くことが難しいです。核家族なので子どもの世話をする人が他にいません。仕方がないので夫に度々保育園の迎えに行ってもらうのですが，自分の仕事のために家族を巻き込むのはストレスで，イライラしてどうしようもありません。子育てが落ち着くまで仕事を辞めようと思います。」と話した。

20代後半から30代にかけての看護職は，女性が多いこともあり，結婚，出産，育児というライフイベントと仕事との狭間で，仕事か家庭かの二者択一を迫られやすい。この年代は職場では中堅看護職としての責務も重いことから，私生活とのバランスをとることが難しく，職場を離れて潜在化することがある。日本看護協会専門職支援・中央ナースセンター事業部の調査（2007）によると，わが国の潜在看護師の数は推計55万人に及ぶ。また，子育ての時期をパートタイマーとして働く看護師も多い。今日の医療は速いスピードで変化しているため，いったん現場を離れると職場復帰が難しい実態にある。また，パートタイマーであると，責任のある立場や業務を任されることが少なく，仕事へのやり甲斐を見失いがちである。

　上司である看護師長としては，Aさんは有能な看護師であるため何とか退職を思いとどまってほしいと考えた。新卒看護師が入ってきても，Aさんに代われるようになるにはかなりの時間がかかるのは明らかであった。そこで当時，病院に新たに導入された『短時間正職員制度（週32時間勤務）』を利用して，仕事を続けることができないかとAさんに持ちかけた。Aさんは「看護の仕事は好きなので，辞めないで済むのなら嬉しい。」ということであった。看護師長は，『短時間正職員制度』を活用し，Aさんが定時で仕事を切り上げられるように，受け持ち患者に対する業務の割り振りや引き継ぎの工夫を行った。同僚看護師の中にはこのような対応について抵抗感を持つ人もいたが，Aさんが有能な看護師であり，仕事への態度も誠実であるため間もなく受け入れられた。Aさんも「仕事と育児の両立のことでイライラすることが無くなりました。」と話した。その後，Aさんは2人目の子どもの出産を経て育児休暇をとり復職，現在も同じ部署の中堅看護師として現場を支えている。同病院では，Aさんがモデルケースとなり，子育てをしながら働き続ける看護職員が増えている。

　鈴木ら（2004）は，看護職者の職業経験の質を測定する尺度開発を行い，その下位尺度の1つに「発達課題の達成と職業の継続を両立するための経験」を設けている。ライフイベントと仕事の2つの課題を達成するための努力や調整の積み重ねは，看護職者としての経験の質を高め，さらには看護職者が提供す

るケアの質向上に繋がると考えられる。ライフイベントによるキャリアの中断を避けるための働く環境の整備は，プラトー化の抑制の観点からも重要である。

4－2　情熱を傾けてきた仕事の意味に疑問を抱き
　　　　離職を考え始めたBさん

　集中治療室で働く30代前半のスタッフナースであるBさん。この病院で取り組み始めた先端医療を担うスタッフの一人として意欲的に働いていた。ある日，上司である看護師長に話しを聞いて欲しいと申し出てきた。

　面談をすると，Bさんは，「師長さん，私，燃え尽きました。疲れてもう仕事を続けられません。看護の仕事も辞めたいです。」と憔悴した様子で話し出した。「先端医療を施して患者さんの命が助かっても，生活に大きな支障が残って，結果的に自分たちが一生懸命やってきた治療が，患者さんにとってよいことだったのかと疑問を持つようになりました。最初のうちは新しい治療のメンバーに加わり，夢中になって取り組んでいたのですが，治療を終えた患者さんの様子をみると，重い障害が残っていて，この人はこれからどうやって生きていくのだろうか，患者さんは幸せなんだろうかと考えるようになりました。自分のやっていることは何なんだろうと思うんです。こんな状態では看護の仕事を続けていく自信がありません。」と話した。

　Bさんがこのように考えるようになった理由をよく聞いてみると，一緒に働く医師と，自分が感じている疑問を分かち合えないのが一番辛いということであった。病棟師長は「人の命を救うことは医療の第一義的な役割で，助かった命には次のステップがあると思う。治療が良かったかどうかは一概には決められない。ただ，Bさんが大事にしたいことは，良い視点だから大切にしてほしい。そのためにも看護師を辞めないで欲しい。」と話した。その後，Bさんと話し合って別部署への配置転換を行った。Bさんは現在も元気に同病院で働き続けている。

　この事例は，人の命を救う集中治療室という場で働く看護師が，自分が情熱を傾けてきた先端医療の意味について疑問を抱いたことから発生している。患

者のためにと思って取り組んできた仕事が、果たして患者のためになっているのだろうかという疑問を同僚の医師と分かち合えないことがBさんを苦しめている。この事例は、医療専門職である看護師にとっては、「自分の取り組んでいる仕事の意味」を見失うことがキャリアの停滞の要因となりうることを示している。同僚や上司などと、仕事で感じている喜び、やり甲斐、悩み、疑問などを話し合う機会を意識的に持つことが、「仕事の意味」を見失わないために重要ではないだろうか。小山田（2009）は、看護師のナラティブを題材として事例検討や能力評価を行うこと、他者からの肯定的な評価を受ける機会を持つことが、中堅看護師の能力開発に有効であると報告している。Bさんは上司に悩みをじっくり受け止めてもらい、自分の考えを認められる体験を通して、看護師として現場に踏みとどまる決意をしたのではないかと考えられる。

4-3 仕事へのモチベーションが低下しつつあるCさん

30代前半のスタッフナースであるCさん。当該の病棟看護師長から、「最近、Cさんのモチベーションが下がってきているようだ。」と看護部長に報告があった。Cさんは、何年か前に院内で看護研究に取り組んだ際、しっかりとまとめて皆が驚くほど素晴らしいプレゼンテーションをしたことがあった。看護部長はこのことを思いだし、「院内研究委員にCさんを当てたらどうか。」と提案した。Cさんには看護部長が、「以前に取り組んだ看護研究がとても良かったので、あなたのような力のある人に研究委員として職員の指導に当たってほしい。」と話しをした。Cさんはそれを嬉しそうに聞いていた。その後Cさんは、ある学会認定の資格取得のための研修に行かせて欲しいと申し出てきた。上司の了解のもと、希望する研修に参加して資格取得を目指した実績づくりに取り組んでいる。さらに、新しい研究計画を立案して、全国レベルの学会発表に向けて研究に取り組んでいる。

この事例は、上司がスタッフの能力や優れているところを見出して、それを活かせるような職務を与えたことによってプラトー化の抑制を図ることができたというものである。当該の看護管理者は、個々のスタッフが持っている能力

を発揮・発見できるように，さまざまな機会を広く与えるように努めている。また，スタッフの優れた能力を認めて，それを活用できる職務・職場を持てるように配慮しているということである。

臨床においては，看護師のキャリア発達は個人の主体性を基本としながらも，看護管理者による支援の重要性が強調されている。阿部（2001）は，中堅看護師が上司に求める支援内容として，仕事の結果の正当な評価，信頼関係，考えや行動の尊重，自分では気づかない能力を発見できるような配慮，目標達成に向けて必要な知識・技術を身につける機会の提供をあげている。本事例の看護管理者は，阿部の述べていることに該当する支援を行った結果，Cさんのプラトー化を防ぐことができたと考えられる。

4-4 配置転換により，やりたい仕事が中断され意欲低下を起こしたDさん

40代前半の看護師長であるDさん。意欲的に仕事に取り組んできた急性期・回復期病棟から，慢性期病棟への異動を命じられた。急性期・回復期病棟に比べて慢性期病棟は，患者の病態の変化が少なく，治療の効果が見えにくい部署であることから，Dさんは仕事にやりがいを見出しにくくなり意欲が下がってしまった。異動してしばらくたった頃，慢性状態の患者でも，看護・介護スタッフの働きかけによってわずかながらも状態に改善が見られる人がいることに気付いた。ある事例は90代の女性で，重い難聴があり，臥床傾向が続いている患者であった。ベッドから離れるよう促しても「いやだ。」といって動こうとしない。嫌がっている人へ無理に働きかけるのはどうかとも考えたが，「レクリエーションに行くだけ行ってみましょう。」と，根気強く働きかけた。患者は次第に起きている時間が増え，レクリエーションへの参加を楽しみにするようになった。他にもう1つ状態が改善する患者，積極性や自発性，継続性などの精神活動が活発になる患者や日常生活動作がわずかながらも改善される患者がいることに気付いた。そこで，これらの患者の変化を可視化することができたら，日々何気なく行っている看護・介護ケアを意味づけることが出来るのではないかと考えた。そこで，入院時から時系列的に患者の心身機能を調査した。

同僚医師の力を借りてデータ分析をしたところ，患者は統計学的にも説明できる変化を起こしていた。この結果をまとめて関連学会に投稿したところ，研究奨励賞を受賞した。この経験は，Dさんの看護師としての自信を高め，看護管理者としての職務に一層邁進するようになった。50代となった現在は，職を持ちながら看護学の大学院に進み，看護管理者としての能力開発に取り組んでいる。

　関（2015）は，キャリア中期における看護職者のキャリア発達の停滞において生じている現象，および停滞後の過程について質的研究を行い，その結果を次のように報告している。《仕事の達成感のなさ》からキャリアの停滞を経験した看護職者は，帰結である《目標に向けての踏み出し》または《現状の受け入れ》に至っていた。その過程は一様ではなく，中でも【踏み出すきっかけの模索】を機に大きく分岐していた。きっかけを模索・活用し，《目標に向けての踏み出し》に至る看護職者は，《方向性を確認》し，目標を見出すことで停滞から抜け出して前に踏み出そうとしていた。

　本事例のDさんは，不本意な配置転換によって仕事の達成感を得られなくなっていた。しかし，一見ケアの手ごたえがないように感じられる慢性期の患者は，根気強くケアを行えば，それに応えるひとであることを研究的なアプローチによって確認した。この経験をきっかけにしてDさんは自身の看護観を整理して，慢性期患者の看護を確立するために管理者として踏み出す方向性を確認した。以後，Dさんは慢性期看護に関する研究や後進の育成に熱心に取り組むようになった。さらに50代となった現在は，自身の能力開発のために大学院で看護管理学の学修を行っている。グレッグら（2003）は，配置転換によりやりたい看護が中断されたり，自分自身が限界を設定してしまうという個人的要因によるキャリア発達に関する苦悩は，本人の能力や努力により解決が試みられていたと報告している。このような苦悩を解決するための能力や努力が何に支えられているのかは，今後明らかにしていきたい事柄である。

4-5 長期間のキャリアの停滞を打破したEさん

　20年以上准看護師として働く40代前半のEさん。上司は以前から看護師の資格を取るための通信教育制度について情報提供をしてきたが，「子育て中だから。」といって動かなかった。最近になって直属の上司が話をしたところ，進学の気持ちはあるということだった。上司は，「院内に同じような経歴を持つ人がいるから，勉強が難しかったかどうか，仕事との両立の工夫とかについて，直接話を聞いてみてください。」と声をかけておいた。今年，准看護師対象のキャリアアップ支援の研修会が開催されるという通知が看護協会からあったため，それをEさんに伝えたところ，『研修に行かせてほしい。』と申し出てきた。研修参加後のEさんは，看護師資格取得のための通信教育の受講に向けて準備を始めている。

　1節で述べたように，10年以上の経験を有する准看護師を対象とした看護師への移行教育課程（2年課程通信制）が2004年度から開設されている。准看護師資格のままでいると昇進の機会は望めず，責任の伴う仕事を任されることも少なく，仕事へのモチベーションを保ち続けることは難しい。そこで上司は，Eさんに移行教育課程の通信制を利用して，看護師資格の取得を目指すように勧めてきたが動き出すことができないでいた。この度，Eさんは子育てが一段落したところであり，身近にモデルが得られたこと，職場の支援を受けられるという確認ができたこと，組織外の教育資源の活用の見通しが立ったことなどから，目標に向けて能動的な学習機会の獲得に踏み出す決意ができたと考えられる。

　本事例は，長い間キャリアの停滞状態にあったEさんが，管理者の支援を受けてキャリア開発のための学習機会の獲得に踏み出したというものである。管理者は，普段からスタッフ一人ひとりについて家庭状況を含めて掌握し，悩みを聞いたり相談に乗ったりする関係を築いておくことが望まれる。また，キャリア形成に関連した情報を折々に提供し，タイミングを見定めて働きかけることで，看護職者が能動的な学習機会の獲得に踏み出すことを後押しできる。年3回ほど実施される目標管理面接は，そのための好機である。

引用文献

阿部ケエ子 2001 中堅看護師の自己教育力と管理者からの支援との関係 神奈川県立看護教育大学校看護教育研究集録, 27, 244-251.

Benner, P. 1984 From novice to expert：Excellence and power in clinical nursing practice, Addision-Wesley Publishing Company, Menlo Park（井部俊子・井村真澄・上泉和子［訳］1992 ベナー看護論―達人ナースの卓越性とパワー―）

グレッグ美鈴・池邊敏子・池西悦子・林由美子・平山朝子 2003 臨床看護師のキャリア発達の構造 岐阜県立看護大学紀要, 3(1), 1-7.

加藤栄子・尾崎フサ子 2011 中高年看護職者の職務継続意志と職務満足に関連する要因の検討 日本看護科学学会誌, 31(3), 12-20.

勝又里織・林真紀子・廣山奈津子・斉藤やよい・本田彰子 2008 中堅看護師が抱える問題と教育プログラムの検討―学び直し教育プログラム受講申し込み者を対象として― お茶の水看護学雑誌, 2(1), 1-10.

木村千里・松岡 恵・平澤美恵子・熊澤美奈好・佐々木和子 2003 病院勤務助産師のキャリア開発に関する研究―停滞とその打破に焦点を当てて― 日本助産学会誌, 16(2), 69-78.

松下由美子・田中彰子・吉田文子・杉本君代・雨宮久子・山本 寛 2010 看護師のキャリア・プラトー化に影響を及ぼす要因―A県内の病院で働く看護師を対象に―, 第41回日本看護学会論文集―看護管理―, 25-28.

水野暢子・三上れつ 2000 臨床看護師のキャリア発達過程に関する研究, 日本看護管理学会誌, 4(1), 13-22.

文部科学省高等教育局医学教育課 2015 平成27年度一般社団法人日本看護系大学協議会定時総会資料.

中山綾子・中山登志子・舟島なをみ 2014 中堅看護師の職業経験に関する研究―大学院進学に至った看護師に着眼して―, 看護教育学研究, 23(1), 49-64.

日本看護協会 2003 ジェネラリストのためのクリニカル・ラダー開発：平成14年度看護政策立案のための基礎整備推進事業報告書, 395-445.

日本看護協会 2007 看護にかかわる主要な用語の解説―概念的定義・歴史的変遷・社会的文脈, 日本看護協会出版会.

日本看護協会 2014 助産実践能力習熟段階（クリニカルラダー）活用ガイド 日本看護協会出版会.

日本看護協会 2015a 准看護師制度について, 2015/10/20, http://www.nurse.or.jp

/aim/jyunkan/
日本看護協会　2015b　専門看護師・認定看護師・認定看護管理者，2015/10/21，http://nintei.nurse.or.jp/nursing/qualification/
日本看護協会　2015c　労働環境の改善の推進，2015/10/21，http://www.nurse.or.jp/website/index.html
小山田恭子　2009　我が国の中堅看護師の特性と能力開発手法に関する文献検討，日本看護管理学会誌，13(2)，73-80.
関　美佐　2015　キャリア中期における看護職者のキャリア発達における停滞に関する検討，日本看護科学学会誌，35，101-110.
杉山千里・田中彰子・松下由美子　2015　中間看護管理者のキャリア・プラトー化に関連する要因　第46回日本看護学会―看護管理―学術集会抄録集，489.
鈴木美和・定廣和香子・亀島智美・舟島なをみ　2004　看護職者の職業経験の質に関する研究―測定用具「看護職者職業経験の質評価尺度」の開発―，看護教育学研究，13(1)，37-50.
辻　ちえ・小笠原知枝・竹田千佐子・片山由加里・井村香積・永山弘子　2007　中堅看護師の看護実践能力の発達過程にけるプラトー現象とその要因，日本看護研究学会雑誌，30(5)，31-38.
鶴田来美・藤井良宜・長谷川珠代・風間佳寿美　2007　看護師の職務キャリア尺度の有効性の検討，南九州看護研究誌，5(1)，29-36.
上野貴子・内藤理英・出口昌子・土佐千栄子・佐藤久子・佐藤紀子　2002　経験3年目以上の看護婦・士の臨床実践能力の特徴―第2報―年齢階層別に見た臨床実践能力の比較―，日本看護管理学会誌，5(2)，64-70.
山本　寛・松下由美子・田中彰子・吉田文子　2012　看護職のキャリア目標の設定とキャリア・プラトー化との関係―内容プラトー化との比較の観点から―，産業・組織心理学研究，25(2)，147-157.

第8章
技術者のキャリアの停滞

第1節　はじめに

　本章では，技術者のキャリアの停滞について論じる。技術者が自分のキャリアは発達している，あるいは停滞しているという時には，自身の技術的能力が十分に発揮され向上している（発達），あるいは技術的能力が発揮されず限界を感じている（停滞）ことを意味する場合が多い。それは，技術者が，仕事を通じて技術的能力を発揮し向上し続けることを，最も大切な仕事上の価値観として持つことによる。この価値観は，技術的／職能的能力のキャリア・アンカーと名付けられており，多くの技術者が30歳代前半に技術的／職能的能力のキャリア・アンカーを形成することが明らかになっている[1]。つまり，多くの技術者は，自分のキャリアに関する自己イメージ（あるいは，キャリアの拠り所）を，技術的能力を軸にしてとらえている。それゆえ，技術者のキャリアを論じるうえで，技術的能力の発揮，向上，または限界など，技術的能力を軸に展開することが，最も適切な切り口であると考えられる。そこで本章では，技術者のキャリアの停滞を「技術的能力の限界」の視点から眺め，議論を進めることにしたい。なお，本章では技術的能力を「技術者が各々の職場で期待される役割を遂行するために必要な能力」と便宜的に定義する。また，本章における技術者は，主に製造業および情報通信業で働く専門的・技術的職業従事者を指す。

　本章の構成は次の通りである。第2節では，技術者の技術的能力の限界に関するこれまでの研究を紹介し，本章の問題意識を整理する。特に，技術的能力

の限界感（以後，能力限界感と表記する）に，本章が着目する理由を述べる。第3節では，インターネット調査で得られた数量データに基づき，技術者の能力限界感の実状を示す。そこでは，年齢階級，性別および職種ごとの比較を通じて，技術者の能力限界感の特徴が明らかにされる。第4節では，インタビュー調査で得られた質的データの分析を通じて，技術者の能力限界感の形成メカニズムを検討する。特に，情報処理・ソフト開発職に限定し，経営者，人事および技術者の語りを紹介するとともに，能力限界感の形成モデルを示す。第5節では，本章のまとめと実践的提言を述べる。

第2節　技術者の技術的能力の限界

2−1　日本特有の技術者年齢限界説

　技術者が，第一線の技術者として活躍できる年齢には，一定の上限があるとする言説がある。実際，技術者との会話の中で，「技術者40歳定年説」，「SE（システムエンジニア）35歳限界説」などといった言葉が交わされることもある。本章では，この言説を技術者年齢限界説と呼ぶことにする。この技術者年齢限界説に関しては，おもに経済学および経営学の分野における一連の国際比較研究により，日本の技術者だけが40歳前後に年齢限界の存在を意識していることが明らかになっている。ここでは，1990年から2000年前後にかけて行われた，日本生産性本部および慶応義塾大学の調査を見ておこう。

　日本生産性本部の「技術者のキャリアと能力開発」に関する国際比較調査[2]では，日本の技術者だけが，30歳代後半から40歳代前半に第一線の技術者としての年齢限界があると明確に意識していることが明らかになっている。一方，イギリス，ドイツおよびアメリカの技術者の多くは，技術者としての限界は特定の年齢で訪れるものではなく，個人差によると認識している。

　また，慶應義塾大学の調査[3]においても，イギリス，韓国およびインドの技術者に比べ，日本の技術者は40歳代前半に限界を迎えることを強く意識していることが明らかになっている。日本生産性本部の調査と同様，日本の技術者だけが年齢限界の存在を意識し，その年齢は30歳代後半から40歳代前半に

集中していた。さらに，慶應義塾大学の調査では限界が訪れる理由を尋ねており，日本の技術者の回答を見ると「管理的業務多忙」(72%) が最も多く，「研究開発以外の多忙」(55%)，「創造性等発想力問題」(35%)，「体力的な問題」(28%) などが続く。つまり，個人の能力や体力の問題よりも，時間的な制約を限界の理由にあげる者が多いことがわかる。

日本生産性本部および慶應義塾大学の研究が明らかにしたことをまとめると，次の2点となる。1）「技術者は40歳前後に限界を迎える」という，日本の組織社会特有の共通意識（これを，年齢限界意識と呼ぶ）が存在する。2）技術者の限界は，個人の持つ能力よりも，時間的制約などの職場環境に起因すると考えられている。

しかしながら，両調査で用いられた設問は，「あなたの周囲を見て技術者として第一線で活躍できるのは，平均的にみて何歳ぐらいまでとお考えですか。」や「研究開発者として活躍できる年齢的な限界があるとお考えですか。」など，技術者本人の，今の限界の有無を尋ねたものではなかった。つまり，日本特有の技術者年齢限界説の存在は検証されたものの，技術者年齢限界説の真偽，すなわち40歳前後に技術的能力の限界を迎えることの真偽が明らかにされたわけではない。これを明らかにするためには，技術者の年齢と能力の関係を探る必要がある。そこで次項では，年齢と能力の関係について，これまでの研究で明らかになっていることを見ていこう。

2－2　年齢と能力の関係

古くから心理学の分野では，年齢と能力の関係を探る研究が行われてきた[4]。1960年代，キャッテル (Cattell, R. B.) とホーン (Horn, J. L.) は，人の知能を流動性知能と結晶性知能という性質の異なる2つの知能に分類し，両者の加齢に伴う変化の仕方の違いを主張した[5]。言語の知識や運用能力など，経験を通じて獲得される結晶性知能は，教育を通じて向上し中高年期以降も安定している。一方，情報処理能力（いわゆる頭の回転の速さ）などに代表される流動性知能は，中年期の低下が顕著であるとされた。このような加齢に伴う変化の仕方は，古典的加齢パターンと呼ばれる。古典的加齢パターンは，先に述べた技

術者年齢限界説を裏付ける根拠になり得るものの，後にこの主張はシャイエ（Schaie, K. W.）によって批判されることになる。

シャイエは，1956年から1998年の間，25歳から81歳までの年齢集団を対象にした縦断調査を行い，流動性知能の中年期における変化の仕方を検証した[6]。結果は，古典的加齢パターンに反するものであった。すなわち，流動性知能は加齢に伴い低下することなく安定しており，そのピークは46歳と53歳にある。また，ピーク時の得点は25歳時の得点よりも有意に高い。さらに，全体の平均データと個々のデータを比較すると，加齢に伴い知能の安定している者と低下する者との個人差が拡大する。これらの結果は，中年以降の能力の発揮の仕方は個人差が大きく，必ずしも加齢に伴い能力が一律に低下するものではないことを示唆している。

これを裏付ける研究が，2000年代以降，現在にかけて報告されている。例えば，ウン（Ng, T. W. H.）とフェルドマン（Feldman, D. C.）は，年齢と職務成果の関係を扱う一連の研究結果を分析し，創造性などの職務成果と年齢の間には大きな関連性が見られないことを明らかにした[7]。さらに，定量データを用い，イノベーションに関連する能力と年齢との関連性を分析した。その結果は，イノベーションに関連する能力は加齢に伴い衰えることはなく，むしろ向上することを示唆するものであった[8]。

以上，年齢と能力の関係に関する研究をいくつか見てきた。現在，心理学では，年齢と能力の間に，主体性の働く余地が埋め込まれているという考え方が主流である。言い換えると，個人の意識の持ちようと行動によって，中年以降の能力の発達の仕方は変化し得る。さらに，個人の意識は置かれた環境との相互作用によって形成されると仮定すれば，技術者を取り巻く職場環境の違いからも影響を受けながら，中年以降の能力の発達の仕方は変化すると考えられる。

2－3　本章の問題意識

第2節では，技術者の技術的能力の限界に関するこれまでの研究を見てきた。まず，技術者は40歳前後に限界を迎える，という技術者年齢限界説の存在と，それが日本特有のものであることを確認した。一方，創造性やイノベーション

関連能力など，技術的能力は中年期に一律に低下するわけではない。さらに，中年以降の技術的能力は，個人を取り巻く職場環境からも影響を受ける可能性がある。

　以上の議論をふまえ，本章の問題意識を整理しておこう。第1に，技術的能力の限界に対する本人の意識，すなわち能力限界感（＝新たな能力を獲得することができない，またはこれ以上能力を向上させることができない，という認知）に着目することである。なぜなら，「技術者は40歳前後に限界を迎える」という，日本の組織社会特有の共通意識の存在が明らかになっているものの，40歳前後の技術者の能力が限界を迎えるかは不明である。さらに，加齢に伴い客観的な能力の発揮の程度は必ずしも低下しないことが明らかになっているものの，主観的な側面からの検討はほとんど行われていない。そこで，本章では，本人の主観的評価の側面から，技術的能力の限界と年齢の関係を明らかにする。この点については，続く第3節で検討する。

　第2に，技術者の能力限界感の形成メカニズムを明らかにすることである。技術者の年齢限界意識の源は，個人の持つ能力よりも，時間的制約など職場環境にあると考えられていることを先に述べた。また，中年以降の能力の発達の仕方は，個人を取り巻く職場環境からも影響を受ける可能性があることを指摘した。年齢限界意識または中年以降の能力の発達の仕方と，能力限界感との間に関連性があるとすれば，日本の技術者が置かれている特殊な職場環境が，能力限界感に対してネガティブな影響を与えることが予想される。この点に関する検討を，第4節で行う。

第3節　アンケートデータから見た能力限界感と年齢の関係

3-1　はじめに

　本章における第1の問題，すなわち技術者本人の能力限界感と年齢の関係を，インターネット調査によって得られた数量データに基づき検討する。分析対象は，「研究開発職の働き方に関する調査」（研究代表者：同志社大学大学院教授 藤本哲史）[9]で収集された，4,367件のデータである。母集団は，インターネット

調査会社に登録する研究開発技術者6,740人，システム開発技術者6,480人，ソフトウェア開発技術者5,341人，そしてシステム企画・設計技術者4,115人であり，全体で22,500人を超える。回収数は4,482部であったが，このうち年齢が60歳以下の技術者を分析対象とした（$N=4,367$）。分析対象の性別の分布は，男性83.3%（$N=3,639$），女性16.7%（$N=728$）であり，男性が8割を越える。

ここでは，技術者の能力限界感を，「あなたは現在，エンジニアとして能力の限界を感じていますか。」の問いに対する回答によって測定する。4段階評価によって能力限界感は測定され，点数が高いほど能力限界を高く知覚していることを表す。得点の分布を見ると，「現在，すでに限界を感じている」が15.9%，「現在，ときどき限界を感じることがある」が37.1%であり，過半数の技術者が能力限界を感じていることが明らかになった。以降，年齢階級，性別および職種ごとの能力限界感の分布を見ていこう。

3－2　年齢階級ごとの能力限界感

年齢階級（5歳刻み）ごとの能力限界感の分布を，図表8－1に示す。ここでは「現在，すでに限界を感じている」または「現在，ときどき限界を感じることがある」と回答した者を，**能力限界を感じている者**として解釈する。

図表8－1より，31歳以上の年齢階級では，能力限界を感じている者の割合が，ほぼ一定の傾きで増加している。また，能力限界を感じている者の割合は，必ずしも40歳前後で大幅に増加しているようには見えない。むしろ，26－30歳と31－35歳の間で，ほかの年齢階級間に比べてやや大きく増加している。

この結果は，日本の技術者は40歳前後に限界を迎えるという年齢限界意識と不整合である。もし，日本の組織社会に共有されている年齢限界意識が，技術者本人の能力限界感と関連するなら，能力限界を感じている者の割合は40歳前後で大きく変化するはずである。しかし，そのような変化を確認することはできなかった。このことは，日本における年齢限界意識の源，すなわち年齢限界説の根拠が，技術者本人の能力限界感とは別の要因にあることを示唆している。

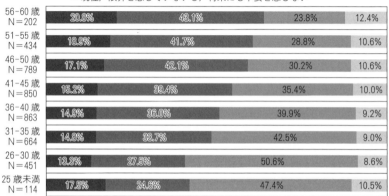

図表8-1 年齢階級毎の能力限界感の分布10)

3-3 男女の能力限界感

上記の分析より，年齢階級の上昇に伴い，能力限界を感じている者の割合が増加することが明らかになった。そこで，年代別に男女の能力限界感の分布を比べてみよう。能力限界を感じている者（「現在，すでに限界を感じている」または「現在，ときどき限界を感じることがある」と回答した者）の割合だけを算出し，図表8-2に示した。

図表8-2より，いずれの年代においても，男性よりも女性の方が能力限界を感じている者の割合が高い。特に，20代では男女の間に10ポイント以上の差が生じている。この差の要因は，何か。

ひとつの可能性として，日本企業における女性技術者のキャリア継続の問題があげられる11)。すなわち，わが国の民間企業における女性技術者の割合は，諸外国に比べて極めて低い。このため，ロールモデルとなる中高年女性技術者が職場に存在せず，将来の姿を見通せないことが，若手女性技術者の限界感を高めている可能性が考えられる。

図表 8 - 2　能力限界を感じている者の割合（年代×男女）(%)[12]

	20代	30代	40代	50代
男性	34.7	48.6	56.0	61.5
女性	50.7	54.6	65.5	64.5

（注）能力限界を感じている者とは，「現在，すでに限界を感じている」または「現在，ときどき限界を感じることがある」と回答した者を指す（以降の表において同様）。

3-4　職種ごとの能力限界感

次に，職種ごとの能力限界感の差を見てみよう。本章における技術者は，主に製造業および情報通信業で働く専門的・技術的職業従事者を指し，対象が幅広い。そこで，年代別に職種ごとの能力限界感の分布を比べてみたい。対象の職種は，1）調査・研究職，2）開発・設計職，および3）情報処理・ソフト開発職の3職種である。能力限界を感じている者の割合だけを算出し，図表8-3に示した。図表8-3より，いずれの年代においても，情報処理・ソフト開発職が，ほかの職種より能力限界を感じる割合が高い。特に20代において，約10ポイント以上の差が生じている。

一般的に，ソフトウェア業界では技術変化のスピードがほかの業界に比べて速く，それゆえ技術の陳腐化が早く訪れるとされる。また，長時間労働や，常に納期に追われるなど，ソフトウェア業界の労働環境の厳しさが指摘されることも多い。これらの理由から，情報処理・ソフト開発職の技術者が，ほかの技術者に比べて能力限界感を高く知覚している可能性が考えられる。

図表 8 - 3　能力限界を感じている者の割合（年代×職種）(%)[13]

	20代	30代	40代	50代
調査・研究職	28.2	50.6	51.4	55.3
開発・設計職	38.1	48.1	55.8	59.1
情報処理・ソフト開発職	46.4	52.8	61.0	65.8

3-5 小括

　第3節では，インターネット調査で得られた量的データに基づき，技術者の能力限界感と，年齢，性別および職種との関係を検討した。明らかになったことは，次の3点である。1）加齢に伴い技術者の能力限界感が高まるものの，必ずしも40歳前後で大幅に高まるわけではない。2）いずれの年代においても，男性よりも女性の方が，能力限界を感じる者の割合が高い。3）いずれの年代においても，ほかの職種よりも情報処理・ソフト開発職の方が，能力限界を感じる者の割合が高い。

　ところで，本章における第2の問題は，技術者の能力限界感の形成メカニズムを検討することであった。しかし，本節で明らかになったように，男女や職種の違いによって能力限界感の表れ方は異なる。技術者を一括りにして議論すると，本来見えてくるべき特徴が希薄化し見落とされる可能性があるため，次節では情報処理・ソフト開発職に限定し，能力限界感が形成されるメカニズムを検討したい。

　なお，以降では，情報処理・ソフト開発職を，一般的呼称であるソフトウェア技術者と表記することがある。情報処理・ソフト開発職とソフトウェア技術者を，本章では，互換性のある言葉として用いることとする。

第4節　能力限界感の形成メカニズムの検討

4-1　はじめに

　本節では，技術者の能力限界感が形成されるメカニズムを，インタビュー調査[14]の結果に基づき検討したい。インタビュー対象は，日本企業（8社）で働く情報処理・ソフト開発職の技術者（20人：男性18人，女性2人）と，技術者を雇用する企業（8社）の経営者および人事責任者（9人），合計29人である。なお，インタビュー対象に女性技術者が含まれているものの，女性のサンプル数が限られていることから，男女比較は分析の焦点から外す。

　分析方法は，修正版グラウンデッド・セオリー・アプローチ（M-GTA）[15]と呼ばれる質的分析法を応用した。M-GTAによる分析の主な手順を，簡単に紹

介しておきたい。まず，すべてのインタビュー内容を文字に書き起こし，能力限界感の形成に関する記述を取り出す。次に，取り出した記述内容を比較しながら，内容の類似性に基づいて，能力限界感の形成に関する因子を抽出する。最後に，抽出した因子間の関係や，全体としての統合性を検討する。

4-2 能力限界感の形成モデル

分析に基づき作成した能力限界感の形成モデルを，図表8-4に示す。また，抽出した7つの因子について，発言例を交えて説明するとともに考察を加えていきたい。

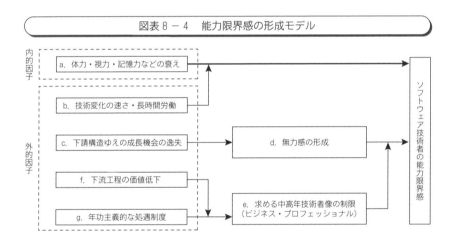

図表8-4 能力限界感の形成モデル

a. 体力・視力・記憶力などの衰え

「45を過ぎてから，目の能力限界がでてくるよね。これはかなり，ソフトウェアの業界では厳しい。小さな字を見るのが厳しくなってくると，いわゆる追いつくスピードが遅くなっちゃうから。だから体力の衰え，目の限界と，集中力の時間の問題だね。これはもう40超え始めてから出てくるんちゃうかな。」（F氏，社長）[16]

F氏は，従業員数約500名の中堅ソフトウェア開発会社の社長である。元技術者でもあり，インタビューでは自身の体験も交えて語って頂いた。F氏は，

技術変化のスピードが速いソフトウェア業界において，特に視力と集中力の低下がソフトウェア技術者の成長を阻むと語る。

次に，現役の技術者の声を紹介したい。従業員数1,000名を超える大手情報通信会社に勤務する38歳の技術者は，記憶力の衰えを次のように訴える。

「ひとつちょっとそろそろ嫌だなって思ってるのは，一時期に比べてやっぱり記憶力は悪くなった。特に短期記憶。(仕事でも感じる？)[17] 感じる。同じことをやっぱり2回，3回やらないと，あーってなりつつあるんで嫌だなぁと。俺また聞いたこと忘れたな，とかね。ぽろぽろ出始めてる。嫌だよ。」(i氏，男性，38歳)[18]

記憶力のほかに，体力の低下を指摘する技術者もいる。次に紹介するのは，従業員数約300名の中堅ソフトウェア開発会社に勤務する，41歳の技術者の発言例である。

「徹夜できなくなったという体力的な問題はあります。しんどいっすね，徹夜。」(k氏，男性，41歳)

k氏の発言は，体力の低下に対する気づきが，徹夜できなくなったことによってもたらされていることを表す。あたかも徹夜が日常的なこととして語られており，ソフトウェア業界特有の長時間労働の存在を暗に示す発言例でもある。

以上，代表的な3名の語りを紹介した。これらの発言例に共通して見られる特徴は，加齢に伴う体力，あるいは視力や記憶力など，いわゆる高次脳機能の低下を，技術者本人が知覚することである。そして，F氏の「ソフトウェアの業界では厳しい」という言葉が象徴するように，技術変化のスピードが速く，一般的に多忙といわれるソフトウェア業界では，体力および高次脳機能の低下のインパクトは大きい。例えば，ソフトウェア技術者にとって集中力や記憶力の低下は，新規技術や新たな業務知識を獲得することへの期待を縮小させる。期待が縮小するとは，新たな技術的能力を獲得することができない，またはこれ以上能力を向上させることができない，という認知が形づくられることを意味する。そして，この認知こそが，本章が定義する能力限界感にほかならない。以上の検討に基づき，**体力・視力・記憶力などの衰え**を，能力限界感を直接的に高める第1の因子として生成した。

b．技術変化の速さ・長時間労働

第2節において，情報処理・ソフト開発職が，ほかの職種に比べて能力限界を高く感じていることを示した。**体力・視力・記憶力などの衰え**は，加齢に伴う一般的な老化現象であり，必ずしもソフトウェア技術者だけが知覚するものではなく，ほかの職種の技術者も同様に知覚するはずである。しかし，上記の発言例で触れられていたように，ソフトウェア業界特有の労働環境（技術変化の速さ，長時間労働）が，**体力・視力・記憶力などの衰え**による能力限界の知覚をより高める可能性がある。それゆえ，ほかの技術者に比べてソフトウェア技術者の方が，能力限界を高く感じている結果が示されたと考えられる。そこで，発言例で言及のあった**技術変化の速さ・長時間労働**を，ソフトウェア技術者の能力限界感を間接的に高める因子として抽出した。

ところで，**体力・視力・記憶力などの衰え**を技術者の内的因子とすれば，**技術変化の速さ・長時間労働**は，技術者を取り巻く環境的因子（外的因子と呼ぶ）として分類することができる。そして，一連のインタビューデータから，**技術変化の速さ・長時間労働**のほかに，外的因子に分類可能な因子が抽出された。以降では，外的因子に分類される因子を見ていこう。

c．下請構造ゆえの成長機会の逸失

まず，大手ソフトウェア開発会社の人事課長，D氏の発言例を紹介したい。

「お客様によっては，下流テスト製造だけが回ってくるお仕事というのがあるので，全員が全員上流工程まで普通にしていて行けるか，というとそうではなくて。お客さんが変わらない，常駐先が変わらない限り，設計ができなかったりとか，という問題はまだあります。」（D氏，人事課長）

D氏が勤務する大手ソフトウェア開発会社は，ソフトウェア開発工程の上流（仕様化，設計など）から下流（プログラミング，テストなど）まで，幅広く請負う企業である。もっとも，ソフトウェア業界の産業構造はピラミッド型の多重下請構造を成している点が特徴とされており，中規模から大規模の案件であれば，すべての工程を1社で担当することはほとんどない。したがって，D氏の勤務する大手ソフトウェア開発会社であっても，案件ごとに，担当する工

程あるいはその工程の幅が異なり,「下流テスト製造だけが回ってくるお仕事」に配置されるソフトウェア技術者が存在する。

　ところで,ソフトウェア技術者のキャリア発達の特徴として,キャリア初期から後期にかけて,段階ごとに異なる特徴を持つ経験を通して熟達していくことが知られている[19]。具体的には,キャリア初期に,プログラミングやテストなど下流工程の経験を通して基礎的な専門技術力を培い,キャリア中期から後期にかけて,仕様書の作成やプロジェクト・リーダーなど上流工程の経験を通して高度な技術力やマネジメント・スキルを高める。それゆえ,D氏が「全員が全員上流工程まで普通にしていて行けるか,というとそうではなくて。」と述べる発言の背後に,下流から上流へと担当工程が徐々に移行していくような,ソフトウェア技術者の望ましいキャリア発達像の存在を垣間見ることができる。しかし現実には,「お客さんが変わらない,常駐先が変わらない限り,設計ができなかったり」するために,ソフトウェア技術者の望ましいキャリア開発経験が積めないという「問題」の存在を,D氏は指摘しているのである。

　次に,D氏の同僚であるA氏(労務担当の人事課長)の発言例を見てみよう。
　「優良顧客と言われるようなところを割と押さえている,というところもあるのです。そこはいいのですけど,売り上げとしてはベースとして計算できますから,ずっと張り付いているやつがいるのですよね。20年,30年みたいなね。お客さんも離してくれなくて。『そろそろちょっと交替させたい』『いや困る』とか言われて『外すのだったらもう仕事を切るぞ』とか言われると,外せない。そういう人たちは,会社としても評価はしてやりたいし,あれなのだけれども。その個人の,その人のスキルとしてキャリアアップとしてはどうなのかなというと,もう頭打ちになってしまいますよね。」(A氏,人事課長)

　特定のソフトウェア技術者を顧客企業先に駐在させ続けることは,自社(ソフトウェア技術者を雇用する企業)に安定的な収入をもたらす。また,顧客企業にとっては,継続的に安定したサービスを受ける期待が高まる。それゆえ,特定のソフトウェア技術者を顧客企業先に駐在させ続けることは,一見,経営的に見れば合理的な判断であるといえる。しかし,その判断によって,ソフトウェア技術者の本来望ましいキャリア発達の機会が制限されることを,A氏は

第 8 章　技術者のキャリアの停滞　191

指摘している。

　この問題に関する，技術者の発言例を見てみよう。

　「これはその，うーん，同じ様な事をずっとやってることになるんですね。先ほどの ATM の話だと，もう一回分かったらお腹一杯なんですけれども。色々制度とか変わったり，例えば，現金は 1 日 10 万円しか下ろせないとか何かあるじゃないですか。そんなの組み込むの，面倒くさい話で。もう知ったから，もういいやと思うんですけど。他にやる人がいないんで，僕が全部やってて。もうお腹一杯，というのはありますね。」（m 氏，男性，43 歳）

　m 氏は，従業員数 1,000 人以上の大手ソフトウェア開発会社で働く技術者である。2002 年以降，金融システム開発に携わり始めてから 10 年以上が経過する。短いプロジェクトであれば数カ月，長期間のプロジェクトであれば年単位の間，同じプロジェクトに携わる。m 氏によると，プロジェクトの立ち上げから完了に至るまで，メンバーが固定されているわけではなく，投入される人数が都度調整されるという。その様子を，m 氏は次のように語る。

　「人数が 6 名なんですけども。今うちのチームは。それで，最初から入ったんです。2 人，先輩と僕とで。2 人で入って，設計段階，起こし段階から入って。だんだん人が投入されて，ピーク時 7 名というので動くんですけれども。で，今はテストまで行ってると。設計やって，製造段階で人が増えて。で，テストで，まあ若干減ります。1 名だけ抜けてという形。」（m 氏）

　m 氏の発言例から，設計段階（上流工程）では少数の人数がプロジェクトに投入され，製造段階（下流工程）にかけて人数が徐々に増えていく様子が伺える。上記の発言例において，m 氏は，上流から下流に至る幅広い工程を経験することができるものの，ピーク時に投入される技術者が得られる経験は，下流工程の作業に限定される。

　同様に，メーカー系の中堅ソフトウェア開発会社に勤務する d 氏は，構造的にマネジメント経験が積めない悩みを，次のように語る。

　「そういう経験［マネジメント経験］[20] が出来る仕事につけないというところがあります。いま会社が色々変わろうとしている時期なので仕方がないのかなと思うのですが。（中略）どうしても開発会社の立場になると，案件があっ

て，それが続いてというので。中々そういうの［マネジメント経験］が出来にくくなっている状況かな。そういうのがないので，どう積んでいくかなと。」
(d氏，男性，43歳)

　以上の発言例から，ソフトウェア業界特有の下請構造が，ソフトウェア技術者として望ましいキャリア発達の成長を阻む構図が浮かび上がる。開発工程から設計工程へ，そしてマネジメント経験を積むことを通してソフトウェア技術者は熟達する。しかし，本来得られるべき成長機会が，ソフトウェア業界特有の下請構造によって失われている。この状況をひとつの因子として抽出し，**下請構造ゆえの成長機会の逸失**と名付けた。

d. 無力感の形成

　下請構造ゆえの成長機会の逸失は，技術者に何をもたらすのか。大手ソフトウェア開発会社で働く技術者のo氏に，5年後，10年後のイメージについて問うと，次のような答えが返ってきた。

　「もう，自分でもよう分からんところなんです。とりあえず今の仕事をキープするのをどうすればいいか，っていうことしか今考えていないんです。その5年後，10年後っていうと，なかなか難しい。」(o氏，43歳，男性)

　ソフトウェア開発のプロジェクトでは，前出のm氏の発言例でも触れられていたように，工程に応じて投入される人数が大きく変化する。そのため，数カ月先でさえ，個々の担当業務を見通すことが難しい。o氏は，次のようにも語る。

　「何か物を作るっていうイメージで，［ソフトウェア会社に］入りたいなというのがあったんですけど。実際，そういうのをやるっていう機会はほとんどなくて。客先に出向して，ほとんど補修みたいなところで。そういうのは全然イメージしてなかったんで，そのギャップというか，こういう世界もあるんだということに気づいて。どうにかしようと思った時期も確かにあったんですけど，それはできなかったというか。次は，いけそうなところっていう話ももちろん聞くんですけど，本当に直前にならないと分からない。」(o氏)

　o氏が，「どうにかしようと思った時期もあったが，それはできなかった」

と述べる理由は，先々の業務が見通せないことと裏腹に抱く期待によるものであると汲み取れる。つまり，次こそは本人が望むプロジェクト（o氏の場合，例えば，設計工程などの経験が得られるプロジェクト）に投入されるのではないかという期待である。しかし，望むプロジェクトへの異動に対する期待は，何度も繰り返される失望によって「とりあえず今の仕事をキープするのをどうすればいいか，っていうことしか今考えていない」心境へと陥る。この状況は，o氏だけに限らないようだ。次に，44歳のソフトウェア技術者，p氏の発言例を見てみよう。

「生き残っていくってどうやったらいいんやろと思う。たまに考えることがあるんですけど。会社からしたら，もうそんな，現状打破する為に努力してない奴はさっさと辞めてくれていいっていう感じやから。そこをどう凌ぐかみたいなんを，常に考えてますね。なんかポジティブな発想は全然ないですよ。現状がいいとも思ってないですけど，でももうそんな，それ以上いけるとも思えないし。かと言って勉強して，なんかもっと技術を高めて，生き残る為のなんかやっていうのも，しんどいですね。なので，どうやって生き残るかみたいな，日々を。そんなんですね。」(p氏，男性，44歳)

p氏は，ソフトウェア開発業務を長年経験してきた，ベテランの技術者である。前出のm氏やo氏と同様，複数のプロジェクトの，主に下流工程を担当してきた。p氏の心理状態を一言で表現するなら，現状を望む方向へ変えていこうとする力を失った状態という意味で，「無力感」という言葉が最も相応しいように思える。

他方，前出のm氏は，金融システムの開発に携わり10年以上が経過した現在の状況を「お腹が一杯」と表現した。それは，これ以上，新しい知識や技能を，今の仕事から得ることが困難である状況を意味する。m氏は，新たな技術の獲得に向け，業務外の時間を活用することを試みるものの，時間的制約によって実現できないと嘆く。

「ちょっとスケジュールが厳しい所があって。まぁ，綱渡りでもあるんですけど，暇な時は暇だし，忙しい時は忙しいという。よくある話で，あまり予定が立てれない。先ほどの勉強の話しでも，もうそんな勉強のどこか通うとかっ

て，全然もう予定が立てれない。今日来たら仕事が一杯あって，早く帰れないとかは，もうしょっちゅうですね。自由な時間というのは殆ど取れない感じです。」(m氏)

ただ，その時間的制約は，仕事量の多さによるものではない。引き続き，m氏の発言例を見てみよう。

「うちが悪いわけではなく，こう，他の所が上手くいってない影響が被ってくるとか。自由に自分さえ出来てれば済むという感じじゃないんで。こっちはいくら完璧でも，上からとか，下がおかしかったりとかだと，全体として進まないんで。何もすることが無くても，それで待機しなきゃいけない。」(m氏)

「上からとか，下がおかしかったりとか」とは，ソフトウェア開発工程の上流および下流を意味するとともに，多重下請構造内の，上位企業と下位企業を指している。つまり，上位・下位企業の進捗あるいは品質が，自工程の作業に大きく影響を及ぼす。さらに，その影響は，あらかじめ計画できるものではなく，その時（その日）にならなければわからないことが多い。自主学習の機会を確保することを試みるも，その機会が奪われることが続けば，自主学習そのものへの動機は減少するであろう。

無力感は，繰り返しの失敗経験によって形成されるという[21]。また，無力感の高まりは，ネガティブな自己認知の形成に繋がる。上の発言例にあてはめれば，望むプロジェクトへの異動希望が繰り返し成就せず，また自主学習の試みが繰り返し失敗することによって，ソフトウェア技術者の無力感が形成されるといえる。そして，その無力感によって，自身の能力はこれ以上向上することはないというネガティブな自己認知の形成，すなわち能力限界感の高まりが促される。以上の検討に基づき，**無力感の形成**を，能力限界感に直接的に影響を与える第2の因子として生成した。そして，**無力感の形成**は，望むプロジェクトへの異動希望が繰り返し成就せず，また自主学習の試みが繰り返し失敗するような状況，すなわち**下請構造ゆえの成長機会の逸失**によってもたらされると考えられる。

e．求める中高年技術者像の制限（ビジネス・プロフェッショナル）

　ところで，ソフトウェア技術者を雇用する企業の経営者および人事責任者に，求める中高年技術者像を尋ねたところ，すべてのインタビュー対象者の間で，ほぼ共通したイメージが共有されていた。代表的な3件の発言例を見てみよう。

　「40代って，組織の中ではミドル・マネージャーで，かなり重要なポジションになるんだよね。技術をいかに経営のほうに貢献させるかの能力が問われる。まぁ，それが出来ない人は限界を感じるよね。」（F氏，社長）

　「要はお客さんの業務内容が分かってコンサルできるっていう感じですね。技術っていうよりはやっぱりお客様の業務ですよね。技術は背景にあって，もっと言ったら業界ですよね。業界の横の動きを見ながら，新たな業務そのものを提案できるぐらいのレベル。経営そのものですよね。」（C氏，人事部長）

　「プロジェクトを取りまとめて，成功に導けるような人材というのが，多分今一番欲しいのだと思います。だから，どこにいても，結局キャリアを積んである程度の経験も積んで，年を取っていけば，マネジメントができるくらいになって欲しい。」（D氏，人事課長）

　日本企業が求める中高年技術者像は，技術を具体的な商品やサービスに結び付け，新たな価値を創出することができる技術者である。このような技術者を，ビジネス・プロフェッショナルと呼ぶことがある[22]。今回の調査対象企業においても，一般的な日本企業と同様，期待する中高年技術者像としてビジネス・プロフェッショナルに近いイメージを共有していることが明らかになった。さらに，次の発言例に示すとおり，中高年ソフトウェア技術者への期待像は，極端といえるほどビジネス・プロフェッショナルに限定されている。

　「年を取ってそれなりの年代になったら，技術オタクでは困るだろうと。『組織としてやっていくので，そういう人たち［技術オタク］は独立してやってしまえばいいじゃん』『組織にいる意味がないよね』という話になって。」（D氏，人事課長）

　「会社が期待するところもその辺り［ビジネス・プロフェッショナル］になってですね。そういう人たち［下流工程を担当する技術者］にずっとプログラマーでいて欲しいとは期待していないですね。」（H氏，人事係長）

「企業が，40代，50代に高いレベルの技術者を求めているかって言ったら，求めていないような気がするな。」(F氏，社長)

このように，ビジネス・プロフェッショナル以外の中高年ソフトウェア技術者を，あたかも不要人材とみなすような発言が多く見られた。つまり，企業が期待する中高年ソフトウェア技術者像が，ビジネス・プロフェッショナルに限りなく特化している。しかし，一方で，ソフトウェア業界に特有とされる**下請構造ゆえの成長機会の逸失**によって，マネジメントはおろか上流工程の経験さえ積むことのできないソフトウェア技術者が多く存在することをすでに見てきた。このため，ビジネス・プロフェッショナル以外の中高年技術者を不要人材とする見方が共有された組織では，成長機会に恵まれないまま40歳前後を迎えたソフトウェア技術者に対して一斉に不要人材のレッテルを貼る可能性がある。そして，その周囲からのラベリング（レッテル貼り）によって，ソフトウェア技術者本人の能力限界感は，一層強化されることになる。以上の検討に基づき，ソフトウェア技術者の能力限界感の形成をより強化する因子として，**求める中高年技術者像の制限**（ビジネス・プロフェッショナル）を抽出した。

ところで，周囲からのラベリング，すなわち「40歳前後のソフトウェア技術者が不要人材化する」という見方は，第2節で述べた「技術者は40歳前後に限界を迎える」という，日本の組織社会特有の年齢限界意識と相似する。このように考えてみると，技術者の年齢限界意識とは，技術者の内的因子ではなく，**下請構造ゆえの成長機会の逸失**と，**求める中高年技術者像の制限**（ビジネス・プロフェッショナル）などの外的因子によって生み出されたもの，すなわち社会的に構成されたものとしてとらえることができる。

f．下流工程の価値低下

なぜ，求める中高年ソフトウェア技術者像が極端といえるほどビジネス・プロフェッショナルに制限されるのか。インタビューデータの分析から，その原因として考えられる2つの因子を抽出した。ひとつは，**下流工程の価値低下**である。3名の発言例を見てみよう。

「今の時代は，あなたがやるもの［下流工程］は，もう外に出す方が安いで

すから，という話になってしまうと。もうあなたの仕事はありません，という話になってしまうんです。やっぱり経営的に見ると安い方に出しますし。」（H氏，人事係長）

「ものづくりそのものが外注化。社内ではなくって，例えばパートナーにお願いするとか。最近で言うと，海外に発注するとか。そういうふうに，もの［ソフトウェア］を作るっていう仕組みそのものがまず変わってきてます。お客さんが，ある技術者に対してどれだけくれるかっていうと，大体月60万とか100万とかって決まるじゃないですか。この金って上がることはないですよね。むしろどんどん外注化してんだからこれ下げてくれと［言われる］。」（C氏，人事部長）

「プログラミングの技術は安くなっているとは思いますよ。昔に比べたら。」（I氏，人事部長）

　プログラミングの製造工程，いわゆる下流工程の価値の低下を指摘する発言例が多く見られた。これを**下流工程の価値低下**と命名し，**求める中高年技術者像の制限（ビジネス・プロフェッショナル）**に影響を与える因子として抽出した。しかし，**下流工程の価値低下**が，直接的に**求める中高年技術者像の制限（ビジネス・プロフェッショナル）**に結びつくわけではない。

g. 年功主義的な処遇制度

　まずは，3名の発言例を見てみよう。

「例えば，その給料を落としていいよと。本人がつくる効率に合わせて，処遇も結果的には維持じゃなくて，下がっていくわけですね。それでもいいということであれば，社内的にやれないということはないですが，そこには本人も抵抗感ありますよね。だから，処遇との見合いで，本人がやりたいというケースがあってやっても，処遇との見合いで，結果として［給料を下げることは］会社も本人も難しいと感じると。」（C氏，人事部長）

「30代の給与体系にもどして，ずっと契約できるんだったら［40代，50代のプログラマーでも］いいよと言えるんだけどね。［現実的には言えない］」（F氏，社長）

「現実問題，50代の技術者に，20代，30代の賃金で働いてくれというのはあり得ないですよね。できない。人件費に見合う仕事してください，というメッセージ送りたいものの，現実問題できるのかというと今更難しい。」(G氏，人事係長)

　これらの発言例は，年功的な賃金制度や，年功に見合った役割期待など，**年功主義的な処遇制度**がソフトウェア企業においても根強く運用されていることを示すものである。

　ところで，C氏が「月60万とか100万とかって決まる」というように，下請構造の中にいるソフトウェア技術者の価値は，ソフトウェア技術者ひとり当たりの月額単価によって数値化される。個々の価値が数値化されるということは，ソフトウェア技術者ひとり当たりの金銭的収支が明確になることを意味する。発言例で言及のあったように，担当工程が変わらない限りソフトウェア技術者の月額単価は変化せず，むしろ**下流工程の価値低下**によって，月額単価が下がることもありえる。しかし，一方で，**年功主義的な処遇制度**を忠実に運用する限り，中高年技術者の賃金を上げざるを得ない。ここに，中高年ソフトウェア技術者の処遇上のパラドクスが生じる。結果，ソフトウェア技術者ひとり当たりの金銭的収支を維持するために，求める中高年技術者像を極端にビジネス・プロフェッショナルに制限する状況が生み出されるのである。

4－3　小　括

　本節では，インタビュー調査で得られた質的データを分析し，7つの因子から成る，ソフトウェア技術者の能力限界感の形成モデルを示した（図表8－4）。あらためて，その内容を整理しておこう。

　ソフトウェア技術者の能力限界感の形成メカニズムには，大きく2つのルートが存在する。第1のルートは，**体力・視力・記憶力などの衰え**による，能力限界感の形成である。特に，ソフトウェア業界特有の労働環境（**技術変化の速さ・長時間労働**）が，**体力・視力・記憶力などの衰え**による能力限界感の形成を加速する。第2のルートは，**下請構造ゆえの成長機会の逸失**が生み出す，**無力感の形成**によるものである。特に，**下流工程の価値低下**と**年功主義的な処遇**

制度によって生み出される中高年技術者の処遇上のパラドクスが，求める中高年技術者像を極端にビジネス・プロフェッショナルに制限する。そして，**求める中高年技術者像の制限（ビジネス・プロフェッショナル）**が，能力限界感の形成をより一層強化する。

第5節　まとめと実践的提言

5－1　分析結果のまとめ

本章では，技術者のキャリアの停滞を，技術的能力の限界の観点から論じた。特に，技術的能力の限界に対する本人の意識（能力限界感）に着目し，能力限界感と年齢の関係，および能力限界感の形成メカニズムを，量的および質的データの分析を通じて検討した。アンケートデータの分析からは，次の3点が明らかになった。すなわち，1）加齢に伴い一定の割合で技術者の能力限界感が高まる。2）男性より女性の方が，能力限界感が高い。3）ほかの職種より情報処理・ソフト開発職の方が，能力限界感が高い。また，インタビューデータの分析からは，ソフトウェア技術者の能力限界感が，2つのルートによって形成されるメカニズムが示された。以下に，インタビューデータの分析結果から得られる2点の実践的提言を述べる。

5－2　実践的提言

1）無力感の形成への対処（予防または解消）

1点目は，**無力感の形成**に対処（予防または解消）することである。分析の結果，**下請構造ゆえの成長機会の逸失**が，**無力感の形成**を介して，ソフトウェア技術者の能力限界感を高めることが示された。**無力感の形成**を予防するためには，自組織における構造的な成長機会の逸失の程度を見極めたうえで，定期的な成長機会を制度的につくり出すことが重要となる。具体的には，ローテーション制度の整備，成長の気づきを与える場づくりなどがあげられる。

ローテーション制度の運用にあたっては，発言例で触れられていたように，その影響が取引先企業にまで及ぶことが予想される。それゆえ，ソフトウェア

技術者を取り巻く利害関係者を巻き込み，周到に準備したローテーションの実施が求められる。

また，成長の気づきを与える場づくりとは，定期的に仕事の意味や価値を見直し，日々の仕事の振り返りを行うような機会の提供を指す。たとえ仕事内容が変化せず継続的なものであったとしても，このような機会を通じて，自身の成長や変化に気づくことが可能になる。具体的には，定期的なキャリア開発ワークショップの開催や，専門家によるキャリアコンサルティングによって実現する方法などが考えられる[23]。

2）求める中高年技術者像の再構成

2点目は，能力限界感の形成モデルを自組織に応用し，自組織の特徴を明らかにするとともに，求める中高年技術者像を再構成することである。そもそも，分析に用いたグラウンデッド・セオリー・アプローチは，実践的活用を明確に意図した研究方法として考案されたものである。ただし，ここでいう実践的活用とは，提示したモデルを機械的に自組織にあてはめるということではなく，実践者が自組織の状況と目的に応じて，必要な修正を加えながら活用することを意味する。例えば，中高年技術者の有効活用を図ることを目的とすれば，技術者，管理者および経営者が対話を通じて，求める中高年技術者像を再構成することが最初のステップとなろう。それが，技術者にとっての目指す姿となり，また諸制度を定める際の指針となるためである。技術者，管理者および経営者の対話の糸口として，今回提示したモデルを活用することができる。

5－3 残された課題

最後に，2点の課題を述べる。1点目は，性別の違いを分析から外した点である。今後，女性技術者への応用可能性と，女性技術者特有の要因を検討することが必要である。2点目は，インタビュー対象者が受託ソフトウェア開発会社で働く技術者に偏っている点である。それゆえ，ソフトウェアを活用したWebサービスを提供する企業や，ユーザー企業に勤務するソフトウェア技術者に，今回提示したモデルをそのまま適用することは難しい。今後，多様な技

術者ごとに当該モデルの適用可能性を検討し，修正を加えていく必要がある。

【注】
1）佐藤厚（2009）を参照。キャリア・アンカーとは，自分のキャリアの内面的な自己イメージを表し，技術的／職能的能力，経営管理能力等，8つのタイプに分類される。キャリア・アンカーについては，Schein（1978）を参照。
2）日本生産性本部（1991）を参照。対象は電機・電子・通信系および化学系の大手企業6社である。
3）福谷（2007），石田（2002），中原（2000）などを参照。対象は製薬，化学，情報・エレクトロニクス，鉄鋼の4業種である。
4）鈴木（2008）を参照。
5）Horn & Cattell（1967）を参照。
6）Schaie（2005）を参照。
7）Ng & Feldman（2008）を参照。
8）Ng & Feldman（2013）を参照。
9）JSPS科研費20330089の資金的援助を受けたものである。また，同志社大学大学院教授藤本哲史氏には，データ使用を快諾頂いた。記して感謝申し上げる。
10）χ^2値＝103.3（df＝21，p＜.001）
11）藤本・篠原（2012）を参照。
12）男性のNは，20代＝340，30代＝1,197，40代＝1,497，50代＝605である。女性のNは，20代＝225，30代＝330，40代＝142，50代＝31である。
13）調査・研究職のNは，20代＝78，30代＝180，40代＝181，50代＝85である。開発・設計職のNは，20代＝205，30代＝449，40代＝507，50代＝186である。情報処理・ソフト開発職のNは，20代＝196，30代＝574，40代＝574，50代＝193である。
14）JSPS科研費26380552の助成を受けて実施した。また，本節の論考は古田・藤本（2012）および古田（2015）に基づく。
15）木下（2007）を参照。
16）社長および人事責任者のイニシャルは大文字表記とする。また，社長および人事責任者の発言例には，イニシャルと役職を発言例の後の（　）内に記す。以降の発言例において同様。

17) 聞き手（インタビュア）の発言を，発言例中の（　）内に記載する。
18) 技術者本人のイニシャルは小文字表記とする。また，技術者本人の発言例には，イニシャル，性別および年齢を発言例の後の（　）内に記す。
19) 金井・楠見（2012）を参照。
20) 筆者による補足説明を［　］内に記す。
21) 学習性無力感（Seligman & Maier, 1967）による。
22) 内藤（2009）を参照。
23) 香本（2007）などが参考になる。また，キャリアコンサルティングの専門家として，キャリアコンサルタントが国家資格化されている。

引用文献

福谷正信　2007　研究開発技術者の人事管理　中央経済社.

藤本哲史・篠原さやか　2012　女性研究開発技術者のプロフェッショナル・コンフィデンスとキャリア継続　経営行動科学学会年次大会発表論文集, 15, 71-76.

古田克利・藤本哲史　2012　技術者の能力限界感の要因についての質的分析―企業インタビューを通して―　経営行動科学学会年次大会発表論文集, 15, 113-118.

古田克利　2015　IT技術者の能力限界感の形成モデル―M-GTAによる分析を通して―　経営行動科学学会年次大会発表論文集, **18**.

Horn, J. L. & Cattell, R. B. 1967 Age Differences in Fluid and Crystallized Intelligence. *Acta Psychologica* **26**, 107-129.

石田英夫（編）　2002　研究開発人材のマネジメント　慶應義塾大学出版.

金井壽宏・楠見　孝編　2012　実践知―エキスパートの知性　有斐閣.

Katz, R. L. 1955 Skills of an Effective Administrator. *Harvard Business Review*, Jan-Feb, 33-42. .

木下康仁　2007　ライブ講義 M-GTA 実践的質的研究法―修正版グラウンデッド・セオリー・アプローチのすべて―　弘文堂.

香本裕世　2007　人事が変われば，会社は変わる　日本経済新聞.

中原秀登　2000　研究開発者の人材管理の国際比較 組織行動研究, **30**, 73-81.

内藤直人　2009　ヒアリングから浮びあがる技術者のキャリア：求められる技術者像と育成・能力開発のあり方　中田喜文・電機連合総合研究企画室（編）高付加価値エンジニアが育つ―技術者の能力開発とキャリア形成―　日本評論社, 43-60.

Ng, T. W. H. & Feldman, D. C. 2008 The relationship of age to ten dimensions of job performance. *Journal of Applied Psychology*, **93**, 392-423.

Ng, T. W. H. & Feldman, D. C. 2013 Age and innovation-related behavior: The joint moderating effects of supervisor undermining and proactive personality. *Journal of Organizational Behavior*, **34**(5), 583-606.

日本生産性本部　1990　技術者のキャリアと能力開発の日米比較労政時報，**3050**，38-44.

佐藤　厚　2009　技術者のキャリア形成―キャリア・アンカーとT字型人材―　中田喜文・電機連合総合研究企画室（編）高付加価値エンジニアが育つ―技術者の能力開発とキャリア形成―　日本評論社，81-103.

Schaie, K. W. 2005 *Developmental Influences on Adult Intelligence: The Seattle Longitudinal Study.* New York: Oxford University Press.

Schein, E. H. 1978 *Career Dynamics: Matching Individual and Organizational Needs.* Addison-Wesley（二村敏子・三善勝代［訳］1991　キャリア・ダイナミクス　白桃書房）．

鈴木忠　2008　生涯発達のダイナミクス―知の多様性生きかたの可塑性―　東京大学出版会．

第9章
スポーツ選手のキャリアの停滞

第1節　スポーツ選手に関するキャリアの諸問題

　「1年間だけじゃだめです。一生です。僕は一生のスケジュールを立てています」。プロ野球（NPB）読売ジャイアンツの投手であった桑田真澄氏によるこの言葉は，スポーツ選手に限らず，現代のビジネスマンにとっても，自分自身のキャリアを考える上で大きなヒントが隠されているように思われる。

1－1　スポーツ選手のキャリアに関する理論的視座
　近年の企業におけるキャリアマネジメントの流れと軸を一にするように[1]，スポーツ界でも選手の「キャリア」に関する議論が活発化している。中でも，日本プロ野球やJリーグなどのプロスポーツ界では，選手の引退後のアウトプレースメント（再就職支援）から，一人の社会人としての本質的な生き方・働き方（キャリア・デザイン）の支援まで，非常に多岐にわたるキャリアに対する取り組みが始まっている。そして，学術界でも関連学会でスポーツ選手のキャリアに関する研究が蓄積されつつある。
　このような潮流は，バウンダリーレス・キャリア（職務，組織，仕事と家庭，産業の壁を越えて動くキャリアのこと）という概念が企業で浸透し，「ひとつの会社で定年まで勤め上げる」という意識がますます希薄化していることに端を発していると考えられる。プロスポーツ選手としてのトランジション（節目）に対峙したとき，社会における自分自身の個性や独自性であるアイデンティティ（自我同一性）の再確立をいかにスムーズにできるかという問題は，企業社会と

同様にスポーツ界が抱える永遠のテーマである。とりわけ，経済的・社会的な安定性が脆弱なプロスポーツ選手のキャリアに関する研究は，企業組織の新しいキャリア観（働き方）を投影している可能性が大いにある。

　学術界におけるキャリアに関する理論を整理してみると，心理学，社会学，経営学，スポーツ科学という学問領域から接近されていると考えるのが妥当である。心理学領域におけるキャリア研究では，キャリア発達理論を中心として展開されており，現在ではキャリアカウンセリング分野の中核的な枠組みともなっている。また，高校生や大学生を対象とし進学や就職の場面を想定した，進路（職業）選択理論にもキャリア概念が援用されている。また，社会学領域におけるキャリア研究では，人生における重要な出来事（events）についての時機や順序を研究の対象とするライフコース理論や役割卒業理論（role exit theory）などに代表されるように，従来までの役割を卒業し，次の新たな役割を取得するまでの役割移行期間に焦点を当てて，そのトランジションのプロセスを段階的に説明しようとするところに特徴がある（Drahota & Eitzen, 1998；Ebaugh, 1998）。さらに，経営学領域におけるキャリア研究では，既述の心理学や社会学における研究成果を基盤として発展してきており，比較的新しい分野である。企業と個人の「Win-Win」関係の構築が重視される中，特に注目を浴びている領域でもある。代表的理論としては，キャリア・アンカー（career anchor）概念を用いて内省の重要性を説くSchein（2006）のキャリア理論などが挙げられる。

　そして，スポーツ科学におけるキャリア研究では，プロスポーツ選手の引退に関する研究が1980年代から90年代にかけて活発に行われ，加齢によって生じるさまざまな課題を扱う老年学理論や社会的な役割の喪失に対してどのように向き合うべきかを考える死観学理論などの社会医学的な観点から研究が展開されてきた。近年は社会学で研究成果の蓄積が進んでいる役割卒業理論を用いて，プロスポーツ選手のセカンドキャリアに着目した研究が多く行われている。プロスポーツ選手のように，怪我や身体的な衰えなどにより突然の役割の終焉という出来事を迎える職業を説明するうえで有効な理論だからである。現役中から自分自身のキャリアについて考えることで引退後の不安を取り除き，競技

引退後のセカンドキャリアへのスムーズな移行や現役中の高いパフォーマンスの発揮にも影響を与えることも報告されている。さらに，現役プロスポーツ選手のキャリアに関する研究では，プロスポーツ選手が複数あるキャリア・アンカーに向き合う過程を辿った上で，選手がキャリア・アンカーを理解することの重要性と選手一人ひとりに応じた個別的なキャリア支援の必要性が示唆されている。

1－2　アスリートキャリアとビジネスキャリアの概念的な違い

　学術界では一般的に「キャリア」に関しては，「ある人の生涯にわたる期間における仕事関連の諸経験や諸活動と結びついた態度や行動における個人的に知覚された連続」または「ある人が経験した仕事（職業）の一系列であり，広義には職業に限らず生涯を通じてのあらゆる役割や地位ないし身分の系列」と定義される（Hall, D. H., 1976）。また，スーパー（Super, D. E., 1980）は，「人生を構成する一連の出来事で，自己発達のなかで労働への個人の関与として表現される職業と人生の他の役割の連鎖である」と定義し，ホールと同様にキャリア概念を広義にとらえ，家庭での役割や地域社会活動など仕事以外での経験や地位などを含め，生涯を通じた経験や地位，役割を指すライフキャリアという概念を提案している。さらにシャイン（Schein, E. H., 1978）は，キャリアとは生涯を通しての人間の生き方や表現であるとしている。上記のキャリアの定義を整理し，キャリアを広義的にとらえる視点を見出した金井（1997）は，「キャリアとは，生活ないし人生全体を基盤にして繰り広げられる長期的な（通常は何十年にも及ぶ）仕事生活における具体的な職務・職種・職能での「諸経験の連続」と「節目の選択」が生み出していく回顧的展望と将来構想のセンス・メイキング（意味づけ）・パターンのことをいう」と定義し，キャリアをひとつの職務やスキルを特定するものではなく，それらの生涯を通じた連なりを示すものであり，単に仕事生活にとどまらず，人生のあらゆる局面をも含む概念であるとしている。かつ，「節目」という言葉を象徴的に用いている。

　しかしながら，「キャリア」を広義に解釈することで，多様な側面を持つキャリアの現象をすべて説明することは難しい。したがって，スポーツ選手の有

する(取り巻く)キャリアの視点として,ビジネスキャリアとアスリートキャリアという2つの概念を操作的に(明確に区別して)定義しておく必要がある。アスリートキャリアを「競技を選択ないし開始してから競技引退を迎えるまでのあらゆる局面の集合体」と定義し,またビジネスキャリアを「職業を選択し就職してから退職に至るまでのあらゆる局面の集合体」と定義する(山田,2007)。あくまでもスポーツ場面とビジネス場面に限定したキャリアに焦点を当てるということを意図したものであり,キャリアの概念を狭義的にとらえようとするものではない。そもそもキャリアの定義とは,あくまでスポーツとビジネスに限らない生涯を通じたあらゆる局面の集合体を包含するものである。

1-3 スポーツ選手が抱えるキャリアの諸問題

スポーツ選手がアスリートキャリアを積み重ねていく中で経験する問題は,企業におけるビジネスキャリアでの過程とは一線を画する場合が多い。いわゆる,アスリートに特有の問題として,スポーツ選手のキャリアの停滞を引き起こすこともある。以下は,近年のスポーツ界で取り上げられている代表的な論点であるスピルオーバー,多重役割,ストレスについて論じることにしたい。

まず,スピルオーバーと多重役割の関係について述べたい。スポーツ選手は,競技活動の継続に伴い多くの多重役割を担っている。とりわけ,大学生スポーツ選手が抱える役割は,競技的役割(練習,試合,ミーティングなど),学究的役割(講義参加,試験,レポート作成など),社会的役割(アルバイト,友人関係など)という3つの役割から把握されており,それぞれの役割間で葛藤が生じている(Adler et al., 1991)。さらに,プロスポーツ選手になると,上記に加えて,家庭役割も生じてくる可能性もある。

スポーツ選手の役割とその他の役割との間の役割葛藤は,スピルオーバー(spillover:流出)という概念で説明される。そもそも多重役割の研究は,仕事役割と家庭役割の両立困難を訴求する労働者を対象として発展を遂げてきた。看護師を対象にした研究では,役割葛藤が起こると,精神的な健康状態が悪化し,職務パフォーマンスも低下するという結果が報告されている(Mizuno et al., 2007)。そして,このスピルオーバー概念をスポーツ選手のストレス研究に

援用した研究も見受けられる（例えば，山田ほか，2009年）。そこでは，自分と他者との関係性（自分自身の社会における立ち位置）を確認するための自己認識トレーニングなどによって，スポーツ選手の競技者役割とほかの役割との両立を促し，スポーツ選手としてのアイデンティティが確立される過程で生じるストレスへのコーピング（対処）スキルを獲得させることが求められている。

次に，対人関係とストレスコーピングに関しては，人間関係によるストレスに起因した問題は，多くの人にとって最も身近に直面するものであるといわれている。逆説的には，不安や疾病が伴うストレス要因（ストレッサー）は，人間関係上のトラブルである場合が多い。例えば，競技場面における指導者と選手の関係，職場内の上司と部下の関係，家庭内の配偶者や子供との関係，近隣住民との関係などが典型例である。

近年，自分を取り巻く，家族，友人，同僚，地域社会などから受けるさまざまな形態の援助であるソーシャルサポート（社会的支援）の研究によれば，良好な人間関係が維持されるとストレッサーに直面してもストレス耐性（ストレスに対する抵抗力）が発揮されるという。すなわち，良い人間関係自体が精神的な健康性に寄与するという考え方である。スポーツ集団では，相互の役割間での連携やチームワークが重要となる。選手に過度の対人関係ストレスが生じれば，チーム内での円滑なコミュニケーション活動が図れなくなる。

よって，対人関係におけるストレスへのコーピングが重要となるが，その具体的な方法としては，①リラックス法，②自己の認知構造の変革，③内的支配力（意志力や深層心理）の強化の3点が考えられる。「リラックス法」とは，趣味や体操を実践する，またはバイオフィードバック（機器を用いた呼吸，血圧や脳波の自己調整法）などを用いて，自分に適した気晴らしや心身の鍛錬法を利用することである。また，「自己の認知構造の変革」と「内的支配力（意志力や深層心理）の強化」は，物事の見方や考え方を変えることで，外界をコントロールしうるという意志や深層心理を強化してハーディネス（hardiness）を高めることである[2]。特に，上記②と③については，個人での自主的な取り組みというよりは，集団的なスキル教育が望ましい。スポーツ集団外部の専門家による組織的介入が中心となって行われる組織開発（organizational development）の

技法が有効であると考えられている（水野，2012）。

第2節　スポーツ選手のキャリア発達段階モデル

　スポーツ選手が経験するアスリートキャリアを発達的に理解するために，シャイン（1978）の組織内キャリア発達段階を基盤にして，組織内キャリア発達段階は9つの発達段階と各々の発達段階で直面するキャリア停滞問題およびその具体的課題が示される有用なモデルが開発された（山田，2007）。スポーツ選手に適用可能なアスリートキャリアの発達段階をモデル化したものである。さらにこの発達段階モデルは，それぞれの発達段階で起こり得るスポーツ選手のキャリア・トランジションの各ステージを役割卒業理論に依拠した統合モデルになっている（図表9－1）。

　しかし，ビジネスキャリアが成人期以降を扱ってきたのに対し，アスリートキャリアは幼児期や児童期を含むため，このモデルの理解にあたっては，スポーツ選手の精神および身体的発達の影響を考慮しなければならない。また，本人の意図とは別に，両親の勧めによって無意識的にアスリートキャリアを歩み始めたスポーツ選手もいると思われる。例えば，ロンドンオリンピック女子団体の銀メダリストである福原愛選手は3歳から卓球を始め，またプロゴルファーの石川遼選手は6歳からゴルフ場に通い始めている。ちなみに，米国プロゴルファーのタイガー・ウッズ選手は生後9カ月からゴルフを始め，2歳の頃には南カリフォルニアで著名な幼児ゴルファーとなっていたそうである。ごく稀なケースではあるが，このような選手は，本人の意思というよりは両親の影響を強く受けて競技を開始していることを前提とする必要がある。

2－1　初期キャリア（中学生から高校生まで）

　まず，アスリートキャリア発達段階モデルの第1段階（①）は，競技参加に先立つ準備段階としての成長・空想・探索期である。ここでは実際に自分自身で興味のある競技種目を主体的に選択して，今後継続していくための基盤を獲得しなければならない。多くのスポーツ選手は，中学校入学前がこの段階にあ

図表9-1 アスリートのキャリア発達段階モデル

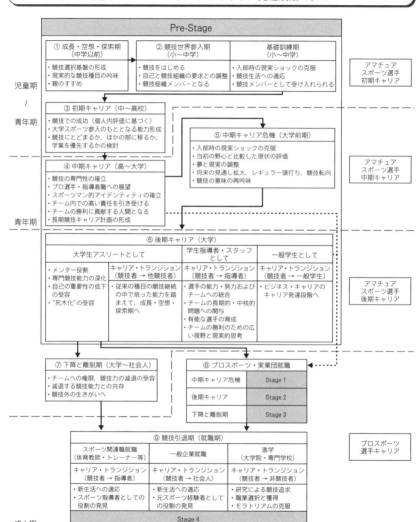

出所：山田泰行　2007　大学生アスリートのキャリア・トランジションとストレス　岸田孝弥（監修）　久宗周二・水野基樹（編）　実践　産業・組織心理学―産業現場の事例を中心にして―　創成社，244 を筆者が加筆修正。

※網掛け箇所（Pre-Stage−Stege 4）は，役割卒業理論モデルに該当する。

たるといえ，アスリートキャリアの第1段階に該当すると考えられる。また，既述の通り，幼児期から児童期にかけて競技を開始するスポーツ選手の多くは，両親によって準備段階が整えられる可能性が高い。幼児・児童が主体的に競技を模索・選択し，必要な競技環境を独力によって整えることは不可能に近く，両親の支援が不可欠である。実際に幼児のスポーツ参加を規定する要因としての両親の影響力は強く（丸山，1984），物心ついたときには強制されていたという競技参加動機も存在する。

第2段階（②）の競技世界参入期は，それぞれのチームのメンバーとなり，チームメイトに受け入れられ，競技活動に適応していくことが課題となる。それは同時に基礎的なトレーニングが行われる重要な時期でもあり，競技参入前の競技イメージと現実とのギャップから生じる心理的葛藤であるリアリティ・ショックの克服が求められる。

第3段階（③）の初期キャリアでは，競技会の好成績や技術獲得などの成功経験を通して，今後さらに高いレベルで競技活動を行っていくために必要な競技者としての有能性を獲得しなくてはならない。この時期には尊敬できるコーチや先輩といった相談者（メンター）の獲得も同時に求められる。

2-2　中期キャリア（大学生の前期まで）

第4段階（④）の中期キャリアでは競技の専門性が確立し，大学スポーツやプロスポーツへの関心が深まる時期である。そしてそれまでの競技活動を通して，スポーツ領域に限定されたアイデンティティが形成されてくる（奥田ほか，1993）。中期キャリアが高校から大学入学に相当し，大学生アスリートの多くは大学入学を契機に第5段階（⑤）にあたる中期キャリア危機を迎えると考えられる。中期キャリア危機とは，スポーツ選手としての自分自身の将来性を再吟味する中で生じる葛藤である。大学スポーツというレベルの高い競技集団に所属することで，競技者としての自分の能力や可能性，そしてそれに基づく将来展望をもう一度見直さなくてはならない。そして競技水準の高い者であっても，「自分のやりたいことは本当に競技活動なのか？」という競技の意味を求めるようになる。

2-3 後期キャリア（大学生の後期から社会人の入口まで）

　第6段階（⑥）の後期キャリアでは，例えば，スピードスケートから自転車競技またはバドミントンからスカッシュなど競技参加の形態によってキャリア・トランジションが生じてくる。ほかの競技に転向することで，これまでに蓄積してきた競技能力を応用する，学生指導者またはトレーナーやマネージャーという立場から競技に携わる，完全に競技生活からドロップアウトして大学生活を送るなどキャリア・トランジションの形態はさまざまである。当然，中期キャリア危機以前にも，キャリア・トランジションを繰返すスポーツ選手は存在するが，大学生アスリートが経験するものは中期キャリア危機以降と考えられる。ここで競技を継続する者は，専門的な競技能力が深まり，その競技の専門家としての役割を担ってくるようになる。そして，第7段階（⑦）の下降と離脱期にさしかかると，減退する競技能力を受け入れることが必要になってくる。これは実際には競技力が低下していなくても，レギュラーから外されたりライバルとの他者比較による競技ストレスとして実感される場合もある。

2-4 プロスポーツ選手期キャリア（現役生活から現役引退まで）

　大学卒業と就職の時期にあたる第8段階（⑧）では，競技力の低下の有無に関わらず多くの者は競技引退期を迎え，アスリートキャリアからビジネスキャリアへのキャリア・トランジションを経験するのである。また，プロスポーツ選手の道を選んだものについては，プロとしての競技生活の終焉時にセカンドキャリア獲得の必要性に迫られるといえる。プロスポーツ選手としてのキャリア移行が第9段階（⑨）となるが，役割卒業理論を用いて後述する。

第3節　スポーツ選手のキャリアとストレスのメカニズム

　日本人メジャーリーガー（MLB選手）のイチローは，過去に以下のように語っている。キャリアを積み重ねていく中では，ストレスは単に避けるべきものではなく，上手く向き合っていくことも重要であることを示唆している。

　「苦しみを背負いながら，毎日小さなことを積み重ねて，記録を達成した。

苦しいけれど，同時にドキドキ，ワクワクしながら挑戦することが，勝負の世界の醍醐味だ！」

「プレッシャーは掛かる。どうしたって掛かる。逃げられない。なら，いっそのことプレッシャーを掛けようと…」

3−1　スポーツ選手のキャリア・ストレスに関する研究動向

　現在のスポーツを取り巻く環境を鳥瞰すると，競技現場におけるスポーツ選手のストレスの弊害が深刻化してきている。スポーツ選手が抱えるストレスは，選手のさまざまな精神的問題を引き起こすのみでなく，対人関係や学生であれば就学上の問題など日常生活にまで波及する深刻な問題となっているからである（岸・中込，1989年）。

　そもそも，スポーツ選手のストレスの発現メカニズムは複雑である。近年のスポーツ心理学研究では，①怪我や身体的機能の衰え，②燃え尽き（バーンアウト）症候群，③あがりや不安，④キャリア・トランジション（移行）問題，⑤多重役割コンフリクト（葛藤），などの側面から多面的に把握されている。さらに，ストレスが原因となり，睡眠障害や摂食障害などの症状を引き起こすオーバートレーニング症候群を発症する可能性を指摘する研究（Silva, 1990）や，スポーツ集団に適応できずに多くの選手がドロップアウトした結果としてハイレベルなアスリートの減少を招いたという先行研究も見受けられる（Feigley, 1984）。また近年では，スポーツ選手のストレスが発現した結果として引き起こされる集団不適応やその延長線上にあるキャリア・トランジション問題を解決するために，個人が成長するための体系的な心理療法である交流分析の専門家が選手個人にではなく組織（チーム）全体に介入する取り組みが顕著である。したがって，組織開発（あるいはチームビルディング）を中心としたコミュニケーション教育の有効性に関する研究も展開されている。

　スポーツ選手が競技を継続するうえで生じるストレスをどのように克服するかという問題は，スポーツ選手の成長にとって重要な課題であると同時に，スポーツ界の健全な発展を鑑みても不可避的である。

3-2 スポーツ選手の抱えるストレス

そもそも、一般的なストレスの定義は、「人間の悩みや精神的緊張状態の源となる環境的・状況的刺激そのもの」である。カナダの生化学者Selye（1956）によると、「環境に起因する何らかの外力によって健康や病気を左右するような、身体面に歪みを生じるような反応をストレスとし、ストレスを引き起こす原因をストレッサー」として区別している。

また、スポーツ選手は何らかの刺激によって心身が影響を受けた際に、元の状態に戻ろうとする心理的・身体的反応が生じる。この刺激としてのストレッサーに対して、反応のことをストレス反応と呼ぶ。ストレス反応には、①生理的・身体的反応、②心理的・精神的反応、③行動的反応など3つに分類される。ちなみに、ストレッサーとストレス反応を合わせて（総体を）ストレスと呼ぶ。

ストレスの蓄積が繰り返されることで、過労死、突然死、自殺などの究極のストレス反応へと発展する可能性がある。いずれにしても、スポーツの競技現場では、ストレッサーが神経症傾向や競技不適応などのさまざまなストレス反

図表9-2　ストレッサーの種類

（1）環境的ストレッサー：
　環境的な要因がストレッサーとなるもので、①物理的環境（温度、湿度、臭い、照度、騒音）、②心理社会的環境（家庭・学校・職場などでの人間関係や規範習慣）、③政治的・経済的環境、の3つで構成されている。

（2）急性ストレッサー：
　親しい人の死、転居、転職、結婚、出産、退職、事故、病気などの生活出来事（life event）などがストレッサーとなる。この急性ストレッサーは、当事者が認識しやすいという特徴があり、コーピング（対処）を適切に行えば重大なストレス反応を回避できるとされている。

（3）慢性ストレッサー：
　日常苛立事（daily hassles）と呼ばれる日々の生活の中で感じる些細な出来事がストレッサーとなることがある。仕事やプライベートな生活において頻繁に体験する不愉快な事柄や心配事などが該当する。この慢性ストレッサーは、ストレスへの適応性を低下させやすく、当事者が認識しないまま心身の健康状態に悪影響を与えることがある。

図表9-3　ストレス反応の種類

（1）生理的・身体的な反応：
　①消化器系（十二指腸潰瘍，神経性胃炎など）
　②神経系（めまい，偏頭痛など）
　③呼吸器系（気管支喘息など）
　④皮膚系（蕁麻疹，円形脱毛症など）
　⑤その他（腰痛，肩こり，眼精疲労，無月経など）

（2）心理的・精神的な反応レベル：
　①代表的傾向（過度の自信喪失や不安感，脅迫感，無力感，猜疑心，被害妄想など）
　②鬱病的傾向（労働意欲の低下，悲哀感，孤独感，自殺志願，食欲不振，便秘，動悸，不眠，手の震え）

（3）行動的な反応レベル：
　①出社拒否（スポーツ選手の場合は練習を無断欠席するなど）
　②ワーカホリック（仕事中毒）（スポーツ選手の場合はオーバートレーニングや役割過負担など）
　③バーンアウト（燃え尽き）症候群

応に結び付かないような，ストレスマネジメントが求められている。スポーツ選手のキャリア形成に対して適切なスキル教育を提供することで，スランプに陥らずに競技に対するモチベーションを高めるような施策の構築が急務である。

　では，スポーツ選手のストレスとは，完全に取り去られなければならない存在なのであろうか。生理心理学の領域で有名なヤーキーズとドットソンの法則（Yerkes-Dodson's law）を紹介したい（図表9-4）。この法則は，学習活動に対する動機づけを図る際には，ストレスは適切なレベルにあることが必要であるとする理論であり，適度なストレスは人間の生産性や効率を高めるというものである（Yerkes & Dodson, 1908）。例えば，スポーツ場面を想像してみると，重要な試合の前には，選手は緊張や不安を抱えストレスフルな状況になる。しかしながら，このストレスこそが相手を打ち負かすエネルギーの源にもなる。まったくストレスのない（ストレスフリー）状態では，油断や慢心を引き起こして，選手はピークパフォーマンスを発揮できないといわれている。すなわち，過度なストレスは排除されるべきであるが，適度なストレスは心身を刺激する

図表9-4 ストレス強度と生産性の関係

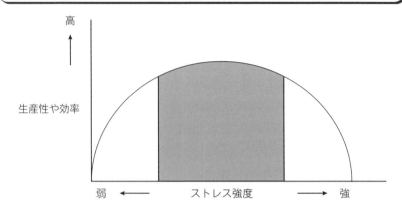

出所：Yerkes, R. M, & Dodson, J. D. 1908 The relation of strength of stimulus to rapidity of habit-formation. *Journal of Comparative Neurology and Psychology*, **18**, 459-482. より作成。

と考えるべきである。これこそが，まさにストレスマネジメントの考え方である。ストレスを単純に悪者にすることなく，自分なりに適切に管理しようとする姿勢が求められているといえる。

3-3 スポーツ選手のキャリアプラトーとスランプの違い

現在の企業社会では，ICT技術の急速な進歩と相まって習得したビジネススキルの陳腐化の速度は加速度的である。雇用環境の厳しさもフォローの風となり，企業は組織人としてよりも職業人としてのキャリアに比重を置く傾向にある。従業員は常に異動や転職などの環境変化に適応可能な就業能力（エンプロイアビリティ）の更新にエネルギーを消耗している。これはスポーツの世界でも同様である。ライバルとの試合で勝利するために，日々厳しいトレーニングに励みながら新しい技術や高い身体能力を維持・獲得している。ところが，どんなに厳しいトレーニングを積み重ねていても，結果が伴わないことも往々にしてある。そのような場合，「スランプ（slump：不振）」という言葉で片付けられてしまうことが多い。しかしながら，スランプとは明らかに一線を画す

不振の現象も存在する。

　そもそもスランプとは，スポーツや競技活動を継続する中で，数週間から数カ月間にわたり，パフォーマンスが明らかに低下する現象のことを指す。以前のような成績が上げられずに低迷してしまうのである。しかし，スランプとは初心者ではなく，ある程度以上のパフォーマンスを発揮することができる中級者や上級者が発現する現象である。スランプの原因についての科学的な根拠は明らかにされていないが，主に以下の２つが原因であると考えられている。第１は，身体的問題である。疲労の蓄積により過労状態に陥っている，または無意識のうちに栄養障害を引き起こし病気になっているなどの原因が考えられる。したがって，スポーツ選手がスランプに陥った場合には，健康状態を綿密にチェックするということが必要となる。そして第２は，精神的な問題である。競技生活に対する先行きの不透明さ，監督・コーチとの人間関係のトラブル，燃え尽き（バーンアウト）症候群，競技への不適応などが原因として考えられる。この精神的問題が原因の場合，選手本人に自覚があることが多く，適切なカウンセラーに相談することで対処する必要があろう。

　また，スランプとは明らかに異なる「プラトー（plateau：高原状態）」と呼ばれる不振の原因もある。ビジネスの世界におけるプラトーとは，「現在の職位以上に昇進が見込めずに，その地位に留まる横ばいの状態」を意味する言葉である。順調に向上してきた（成績が伴っていた）が，ある時点からパフォーマンスが停滞してしまうという現象である。いわゆる，学習曲線が平らになってしまい，横ばい状態が延々と続くのである。スポーツ選手のプラトーの原因としては，①パフォーマンス向上のためのトレーニング時間が少ない，②トレーニング方法がマンネリ化（陳腐化）している，③パフォーマンスの高レベル化に伴う「壁」の存在，④競技上での悪い癖に固着することによる成績停滞，などが考えられる。

　いずれにしても，スポーツ指導者は，スランプ（ないしはプラトー）の解決策を適切に講じることで，選手の競技ストレスは低減し，競技へのモチベーションが向上されよう。そのためには，指導者と選手とのコミュニケーションを綿密に図り，相互が理解しあうという関係性の構築が不可欠である。企業におい

てもスポーツの世界と同様に，従業員の成績不振の原因がスランプであるのか，それともプラトーなのかを見極める必要がある。そのうえで，企業の経営者や管理者は，マネジメント遂行上での適切な対策を講じることが求められており，スポーツの世界と同じである。

「軽々しく限界と口にするな。限界と未熟は違う」とは，野村克也氏（プロ野球のヤクルト，阪神，楽天の監督を歴任）の言葉である。なかなか思うような結果が出ずに悩んでいる選手へのコメントであろう。スポーツ選手だけではなく，仕事上の壁を打ち破れずにいるビジネスマンにとっても，その解決の糸口を探るうえでの大きなヒントが隠されているのではなかろうか。

第4節　スポーツ選手へのキャリア支援の統合モデル

近年，スポーツ選手のキャリアに対する議論が活発化し，スポーツ選手のキャリアデザインに関する研究の必要性が問われている。現役選手のうちから社会性や人間性を高め，プロフェッショナル意識を持ちながら引退後の人生計画まで設計することのできる選手の育成は社会的にも重要な課題である。やがて訪れる競技引退というキャリア・トランジションに向けて，みずからが主体的に準備を進めていく必要があるといえる。また，これまでのライフキャリアの大半を競技生活に捧げてきたスポーツ選手にとって，競技者から非競技者へのキャリア・トランジションは，精神的不安定をもたらす重大なストレス要因となり得るため，今後はスポーツ選手のメンタルヘルスのマネジメントまで視野に入れた統合的なキャリアサポートのあり方が求められるといえよう。

以下では，スポーツ選手の実践的なキャリアサポートのための3つの側面を明示し，統合モデルとして概説する（Mizuno et al., 2012）。プロスポーツ選手のキャリアを3つの側面から統合的に理解することにより，より実践的なキャリアサポートの視点を得ることが可能であると考えられるためである。まず，第1の側面は，プロスポーツ選手の辿ってきたキャリアそのものの理解である。これについては，役割卒業理論が有効な理論的な枠組みとなろう。第2の側面は，プロスポーツ選手が有するキャリア意識の理解である。キャリアを広義に

とらえた場合に，キャリア・アンカーを特定することが有効であると考えられる。そして第3の側面は，プロスポーツ選手のキャリア構築の妨げとなるキャリアを積み重ねていく中で直面するストレス（キャリアストレス）の理解である。

上記のように，プロスポーツ選手のキャリアの実態を3つの側面から統合的に理解する試みこそ，プロスポーツ選手のキャリア・サポートの知見の抽出を可能にするものと期待される。

以下では，以前に筆者が実施した上記3側面を統合的に検討することで，プロスポーツ選手のキャリアサポートの視点を見出そうとした調査結果の概要を述べたい。

4-1　キャリアに対する心理的過程（役割卒業理論の概念的な枠組み）

筆者は数年前，プロスポーツ選手のキャリアを理解するための理論として「役割卒業理論（role exit theory）」を援用した調査を行った（図表9-5）。役割卒業理論とは，プロスポーツ選手として組織に所属する前段階のステージ（Pre-Stage）から，引退後の新たな役割を創造するステージ（Stage 4）まで，段階的にキャリアに関する心理的状態を把握しようとする理論モデルである。このモデルを用いることによって，プロスポーツ選手がどのキャリアステージでどのような不安を感じ，どのようなプロセスを経てセカンドキャリアに移行していくのかに関して心理的側面から時系列的に理解することができる。本研究では，主に現役プロスポーツ選手を対象に調査を実施するため，プロスポーツ組織への所属前（Pre-Stage）から，いずれ訪れる引退というトランジション（Stage 3）までの各段階について役割卒業理論を援用しその心理状態を明らかにした。現役のプロ野球選手ならびにJリーグ選手にインタビュー調査を行った結果，プロスポーツ選手は，従来の役割を卒業し，次の新しい役割を取得するまでの移行期に多くの不安を抱えていることが明らかになった。

4-2　キャリア意識の測定（キャリア・アンカー理論とキャリア成熟理論）

プロスポーツ選手のキャリア意識の実体を明らかにするためには，シャイン（1975）のキャリア・アンカー理論が有益である。キャリア・アンカー（career

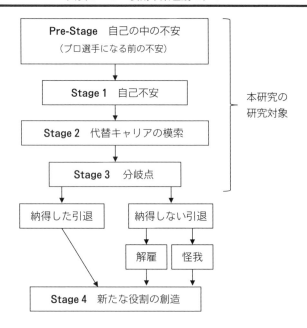

出所:Drahota, J. A. T., & Eitzen, D. S. 1998 The role exit of professional athletes. *Sociology of Sports Journal*, 15, 263-278. および Ebaugh, H. R. F. 1998 *Becoming an Ex : The process of role exit*. The University of Chicago Press. をもとに作成。

anchor)とは，どうしても犠牲にしたくない，また本当の自分を象徴する才能や動機，または価値観について自分自身が認識していることが組み合わさった自己イメージである。すなわち，キャリアの選択において，自分自身の拠り所となる概念であり，①専門・職能別コンピタンス（能力），②全般管理コンピタンス（能力），③自律・独立，④保障・安定，⑤起業家的創造性，⑥奉仕・社会貢献，⑦純粋な挑戦，⑧生活様式，の8つからなる。

　プロスポーツ選手のキャリア・アンカーの所在と特徴を明らかにし，その意識化を図ることは，彼らが新たなキャリア・デザインを形成する上で極めて有意義といえる。さらに，キャリア・アンカー概念と前述の役割卒業理論と併用

することで，キャリア・ステージに応じたキャリア意識のあり方を詳細に検討することが可能となる。図表9－5に示した役割卒業理論の中でも，とりわけプロスポーツ組織への所属前（Pre-Stage）から，いずれ訪れる引退というトランジション（Stage 3）までの各段階に焦点を当て，個人の動機，欲求，価値観，能力などの心理状態を明らかにすることが重要である。

　筆者の調査の結果として，移行期におけるキャリア・アンカーは1つに統合できず，複数のキャリア・アンカーの間に揺れ動きがあることが確認された。さらに，全体的な傾向としては「純粋な挑戦」と「専門・職能別コンピタンス」が上位のアンカーであったが，時間が経過するにつれて（Pre-Stage → Stage 3），「保障・安定」のキャリア・アンカーにも価値を置く可能性も示唆された。よって今後は，各スポーツ選手のキャリア・アンカーに対応した個別的なキャリア支援のあり方をキャリア・アンカーと役割卒業理論の観点から検討することの意義が証明された。

　また，プロスポーツ選手のキャリア意識の実体を明らかにするためのもう一つの理論として，スーパー（1980）の成人キャリア成熟理論を援用し調査を行った。キャリア成熟とは，これからの生き方，職業生活，余暇生活について，どの程度成熟した考えを持っているかを表す考え方である。さらに，本研究はキャリア成熟とスキル概念，キャリア・トランジションを併用することにより，各キャリア・ステージに応じたキャリア意識のあり方の詳細な理解を導くものであった。図表9－6は，キャリア成熟とスキル概念，キャリア・トランジションを用いた分析視角モデルである。とりわけ，キャリア・トランジションの時期ごとに各スキルの重要度とキャリア成熟度を明らかにした。

　JFLに所属するサッカー選手を対象に調査を行った結果，キャリア・トランジション時期が後期に進むにつれて，それぞれのスキルが高くなることが確認された。また，「テクニカル・スキル」，「ヒューマン・スキル」，「コンセプチュアル・スキル」の順でキャリア成熟が高くなることが明らかになった。さらに，キャリア・トランジションに伴う時間的推移と関連して，それぞれのスキルの重要性とキャリア成熟が高くなることが確認された。

図表 9-6 キャリア成熟度とトランジション時期

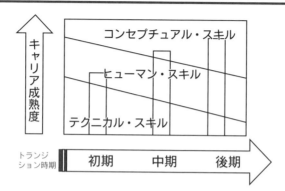

出所：井上真実・水野基樹　2010　日本フットボールリーグ（JFL）選手のキャリア・トランジションに関する研究―キャリア成熟とスキルの観点から―　順天堂スポーツ健康科学研究, 1(3), 400 から引用。
※高橋　潔　2007　Jリーガーがピッチを去るということ　Business Insight, 15(3), 16 を参考に作成された。

4-3　キャリア・ストレスの理解（バーンアウト理論）

　プロスポーツ選手のキャリア・サポートを展開する上で軽視できないキャリア・ストレスとそのサポートのあり方を検討することを目的とした。中でも本研究では，キャリア・ストレスの中でも燃え尽き（バーンアウト）症候群の問題に着目した[3]。

　プロスポーツ選手の予備軍ともいえる競技水準の高い大学生競技者を対象とした質問紙調査を行った。これは，プロスポーツ選手を研究対象としたときに，統計解析を実施することが可能なほどのサンプルの確保が困難であると判断されたからである。順天堂大学ハイテク・リサーチセンターの研究成果のひとつである気質・性格マーカーを用いてスポーツ選手のバーンアウトの特徴を検証したところ，バーンアウトに至るまでのプロセスは「課題への完璧性」と「他者への献身性」という2つの性格要因の有無で有意に異なっていることが確かめられた。すなわち，彼らのキャリア・ストレスに介入する上で「課題への完璧性」と「他者への献身性」に焦点を当てることは有意義であることが確かめ

られた。

　以上，キャリア発達段階，キャリア意識，キャリア・ストレスという3つの視座による理論に基づく調査は，少なくとも以下の結論を導き出した。

（1）キャリア発達段階の移行期に大きな不安が発生すると考えられるため，プロスポーツ選手へのキャリア形成に対する介入（支援）はキャリアの節目を迎える前の時期が適当である。
（2）キャリア発達段階，キャリア・アンカー，キャリア成熟度，ストレス気質の個人差が顕著であると考えられるため，プロスポーツ選手へのキャリア介入（支援）に際しては，正確なアセスメントと個別的な対応が重要となる。
（3）キャリア発達と並行してスポーツ選手のキャリア・スキルは向上すると考えられるため[4]，プロスポーツ選手がみずからキャリアを切り開く過程を見守るのも重要なスタンスである。

　上記3つの結論より，今後のスポーツ選手のキャリアの停滞を防ぐために，

図表9-7　本研究が目指す実践的キャリア・サポートのための統合的研究モデル

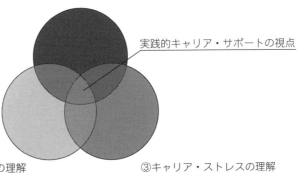

また現役中の競技へのモチベーションを向上させるためにも，キャリア発達段階，キャリア意識，キャリア・ストレスの3側面をバランスよく考慮した，実践的なキャリア・サポートの必要性が見出された．

第5節　スポーツ選手のキャリア停滞問題と今後の課題

「人生の節目となる瞬間は，自分でそれと分からない（We don't recognize the most significant moments in our lives when they happen.）」．これは，アメリカのハリウッド俳優であるケビン・コスナーが実在するMLBメジャーリーガー役を演じた映画「フィールド・オブ・ドリームス」における象徴的なセリフである．

5-1　スポーツ選手のセカンドキャリア問題の含意

ビジネスマンの定年後のキャリア問題と同様に，スポーツ選手にも引退という人生の節目（トランジション），いわゆるセカンドキャリア問題が大きく取り上げられるようになってきた．ただし，現実的にはスポーツ選手の節目におけるスムーズなキャリアの移行は簡単ではない．そこで，現在のスポーツ界では，選手の引退後の人生を支援するキャリア・サポートへの取り組みが盛んになってきている．

Jリーグでは，毎年約100人以上もの選手が，新たに契約を更新されずに，引退の憂き目にあっているという状況である．かような現況を鑑み，Jリーグ協会では，選手の第2の人生を支援するために，2002年にキャリアサポートセンター（CSC）が設置された．CSCでは，引退後の選手の受け入れ企業を探す，または現役中に将来設計に関するカウンセリングを実施したり，再就職に必要な資格取得への支援などが主なサービス内容である．また，プロ野球選手会においても，引退後に備えた就業体験（インターンシップ）を選手が現役中に経験する機会を提供するなど，選手の再就職支援（アウトプレースメント）に取り組んでいる．しかしながら，現役のJリーガーは，あくまでサッカー選手としてのキャリアに固執し，自分自身のセカンドキャリアに対して積極的に行

動を起こそうとする意識が希薄であった。加えて，スポーツ選手を対象とした民間の人材紹介会社の台頭などの影響もあり，CSC は 2012 年に惜しまれつつも廃止された。

　このように，セカンドキャリアをサポートし，第 2 の人生にソフトランディングできるようにするための支援制度は，多くの日本企業においても構築されつつある。一般的に，企業におけるセカンドキャリアといった場合には，大きく 3 つの意味が包含されよう。ひとつは，60 歳での定年を契機としたセカンドキャリアの模索である。社外への転身を図るか，社内にとどまり主に嘱託形態での雇用延長を選択するかというものである。また，60 歳からの転身が実質的には困難なときに，50 歳代で社外への転身を図り，60 歳以降の雇用情勢に向けて体制を整備するということも考えられる。培ってきたネットワークを活かして同一業界内で独立したり，新たに資格を取得して個人店を開業するといったケースである。さらに，40 歳代から 50 歳代にかけて，社内の他部門への異動を通じてセカンドキャリアを発達させるということも考えられよう。従業員のモチベーションを高めるために，自己申告に基づいた希望部署への異動を認める機運も高まっている。

　しかしながら，プロスポーツ選手には，企業とは異なるセカンドキャリアの背景が存在する。すなわち，みずからの引退の時期が不透明であるということである。選手としての体力や能力の限界を感じての主体的な引退を選択することは稀で，多くの選手の場合が予期せぬ（望まない）引退（自由契約）を告げられる。そこでは，セカンドキャリアへの移行をスムーズにすると同時に，将来の自分のキャリアを見通すことで現在の不安を低減させ，より高いレベルでの競技活動への自己投入を可能にすることが求められる。よって，引退後も社会で活躍する元選手が現役選手に対する役割モデル（模範）としてシンボリック（象徴的）に存在する必要がある。

　例えば，衆議院議員で文部科学大臣の馳浩氏（ロサンゼルス五輪レスリング代表）や参議院議員の橋本聖子氏（アルベールビル五輪スピードスケート銅メダリスト）のように政界に活躍の場を求めるケースもあれば，2020 年東京五輪の開催に向けて 2015 年 10 月 1 日に発足したスポーツ庁の初代長官に就任した鈴木

大地氏（ソウル五輪水泳金メダリスト）のようなキャリアもある。また，大学の教員として学術界でスポーツ科学の研究に従事する，中学校・高校・大学の教員となり後進の育成・指導を担うというケースもある。筆者が勤務する順天堂大学でも，原田睦巳氏（シドニー五輪体操代表）や冨田洋之氏（北京五輪体操金メダリスト）が教員として，五輪選手を数多く育成・輩出している。また，ごく一部のトップアスリートの稀なケースとして，タレントやテレビ解説者になることもある。このようなセカンドキャリアの成功事例の蓄積がスポーツ界の健全な発展にとって不可欠である。いずれにしても，スポーツ選手が豊かなセカンドキャリアを実現するためには，現役中から引退後のキャリアについての意識を高いレベルで持ち，社会的な文脈の中で（社会人として）競技活動を行うという姿勢が求められよう。

　高齢化が進展する昨今，60歳定年からの人生を余生と呼ぶのは，もはや相応しくない。社会全体でセカンドキャリアに対する議論に真摯に向き合う時期が到来しているのである。また，少子化で減少する若年労働力の代替として，女性や高齢者の積極的活用も望まれている。若年齢においてセカンドキャリアの選択に直面するスポーツ選手のキャリア・サポート制度の充実は，社会全体のセカンドキャリア問題の良いモデルとなり，国民に勇気と活力を与えてくれよう。

5-2　スポーツ選手のキャリア停滞を解消するための方策

　スポーツチームに対する組織的介入の方法として組織開発のひとつの技法である「チームビルディング（team building）」が着実に注目を集めている。集合研修の手法は数多く存在するが，トレーニング研修効果や研修参加者の満足度の観点から，参加型手法を採用するチームビルディングを実施する組織が増加しているのである。その際には，スポーツ心理学や組織心理学を専門とするプロのファシリテーター（変革推進者）が空間を効果的にマネジメントする役割を演じながらトレーニング研修が展開されることが多い。とりわけ，日本代表チームや全日本チームなどの選抜型チームを編成する場合，早期に選手同士の一体感を醸成して，チームに対するコミットメントを高めるためには有効な方法である。また，学生スポーツにおいては，最上級生が引退して新チームが

誕生するタイミングでの実施が効果的である。このような組織的介入は，選手に個別的なカウンセリングを実施するなどの個人的介入と併用することで，より大きな効果が発揮されるといわれている。

　一般的に，チームビルディングとは，組織変革を実現するための組織開発プログラムに依拠したものであり，「行動科学の知識や技法を用いて，チームの組織的能力を向上させ，激変する外部環境への適応力を増すことを目的とした一連の介入方略」であると定義されている（土屋，2008）。集合体（人間・環境）の全体的性質（集合性）の動態を研究するグループダイナミクス（集団力学）の考え方を応用し，個人間のコミュニケーションや意思決定メカニズムなどに焦点を当てる人間行動の科学である。

　この組織開発に代表される組織的介入の技法は，スポーツ選手（競技者）としての自己を確立することを目的として，自己理解を深化することで認知構造を変革させ，心理的な内的支配力（意志力や深層心理）の強化を実現するための技法として有効であり，スポーツ選手のキャリア教育にも応用されている。いわゆる，キャリアの停滞に直面しても，それに打ち勝つ力であるレジリエンスやハーディネスを獲得することが期待される。よって，組織的介入によるキャリア教育（支援）への取り組みも指導者には望まれる。

　また，今後のスポーツ組織のキャリア教育においては，ストレスをコーピングするための円滑なコミュニケーション活動の促進という観点から，チーム全体が組織的なサポート体制を構築するということが重要となる。例えば，フォーマルなサポートとしては，選手のトレーニング内容を管理（トレーニングの質と量の調整）する，選手へのキャリアカウンセリングの提供，定期的なチーム内でのキャリア教育の実施などが挙げられよう。組織内外の専門家への相談を通じたコンサルテーションなども考えられる。また，肯定的・支持的なチーム内の付き合いや競技者以外（家族や友人）の支援といったインフォーマルなサポートも有効である。

　いずれにしても，チームの内外でのコミュニケーションを円滑化して，個人的なストレスコーピングに向けたキャリア支援を行っていくことが重要である。そのためには，組織開発の技法を中心とした組織的介入を実施していくことが，

今後のスポーツ選手のキャリアを総合的に考える上では必須の視点となる。

5-3 スポーツ選手のキャリア問題全体の方向性と課題

　変化の激しいスポーツ選手のキャリアを考える際の有効な研究アプローチのひとつに，クランボルツ（Krumboltz, J. D.）が提唱する「計画的偶発性理論（Planned Happenstance Theory）」がある。この理論では，キャリアの80％は予期せぬ偶然の出来事によって支配されることから，「偶然に起きる予期せぬ出来事からもキャリアは形成され開発されるものである」と考える。また，クランボルツは，人間は「学習し続ける存在」であり，新しい行動を獲得したり，これまでの行動を変容したりしていくことが可能であると強調しており，予期せぬ出来事を柔軟に受け止め，積極的にキャリア形成に活用することの重要性を説いている。スポーツ選手のように突然のキャリアの終焉を迎えざるを得ない状況において，偶然にもたらされた機会をみずからの主体的な努力によってキャリアに活かしていくことは，一見すると非合理的に感じられる。しかし，スポーツ選手の現実的なキャリア停滞や将来的なキャリア選択にもつながると考えられる。この計画的偶発性理論は，いかに完璧に職業準備をしていても，結局は必然的な偶然によってキャリアは形成されていくという視点に立っており，非合理的な意思決定の妥当性を前提とした理論である。

　米国のプロゴルフ選手であるアーノルド・パーマー氏による「面白いことだが，練習すればするほど，幸運に恵まれることが多い」という言葉は，まさにキャリアの変化が顕在化する以前の日常から能動的にキャリアのストレッチング（開発）を行っていくこと，すなわち競技活動で経験するキャリアの停滞に一喜一憂することなく，中長期的な視野で自分自身のキャリアを計画的につくり上げていくことの重要性を示唆している。また，プロテニス選手の杉山愛氏（アトランタ五輪テニス代表，ウィンブルドン・全米オープン優勝）も「コートの上で的確な状況判断をする秘訣は，すごく単純なのですが，普段の生活で正しい判断をすることです」と語っている。日常生活での些末な出来事に憂うことなく，自然体でキャリアをストレッチングするという意識を持つことの重要性が伝わってくる。冒頭で紹介した桑田真澄氏（元読売ジャイアンツ）の「1年間だ

けじゃだめです。一生です。僕は一生のスケジュールを立てています」という言葉の含意も，キャリアの停滞は長い人生における一時的な心理的状態であり，人生全体におけるキャリア設計の重要性を明示している。

そして最後に，今後のスポーツ選手のスムーズなキャリア形成のためには，ダイバーシティ（多様性）をマネジメントするという姿勢がスポーツ選手とスポーツ組織の双方にとって必要であることも付言しておきたい。ダイバーシティとは，性別，人種，国籍，宗教など，異なる背景や価値観を持つ人々が一緒に活動することで相乗効果を高めていこうとする考え方である。例えば，なでしこジャパンは，日本中にブームを巻き起こしたサッカー女子日本代表チームであるが，生活のためにアルバイトをしながら競技を続けている選手が数多くいる。同じ種目であるにも関わらずサッカー男子日本代表チームでは皆無である。また，プロ車いすテニス選手の国枝慎吾氏などの活躍によって，障害者スポーツの世界的なスポーツ祭典であるパラリンピックも徐々に注目を集めている昨今，健常者だけではなく，障害者スポーツ選手も含めたスポーツ界におけるキャリアの議論が必要な時期が到来している。さらに，黒人のスポーツ選手のキャリア差別に対する議論も世界的に広がりつつある（Pate, 2015）。このように組織内の多くの異なる属性の存在を能動的に受け入れて，自分自身のキャリアに活用すべきであるという研究も展開され始めている。まさに，組織におけるフォルトライン（断層線）を理解して，ダイバーシティを活用しながらキャリアを開発していくという視点がキャリアの停滞を克服するうえで求められるであろう。

第6節　事例によるキャリアの停滞とキャリア・トランジション

本節では，世界のトップアスリートの事例を用いて，どのようにしてスランプやキャリアプラトーを克服し，スポーツ選手として成功したのか。また，引退後のセカンドキャリアへ移行する過程（キャリア・トランジション）でどのような心理的な葛藤や揺れ動きがあったのかを述べていきたい。

男性のトップアスリートの事例として元競泳選手の鈴木大地氏，女性の事例として元プロテニス選手の杉山愛氏を取り上げる。二人の共通点は，キャリア

の停滞を乗り越えるために人生レベルでの目標設定を行い，自分自身のキャリア形成へのモチベーションを高めてきたという点である。そして，良いコーチのメンター（助言者）としての存在も見逃せない。そして何よりも，「挫折こそ人生の糧（鈴木氏）」と「ピンチはチャンス（杉山氏）」という言葉に象徴的に表されているように，アスリートとして経験したキャリアの停滞を人生全体の文脈において前向きにとらえているという姿勢である。

6－1　男性のトップアスリートの事例：鈴木大地氏（スポーツ庁初代長官）

　1984年のロサンゼルス五輪に初出場し，1988年のソウル五輪では男子100メートル背泳ぎで激闘の末に金メダルを獲得した。スタートから30メートル程度を潜水するバサロ泳法を駆使して，日本の競泳選手としては当時16年ぶりの金メダリストとなった。引退後は，順天堂大学スポーツ健康科学部の教授を務める傍ら，2013年には史上最年少の46歳という若さで日本水泳連盟会長に就任するなど数多くの要職を務めている。

　以上，順風満帆な競泳人生を送り，見事なセカンドキャリアを実現したように映るが，その陰では度重なるスランプや怪我などのキャリアの停滞に悩まされてきた。1985年に将来を嘱望された競泳選手として大学に入学するも，その冬にオーバートレーニングやストレスが原因による腰痛で歩行も困難な状態に陥り，1986年は半年ほど泳げない時期が続いた。しかし，大学入学以前から一貫して指導を受けてきたコーチの鈴木陽二氏のサポートもあり，寝たきりの状態になってから3カ月後に復帰する。「挫折こそ人生の糧」と自分にいい聞かせ，怪我をしている期間に集中的にメンタルトレーニングに打ち込み，その後のソウル五輪での金メダル獲得へと繋がったのである。

　ただし，次のバルセロナ五輪の直前には，また大スランプに陥り，3大会連続での五輪出場を逃してしまう。鈴木（2014）は，「本来であれば，ソウル五輪で金メダルを目指しているときから，その後の人生プラン，それもライフワークとなるべきものを考えておく必要があったのです。（中略）人生はいつの時点でもチャレンジしなくてはいけません。目標に向かって歩みを進めるべきなのです。（中略）それができなかった僕は，後に大きなツケを払わされること

になりました」と回顧的に述べている。役割卒業理論の「Pre-Stage（プロ選手になる前の不安）」の段階で将来を展望しないまま競泳活動を続けた結果，人生全体での行動計画や目標の設定が困難になったと推察される。そして，1992年のバルセロナ五輪代表選手選考会の直前に行われた国内の強化合宿で，女子中学生の稲田法子選手に50メートル背泳ぎで負けたことが契機となり引退を決意する。「Stage 3（分岐点）」を迎え，不安や葛藤を抱えながら納得しない引退を余儀なくされたのである。

　引退後の1988年からはハーバード大学のゲストコーチになり，帰国後に順天堂大学の水泳部の監督に就任する。またコロラド大学の客員研究員として留学も経験し，世界オリンピアンズ協会の理事に就任してからは，「人生の流れに身を任せる」という考えを持つようになる。「現役を退いた後，順天堂大学で教職に就いたこと，（中略）そして世界オリンピアンズ協会の理事になったこともそうです。すべて人生の流れ，言ってみれば運命です。しかし，だからこそ，人生の流れに逆らうことなく，一生懸命にトライするしかないと思っています。（中略）人生の流れに身を任せて頑張る。それが自分の人生を上手く活かせる方法なのだと」と述べています（鈴木，2014）。大学の教員としての校務だけではなく，研究活動では医学博士号の学位を取得し，五輪金メダリストとしての社会貢献活動にも意欲的に取り組んでいる。クランボルツの計画的偶発性理論に依拠するならば，日常から能動的かつ自然体でキャリアの形成を意識していると解釈できる。

　2013年には日本水泳連盟会長に就任し組織改革を断行する。その翌年には財務体質が劇的に改善し長年の課題であった連盟の黒字化を実現した。その手腕が認められ，2015年にはスポーツ庁の初代長官に就任する。現役中や引退後に試行錯誤を経験しながらも，「挫折こそ人生の糧」と「人生の流れに身を任せる」という信念のもと，「Stage 4（新たな役割の創造）」を見事に実現したといえる。

6－2　女性のトップアスリートの事例：杉山愛氏（スポーツキャスター）

　元プロテニス選手である杉山愛氏は，2009年の引退までに17年間のプロツアーを転戦した。女子プロテニスを統括する女子テニス協会（WTA）による

最高世界ランクはシングルスで8位，ダブルスは1位であり，国際テニス連盟（ITF）が定めたグランドスラム（全米オープンテニスやウィンブルドンテニスなどの4つの国際大会）では，女子ダブルスで3度の優勝と混合ダブルスで1度の優勝を成し遂げている。グランドスラムのシングルスでは，連続出場62回という世界記録も樹立し，またアトランタ五輪をはじめとする五輪には4回連続で出場している。引退後はスポーツキャスターとして活躍する傍ら，ジュニア世代の選手育成にも積極的に携わっている。

　以上，輝かしい戦績を残してきた杉山愛氏であるが，ダブルスで世界ランキング1位になった2000年にテニス人生で最大のキャリアの停滞に陥ることになる。杉山（2014）は，この状況を振り返り，「ダブルスでは勝ち残れても，シングルスでは敗けが続いていました。当時の私は自分のテニスを見失っていました。それこそボールの打ち方さえわからなくなり，精神的にもグチャグチャになっていたのです」と述べている。当時，マイケル・デヨング氏がコーチに就いており，幼少期より杉山愛氏にテニス指導をしていた母親の杉山芙沙子氏はコーディネーターとしてチームに関わっていた。大スランプに陥り試行錯誤を繰り返していた杉山愛氏は，海外遠征中に母親へ国際電話をかけて助言を求めた。そしてすぐに母親は遠征先まで駆けつけ，マイケル・デヨング氏に代わり正式なコーチに就任することになる。これを契機にして，再スタートを切ることになるが，心から信頼できる指導者の存在について，杉山（2014）は，「自信を失い，グチャグチャな精神状態で…（中略）真っ暗闇の中でポッと小さく照らされた光のように思えました。自分自身でさえ信じられないのに，母は私のことを信じてくれているという事実，強い信頼関係，家族としての思いやりや愛情，コーチとしての明確さ，強さ…」というように述べている。ソーシャルサポート研究の成果にあるように，自分を取り巻く重要な他者の存在によって，ストレスに直面しても乗り越えるだけの抵抗力が発揮される。まさに母親がメンターとなり杉山愛氏の「精神力」が獲得され，その後のプロテニス選手としてのキャリア形成に大きな影響を及ぼしたことは，「私は25歳の頃に大きなスランプを経験したのですが，それはテニス人生のターニングポイントでもありました。そこから，物事の捉え方や考え方が大きく変わり，自分と向

き合えるようになったのです。また，自分が今，何をすべきかについて考えられるようにもなりました。スランプを経験したことで，選手として前進できるようになったのでしょう」と述べていることからも明らかである。

　また，杉山愛氏は，現役時代から引退後においても，自分自身の人生設計を中長期的なスパンで考え，キャリアを積み重ねている。「引退後は少しのんびり過ごし，充電しようとも考えていたのですが，実際にはいろいろな仕事のお話を頂くことができ，…(中略)　私はこのまま時間が過ぎていったら，自分を見失いそうで怖いなと感じるようになりました。でもそんな時，10年単位で人生設計をしている人がいることを知りました。(中略) 1年単位ではなく，10年単位で考えればいいんだと気づき，気持ちがラクになりました」と述べており（杉山，2014），引退後も仕事以外のあらゆる局面で中長期的な計画を立てることで充実したセカンドキャリアを獲得している。

　そして，筆者が杉山氏本人に対して，これまでのスランプやその克服方法について直接尋ねたところ，「働く人のキャリアの停滞」に対する熱いエールとも思える以下のような言葉が返ってきた。キャリアの停滞に悩む多くの人々にとって大いに参考になるであろう。

「私にとって2000年のスランプを乗り越えたことはテニス人生の中でも1番大変な時期となったと共に，人間として成長させてもらったと振り返ります。スランプでは「飛んでくるボールが恐い」「打ち方が分からない」「自分のテニスが分からない」という最悪な状態になり，負け続けた結果，テニスを4歳で始めて以来，初めて辞めたいと思った時でもありました。

　しかし，母がコーチについてくれたことをきっかけに，再スタートを切り，スランプ脱出に向けて色々新たに試みました。変えたことはメインに5つあり，①コーチ②打ち方③トレーニング④遠征の回り方⑤考え方・思考を新たに，自分の選手生活を全うできるように再スタートを切りました。特に大きかったのは⑤の考え方・思考で，今までは結果に焦点が当たり過ぎていたり，結果に一喜一憂していた部分が多かったのですが，物事を取り組むプロセスに目を向けるようにしました。精神的に成長しないと，これから先はないと思ったからで

す。「テニス＝仕事」を通して自分と向き合い，自分探し，自分磨きしようとスタートさせました。

　スランプがあったからこそ，初心に戻り，全てを変えて再スタートを切ることができました。スランプから3年後に自分の夢であった世界トップ10に入ることができたことを考えると，正に「ピンチはチャンス」ということが言えるのではないかと思っています」。

【注】
1) キャリア（career）とは，単なる職業生活だけを意味するのではなく，ある個人が生涯にわたって社会に対して果たす役割の連鎖であり，それを主体的に管理するのがキャリアマネジメントである。キャリアマネジメントには，個人が自分自身のキャリアをマネジメントして豊かな人生を築くという側面と，組織が従業員個人のキャリアをマネジメントすることで組織の目標を達成するという2つの側面がある。
2) 米国のKobasa（1979）が提唱した「ハーディネス（hardiness）」概念とは，高いストレス負荷が掛かっても精神的な健康が維持される性格特性のことである。①人生のさまざまなライフイベントに積極的に関与しようとする「コミットメント」，②周囲で起こる出来事に影響力を行使しようとする「コントロール」，③安定的な環境よりも変化を求める「チャレンジ」の3つの要素から構成される。また，ハーディネスと近似する概念として「レジリエンス（resilience）」概念も精神的な強さを示すものとして注目されている。レジリエンスとは，「困難に打ち勝つ力」や「挫折や逆境から回復する力」などを意味する概念である。日本語訳としては，「精神的回復力」というのが一般的である（水野, 2012）。スポーツ選手の場合には，日々の厳しいトレーニングを繰り返すだけの忍耐力が求められる。さらには，実力通りの結果が出ないスランプや頭打ちの状態であるプラトー状況では，このハーディネスやレジリエンスの強さが必要となってくるであろう。
3) 田尾・久保（1996）は，燃え尽き（バーンアウト）症候群とは，一時的に休息すれば回復するというような身体的な疲労とは区別されるべきであるとしている。
4) Katz（1955）は，管理者に必要なスキルとして，①テクニカル・スキル（technical skill），②ヒューマン・スキル（human skill），③コンセプチュアル・スキル（conceptual skill）の3つのスキルから構成されるモデルを提唱した。スキルとは，持って生まれた天賦の性格や資質ではなく，開発可能な能力を示し，ポテンシャルで

はなく発揮された能力のことを指す。これら3つのスキルの相対的重要度は，管理レベルによって変わると示されている。ローワーマネジメントは「テクニカル・スキル」と「ヒューマン・スキル」が，ミドルマネジメントでは「ヒューマン・スキル」と「コンセプチュアル・スキル」が必要となってくる。トップマネジメントにあたっては，「コンセプチュアル・スキル」が最も重要となり，「テクニカル・スキル」の必要度は低くなるとしている。

引用文献

Adler, P. A., & Adler, P. 1991 *Backboards and blackboards : College athletics and role engulfment.* Columbia : The Columbia University Press.

Drahota, J. A. T., & Eitzen, D. S. 1998 The role exit of professional athletes. *Sociology of Sports Journal,* **15**, 263-278.

Ebaugh, H. R. F. 1998 *Becoming an Ex : The process of role exit.* The University of Chicago Press.

Feigley, D. A. 1984 Psychological burnout in highlevel athletes. *Physician and Sports Medicine,* **12(10)**, 109-119.

Hall, D. H. 1976 *Careers in organizations.* Santa Monica, Calif. : Goodyear.

井上真実・水野基樹 2010 日本フットボールリーグ（JFL）選手のキャリア・トランジションに関する研究―キャリア成熟とスキルの観点から― 順天堂スポーツ健康科学研究, **1(3)**, 399-404.

金井壽宏 1997 キャリア・デザイン論への切り口―節目のデザインとしてのキャリア・プランニングのすすめ―. Business Insight, **5(1)**, 34-55.

Katz, R. L. 1955 Skills of an effective administrator. *Harvard Business Review,* **33(1)**, 33-42.

岸 順治・中込四郎 1989 運動選手のバーンアウト症候群に関する概念規定への試み. 体育学研究, **34**, 235-243.

Kobasa, S. C. 1979 Stressful life events, personality, and health : An inquiry into hardiness. *Journal of Personality and Social Psychology,* **37**, 1-11.

Krumboltz, J. D., & Levin, A. S. 2004 *Luck is no accident : Making the most of happenstance in your lifeand career.* Atascadero : Impact Publishers（花田光世・大本紀子・宮地夕紀子 [訳] 2005 その幸運は偶然ではないんです！ ダイヤモンド社）

Lepak, D. P., & Snell, S. A. 1994 The human resource architecture : Toward a theory of human capital allocation and development. *Academy of Management Review*, **23**, 31-48.

丸山富雄 1984 幼児のスポーツ参加と両親の影響（第2報）：スポーツ教室参加者と非参加者との比較考察 仙台大学紀要, **16**, 19-27.

水野基樹 2004 新しい働き方を探る（11）―セカンドキャリア― 労働科学研究所（編） 労働の科学 労働科学研究所出版, **59**(11), 53.

水野基樹 2006 新しい働き方を探る（21）―キャリアプラトー― 労働科学研究所（編） 労働の科学 労働科学研究所出版, **61**(8), 52.

水野基樹・山田真行・井上真実 2007 プロスポーツ選手のキャリア・トランジションとは？―人類働態学からの再考の試み― 人類働態学会編 働態研究の方法.

Mizuno, Motoki et al. 2007 An empirical study on work stress and health conditions of Japanese nurses. *Journal of Health and Sports Science*, **11**, 58-63.

水野基樹 2009 医療・看護労働 産業・組織心理学会（編） 産業・組織心理学ハンドブック 丸善, 396-399.

水野基樹 2009 企業に生かすスポーツ心理学（10）―成績不振の原因とは？（スランプとプラトーの違い）― 労働科学研究所（編） 労働の科学 労働科学研究所出版, **64**(1), 55.

水野基樹 2012 集団スキル教育 石井源信・楠本恭久・阿江美恵子（編） 現場で活きるスポーツ心理学 杏林書院, 209-214.

Mizuno, Motoki et al. 2012 Construction of the integrated model for practical career support to the professional athletes. *Work : A Journal of Prevention, Assessment and Rehabilitation*, Vol. 41 Supplement 1, 5767-5768.

水野基樹 2014 スポーツマネジメント 田中菊子（編）スポーツ科学概論―スポーツ・健康運動指導の基礎知識― 創成社, 123-147.

奥田愛子・中込四郎 1993 スポーツマン的アイデンティティの志向性と職業決定行動との関係 体育學研究, **37**, 393-404.

Pate, R. 2015 *The way of the athlete : The role of sports in building character for academic, business, and personal success.* Skyhorse Publishing.

Petitpas, A., Champagne, D., Chartrand, J., Danish, S., & Murphy, S. 1997 *Athlete's guide to career planning : Keys to success from the playing field to professional life.* IL : Human Kinetics（田中ウルヴェ京・重野弘三郎［訳］ 2005

スポーツ選手のためのキャリアプランニング　大修館書店).

Schein, E. H. 1978 *Career dynamics. Mass.* Addison Wesley.

Selye, H. 1956 *The Stress of Life.* McGraw-Hill.（杉靖三郎ほか［訳］1974　現代生活とストレス　法政大学出版局).

Silva, J. M. 1990 An Analysis of the training stress syndrome in competitive athletes. *Journal of Applied Sport Psychology*, **2**, 5-20.

杉山　愛　2012　勝負をこえた生き方　トランスワールドジャパン.

Super, D. E. 1980 A life-span, life-space approach to career development. *Journal of Vocational Behavior*, **16**, 282-298.

鈴木大地　2014　僕がトップになれたのは，いつも人と違うことを考えていたから　マガジンハウス.

高橋　潔　2007　Jリーガーがピッチを去るということ　Business Insight, **15**(3), 164-21.

高橋　潔　2010　Jリーグとビジネスの接点　高橋　潔（編）Jリーグの行動科学　白桃書房, 1-17.

田尾雅夫・久保真人　1996　バーンアウトの理論と実際―心理学的アプローチ―　誠心書房.

豊田則成・中込四郎　1996　運動選手の競技引退に関する研究：自我同一性の再体制化をめぐって　体育学研究, **41**, 192-206.

豊田則成・中込四郎　2000　競技引退に伴って体験されるアスリートのアイデンティティ再体制化の検討　体育学研究, **45**, 315-332.

土屋裕睦　2008　チームビルディング　日本スポーツ心理学会（編）スポーツ心理学事典　大修館書店.

山田泰行　2007　大学生アスリートのキャリア・トランジションとストレス　岸田孝弥（監修）久宗周二・水野基樹（編）実践　産業・組織心理学―産業現場の事例を中心にして―　創成社, 240-254.

山田泰行・岡　康大・川田裕次郎・水野基樹・広沢正孝　2009　大学生競技者に生起するネガティブ・スピルオーバーと抑うつの関連性，順天堂医学, **55**, 502-510.

Yerkes, R. M., & Dodson, J. D. 1908 The relation of strength of stimulus to rapidity of habit-formation. *Journal of Comparative Neurology and Psychology*, **18**, 459-482.

終　章
働く人のキャリアの停滞について 何がわかってきたか

　本書の各章では，多様な観点からキャリアの停滞について検討してきた。本章では，それらの結果をまとめるとともに，共通点や相違点からわかってきたことを明らかにしていく。さらに，これからの時代を生きていく人々，そして人々が所属している企業などの組織が，キャリアの停滞という事態にどのように対処していくべきかについての対策とキャリアの停滞についての今後の研究の課題を提示していきたい。

第1節　キャリアの停滞やそれに対する対策として わかってきたこと

1-1　キャリアの停滞の多様な形
　働く人のキャリアの停滞には多様な形があることがわかってきた。もともと，キャリアの停滞の研究は，組織において将来の昇進の可能性が低下するというキャリア・プラトー現象（階層プラトー現象）から始まった。その後，働く人のキャリアの発達は昇進だけではなく，必ずしも昇進を重視するとは限らない専門職や自営業の人々のキャリアが注目されるようになった。そして，仕事の挑戦性（やりがい）の停滞（内容プラトー現象）が検討されてきた。さらに，昇進と仕事の挑戦性の両方が停滞するという状況も注目されるようになってきた（第1章）。
　次に，昇進以外の配置転換の観点からみたキャリアの停滞として，中心方向への移動の停滞が挙げられた。管理職位をやみくもに増加させることが困難な多くの企業では，昇進の代わりに，金融機関における営業店から本部への異動

にみられるような，企業のトップがいる中心に近づけるという中心方向への移動（配置転換）が活用されてきた。実態調査の結果，役員に就任できなかった人の多くは，中心方向への移動がみられないことが明らかにされた（第2章）。また，トップがいる中心に近づくというだけでなく，現在以上の責任が与えられる可能性が将来的に低いという状態も，中心方向への移動の停滞ととらえられる（第6章）。責任が重い仕事はイメージ的には嫌われがちかもしれない。しかし，逆にまったく責任のない仕事とは，いい換えれば誰が担当しても大差ない，職場に影響のない仕事を意味し，重視もされない。また，責任と権限とは裏腹であり，権限も与えられないことが多い。現在以上の責任が与えられる可能性が低いということはキャリアの停滞を意味する。

さらに，キャリアの初期に特徴的にみられるキャリアの停滞として，上昇がこれからも見込めるにもかかわらず，キャリアへの関心がないという状態（キャリア・ドリフト）も明らかにされた（第3章）。同時に，目標になる人が会社にいない等，将来に関する不透明感を抱きやすく，それに対し不満を持つことが多い，キャリア・ミスト（キャリアの霧）というキャリアの停滞も示された（第4章）。

以上のように，キャリアの停滞は時期や対象によって多様な形態がみられる。しかし，一見多様にみえるが相互に関連性がみられるキャリアの停滞もある。例えば，仕事の挑戦性の停滞（内容プラトー化）とキャリア・ドリフトである。すなわち，入社初期から起こる仕事への慣れや飽きがキャリア・ドリフトをもたらすことと，ある程度の期間，仕事を担当し続けることで仕事をマスターし，新たな挑戦やワクワク感を感じられなくなることは似ている。これら2つを考え併せると，仕事を担当し続けマスターすることによる慣れや飽きによって，新たな挑戦やワクワク感が感じられなくなり，それが，キャリアへの関心のなさにつながり，さらにモチベーションを低下させるなど，キャリアの停滞による悪循環のスパイラルに落ち込む可能性が考えられる。この場合，いずれかの時点でそれらの関係を断ち切ることが必要である。

キャリアの停滞は進行することで，変化する可能性があることもわかってきた。本人がキャリアの停滞を認め，自覚するまでの過程は，理性的対応段階，

抵抗段階，服従段階と進行する（第1章）。それとも類似し，キャリアの停滞の進行に対応して，見通し不全型の停滞から意欲喪失型の停滞へ変化するプロセスが示された。昇進につながる成果を挙げる可能性は低いが，捨ててはおらず，環境が変われば可能かもしれないと考えるような状態（見通し不全型）から，環境を変えようとする試みが失敗，または新しい環境下でも昇進できなかった場合，あきらめてしまう状態（意欲喪失型）に変化するというものである。このプロセスには，キャリアの停滞が長期化した場合，よりマイナスの影響をモチベーションに与える可能性が示されている（第5章）。

　しかし，キャリアの停滞自体は，必ずしもすべての状況で問題であるわけではないこともわかってきた。現在の日々の仕事に全力を尽くしていることで充実感を得ていると同時に，それによってキャリアへの関心が薄れるということもある。つまり，本人の観点からは，停滞していたことをその後，自分のキャリアの中でどのように位置づけるかが重要である。組織の観点からは，停滞が社員にマイナスに影響して，モチベーション，業績低下や退職に結びつくことこそが問題であり，そうならないような対策が必要なのである。

1－2　キャリアの停滞の時期

　キャリアの停滞は，個人差があるにせよ，一体いつ頃から発生し，（終わるとすれば）いつ頃終わるものなのだろうか。キャリアの危機といわれる中年期以外の多様な時期に発生し，早い時期に抜け出すタイプもあることがわかってきた。

① キャリア初期から中期にかけて

　最も早い時期の停滞がキャリア・ドリフトと考えられる。キャリア・ドリフトには極端にいえば一通り仕事を覚えた入社2，3年目以降には陥る可能性がある。そして，ほとんどの人は30歳という年齢としての節目を迎える頃には，「このままでキャリアが流されていて良いのだろうか」という危機感から，キャリア・ドリフトから脱しキャリアへの関心を持つことになる（第3章）。このように，この時期のキャリアの停滞は永続的に続かず，終焉を迎えることが多

い。「はしか」や「水ぼうそう」のようなものかもしれない。

② キャリア中期（中堅社員の時期）

他方，職場において仕事の挑戦性の停滞を感じやすいのは中堅社員以上であり（第1章），看護職でも中堅であることがキャリアの停滞と関係していることが示された（第7章）。また，（能力の限界からみた）技術者のキャリアの停滞は，31歳以降に陥る人が増加し，特にキャリアの危機といわれる中年期（例40歳代）で急増する訳ではないことも示された（第8章）。このように，キャリアの停滞が中堅社員の時期に起こりやすいこともわかってきた。

近年，組織のフラット化が進行し，管理職階層が削減されてきたことは前に触れた。このことは，以前より組織において「中堅層」，「中堅社員」と呼ばれる人々が増えてきたことを意味する。仕事は覚えた，いくつかの部署も経験した。しかし，年齢的に中年ではないという人々である。多くの組織でこうした人々の処遇をどのようにしていくかが，キャリアの停滞の観点からみても重要であることがわかってきた。また，こうした仕事の停滞は，組織における異動や仕事の変更が関係するため，次の中年期でも発生し得る。

③ 中年期

キャリアの停滞，とりわけ昇進の停滞は，キャリア中期以降，特に40歳代等の中年期に深刻になることが想定されてきた（第1，5章）。また，モチベーションなどが40歳代を境に下降する，「技術者40歳定年説」などにみられるように，中年期にキャリアが停滞する可能性が明らかにされてきた。しかもそれは，わが国で特にいわれることが示された（第8章）。少なくとも，1つまたは複数の分野で仕事を一人前にこなせるようになった中年期の人々にとって，仕事そのものによるモチベーションの向上は容易ではないだろう。仕事ができて当然と周囲からもみられていることから，若い社員と比べて，仕事による成長実感も得にくい。同時に，よほど飛び抜けていない限り，成果が組織から認められる機会も少なくなると考えられる。これも中年期で仕事の挑戦性の停滞（内容プラトー化）がみられやすい一因となっている。つまり，中年期の内容プ

ラトー化には、若年層ほど得られなくなる成長実感が関わっていることがわかる。しかし、昇進の停滞がみられる場合でも、チャレンジングな仕事を与え、それによる成長を実感できることがモチベーションを高めることが示されている。つまり、昇進のかわりに仕事内容で報いることが中年期においても重要なのである。

全体として、昇進の停滞はより遅い時期に、その他のキャリアの停滞はより早い時期に発生しやすいことがわかってきた。

1-3 キャリアの停滞の原因

社員の高齢化や組織のフラット化等の社会や組織の構造的な要因以外に、キャリアの停滞が起こる原因として、以下のものがあることがわかってきた。

① 同じ仕事の継続

同じ仕事を長期にわたって続けることが停滞、特に仕事の挑戦性の停滞につながりやすいことがわかってきた。例えば、ソフトウェア技術者でも、優秀な人ほど、顧客企業先に駐在させ続け、結果的に彼らにとって本来望ましいキャリア発達の機会が制限されるという形でみられた（第8章）。ただし、従事している仕事に高い専門性を要し、職業に就くために長い教育期間を費やしてきた専門職の人々の場合は、同じ仕事の継続が停滞を起こしにくいだろう。しかしその場合でも、仕事の遂行方法を工夫して仕事の水準を専門分野の先端に近づけるなど、仕事を質的に向上させることは必要である（第1章）。

② スキルの向上につながらないような配置転換

組織のマネジメントによる原因である。同じ仕事を長く継続させないといっても、ただ違う仕事に変わればよいということではない。逆に、不本意な配置転換によって、やりたい仕事が中断したことも看護職のキャリアの停滞につながっていた（第7章）。配置転換自体は組織の都合が優先されるが、これは、働く人一人ひとりの将来のキャリア上の希望や目標と密接に関わる問題でもある。少しでもキャリアの停滞を避けるためには、本人の希望や仕事上のスキルを上

司が日常的に把握し，それをできるだけ活かしていくという（本人の事情に合わせた）個別管理の姿勢が求められる。

③ 能力の限界

これは個人的要因ではあるが，環境との関係によるところが大きい。そして，特に職業によって異なる。技術者やスポーツ選手の場合，技術的能力（技術者）や競技能力（スポーツ選手）の限界が，ほかの職業よりもキャリアの停滞の原因となっていることがわかった。その背景には，イノベーション（技術革新）の進展や種目ごとに選手に求められる技能水準の向上がほかの職業より著しいことがある。そして，加齢による肉体的衰えや後輩の台頭などの影響を受け，レギュラー落ちなどの形となって表れる（第8章，第9章）。技術者とスポーツ選手との違いは，求められる能力を発揮する期間がスポーツ選手の方が技術者より短いという点がある。それが，スポーツ選手の方が引退後のセカンドキャリアを早くから考えていかねばならない原因となっている。

1－4 キャリアの停滞の影響

キャリアの停滞の本人や組織への影響についてはどのようなことがわかってきただろうか。

昇進の停滞，特に本人が意識している場合は（主観的プラトー化），仕事に対する満足感，組織に対するコミットメントやこれまでの自分のキャリアに対する満足感などを低下させ，転職意思や仕事上のストレスなどを高めることがわかった。また，周囲から停滞していることが明らかにわかる場合（客観的プラトー化），その他の態度には影響しなかったが，組織に対するコミットメントや転職意思に主観的プラトー化と同様の傾向を示した。すなわち，昇進の停滞は，特に所属する組織への直接の評価にかかわる態度や行動にマイナスに影響する。

仕事の挑戦性の停滞も仕事に対する満足感，組織に対するコミットメントやキャリアに対する満足感などを低下させ，転職意思などを高めることが見出された。さらに，昇進の停滞，仕事の挑戦性の停滞の両方に陥った状態の方が，

一方の状態よりマイナスの影響が大きかった（第1章）。これは，キャリアドリフトでも同様であり，キャリアへの関心が低い人は，自社への愛着や一体感も低下する傾向がみられた（第3章）。しかし，キャリアドリフトの場合，組織を離れることで失うものが大きいために辞めないでいるという組織に対する消極的なコミットメントは高い傾向がみられた。さらに，見通し不全型の停滞に陥った人の方が，意欲喪失型の停滞の人よりも強く転職等を志向していた（第5章）。組織は，中年期にある社員が見通し不全型の状態にあるときに何らかの手を打たないと，有能な人材のリテンション（定着）に失敗する可能性が高いだろう。

以上からも，キャリアの停滞をある程度細分化して考えていく必要が示されている。なぜなら，人は昇進だけ，仕事だけをそれぞれ目標として生きている訳ではないからだ。昇進の可能性が低ければ仕事のやりがいで補うということがキャリアの停滞のマイナスの影響を少しでも低くしていくために必要であることがわかった。ここには当然ながら，組織の果たす役割は大きい。

1－5　キャリアの停滞に対する本人の対処

キャリアの停滞に対して本人が対処できることとして，以下のことがわかってきた。

① キャリアの核となるような仕事経験

仕事の停滞の解決策として，今後の自分のキャリアの核となるような仕事経験を積むことの重要さが指摘された（第5章）。そのためには，多くの組織で設けられている自己申告の機会を利用して，自分が携わりたい仕事への変更を人事部門等に打診することも必要となるだろう。また，以上の前提として，本人が自分の将来のキャリアについて考え，何が今後の自分のキャリアの核となるのかを把握しておく必要があるだろう。それこそが，キャリアデザインである。

② 仕事の意味づけ

キャリアの停滞，特に仕事における停滞の解決において重要なのは，現在の

自分の仕事を自分自身でどのように意味づけをしていくかである（第1，7章）。例えば，停滞時には，自分が組織において貢献したい仕事上の分野や貢献のあり方と組織が本人に貢献を求める分野とにずれが生じている。それに対して，停滞状態から脱却できている場合には，他者に相談することや，目の前の仕事の中に自分の貢献できる価値を見つけることや，新天地を模索することなどの行動を主体的に行うことで，みずからの意思でそのずれに折り合いをつけていた（第5章）。このように，仕事や環境が変わらなくても，いわゆる「気持ちの持ちよう」で，停滞状態の自分へのマイナスのインパクトを弱めることは可能だろう。

③ 覚 悟

これも，②と同様に，仕事に対する自分の意識の問題である。「もうこの職場しかない」，「この仕事で一生やって行く」という覚悟を決めることで，逆境や停滞している状況にも適応しやすい（第4章）。これは，現代のように，特に好景気の際には転職しやすい時代には，万人にとって可能ではないだろう。しかし，このように自分の生きていく道をあえて絞っていくことも1つの方法だろう。

④ 過去を振り返り，別の解釈をあてはめる

「昇進こそが成功」，「仕事第一」などは，誰かに押し付けられた「物語（ストーリー）」であり，そこで自分が停滞しているということは，そのストーリーに自分が適合していないと考えられる。例えば，「昇進こそが成功」という物語に縛られることで，昇進の停滞が，人生に行き詰まりを感じ，生き生きとした喜びや興奮を感じなくなるライフ・プラトー現象に進行しないとも限らない。その場合，自分に合ったより望ましい結果をもたらす別のシナリオを考えていく必要があるかもしれない（第4章）。

⑤ キャリア上の戦略

これは，自分のキャリア上の目標を達成するための行動を意味する。昇進に

おいては上司の推薦が重要なことから，上司により大きな責任を引き受けたいとアピールする，自分の業績，希望や目標を上司にわかってもらうなどの自己推薦行動があげられる。社内に人的なネットワークをつくり，昇進に有用な情報やサポートを獲得するというネットワークの構築も重要である。また，自分の現在の業績やそれに対する周囲の評価などから，自社で昇進や望む職務に就くことが困難な場合，転職によって昇進等を勝ち取ることも考慮に入れる必要がある（第1章）。職場で与えられた仕事を着実にこなしていくことが，組織内のキャリア発達の基本ではあるが，それだけでは十分ではない。そのため，上記のような行動を普段から意識してとっていくことも求められる。

1－6　キャリアの停滞に対する組織の対策

　キャリアの停滞は，それが社員のモチベーションを低下させたり，退職に結びつく場合，組織にマイナスの影響を与えると考えられる。それを防ぐために，組織はどのような対策を講じるべきだろうか。

① 昇進の停滞への対策

　専門的知識・スキルを持つ社員の専門的能力を評価するため，管理職以外のポストを設け管理職と同様に処遇する**専門職制度**，50歳などある一定年齢に達した管理職の役職を解く**役職定年制**，知識や経験の豊かな人々（メンター）がそれらの未熟な人々に対し，組織内のキャリア発達を促進するための助言等の支援活動を継続して行う**メンタリング**などが有効である可能性が示された（第1章）。これらは，長期的な人材育成など，いずれも長期的な視点に立って一人ひとりの社員のキャリアの発達に役立つことを目的としている点が共通している。

② 仕事の停滞への対策

　社員の能力開発のため，事前に決められた計画に基づき定期的に職務の異動を行う**ジョブ・ローテーション**，欠員の発生，新規事業への進出や，プロジェクトチームをつくる場合，担当職務を社内に事前に開示し，従事したい社員を

募集する**人材公募制度**などである（第1章）。その他，定期的に仕事の意味や価値を見直し，日々の仕事の振り返りを行うような機会を提供することが，成長の気づきにつながる可能性が高い。具体的には，専門家による**キャリアコンサルティング**等である（第8章）。これらはいずれも，社員のモチベーションを高めるために職務を変更するという観点と，本人の自律性を尊重しようという観点に基づいているといえよう。

③　上司による部下の停滞への対策

上司が自分の権限を部下に委ね，任せる**権限委譲**を進めることで，仕事の挑戦性の停滞だけでなく，昇進の停滞や中心方向への移動の停滞にも効果がある可能性が示された（第1章，第6章）。しかし，権限移譲は以前より困難で専門性の高い仕事を任せることも多いため，徐々に困難度を増していくような配慮や失敗した場合のフォローなどを管理職が的確に行うよう，組織全体での体制づくりが必要だろう。

全体として，高齢化や高学歴化などの構造的要因や企業の業績等の影響を強く受け，変化させにくい昇進の停滞に対するより，仕事の停滞に対する対策の方が効果が高いといえる。

第2節　今後の課題

前節では，各章の内容をまとめ，その共通点などから，キャリアの停滞やそれに対する対策としてわかってきたことを述べた。本節では，キャリアの停滞の研究を今後発展させていくために必要な課題に触れていきたい。

2-1　より広い観点からのキャリアの停滞の検討

働く人のキャリアの停滞には多様な形があることがわかった。しかし，キャリアの停滞はこれらだけではない。特に，組織で働く人のキャリアの停滞として今後検討が必要になると思われるものを，2つの観点から提示したい。

① 部署への配属という観点からのキャリアの停滞

　部署（部や課）の異動の停滞，つまりある部署に長期間配属されることもキャリアの停滞と考えられるだろう。これは内容プラトー現象と似ているが，ここでは，挑戦性など仕事自体の停滞というより，部署異動自体の停滞を示す。わが国の組織では，社員はまず社内の部署（人事課等）に配属された後，部署内で上司によって具体的な仕事（採用業務等）が割り当てられることが多い。通常，部署内の職務は特定の分野に限定される（人事課であれば，採用，能力開発，評価，給与，労務等の人事分野）ので，どの部署に配属されるかは担当する仕事が決まる大きな要因になる。つまり，部署の異動を意味する人事異動や配置転換が停滞することは，仕事の面からみた社員のキャリアの幅を狭めることにつながる。こうした配属における停滞は，配属プラトー現象（山本，2014）と呼ばれるが，一般に部署への（人材の）塩漬けと呼ばれることもある。

　チームワークやチームでの労働など集団主義的な仕事のやり方が重視されるわが国の組織では，仕事内容とは別に，人間関係の重要性が指摘されている（山本，1990）。すなわち，特定の部署に長く配属されることは，人間関係の固定化につながることもあり，良し悪しは別として，本人へのインパクトは大きい。

　配属における停滞は期間の長期化などの形式的側面を意味するだけではない。中心方向への移動（第2章）で取り上げられた，ある時期までに就いていないとその後の昇進に不利になる「重要なポジション」や，組織でエリートコースと考えられている部署に配属されていないという（配属先の）内容（偏り）も含むだろう。また，配属における停滞は，スポーツ選手の所属チームや競技上のペアとの関係でも十分考えられる。所属チームやペアの変更や逆に変更しないことは，その後の競技成績やアスリートキャリアに影響するだろう。

　もちろん配属における停滞は，一概にマイナスの効果をもたらすとは限らない。研究開発部など業務内容が専門的で，専門知識が必要な部署では，配属期間の長期化により類似した職務を長く担当することになる。その結果，社員のスキルが高まり，組織にプラスになるということも考えられる。逆に，短期間に頻繁に部署が変わり，その結果，職務が次々と特に関係性の低い職務間で変

わることは，それまで蓄積してきたスキルの拡散を招きプラスにならないことが多い。

このように重要な配属における停滞であるが，わが国の組織における実態はほとんどわかっていない。わずかに行われた大企業の課長対象の調査では，昇進の停滞との関係が検討された（山本，2014）。その結果，社員の昇進の停滞が比較的進んでいない企業の部署（課）への配属期間の平均は4年から5年であり，それを短期化しても長期化しても停滞を防ぐことは困難であることが示された。また，現在の課における配属期間が長い課長の昇進が停滞しているほど，仕事へのコミットメントが低いとともに転職意思が高く，両方の停滞が重なることでよりマイナスの影響を及ぼす可能性が示された。今後，キャリアの停滞の新しい形として，実態調査がより行われる必要があるだろう。

社員の部署への配属は適性配置が理想である（第1章）。しかし現実には，配属は人員の過不足など組織の事情で決定されることが多い。配属における停滞に対処していくには，組織や職場の上司が，社員一人ひとりの能力，それまでの社内でのキャリアや本人の意向を十分考慮して，配属期間や配属先を決めていくことが求められる。さらに，第1章で取り上げたジョブ・ローテーションを活性化させることや人材公募制度を導入すべきだろう。

② 能力や成果の観点からのキャリアの停滞

技術者やスポーツ選手のキャリアの停滞には，能力の限界が深く関わっていることが示された（第8章，第9章）。しかし，この点は技術者やスポーツ選手に限らない。もともと，キャリアには，職業経歴という意味のほかに，職業的技能（スキル）という側面があり，キャリアの発達はスキルの向上と関係が深い（山本，2008）。また，能力主義や成果主義という言葉が普及し，仕事が「できる，できない」，成果を「挙げる，挙げない」ということが以前よりずっと意識されるようになってきた。しかし，そもそも何もしないで，ずっと仕事が「でき」続けるということの方が難しい。長い間には，仕事の内容自体変わるだろうし，その仕事がずっと存続するかどうかもわからない。ライバルだけでなく後輩に負けることもあるだろう。すなわち，自分が変わらなければ，もっ

といえば学習し続けなければ，能力はいつか限界を迎えるということはどんな分野でも考えられるのである。このように，長期的なキャリアの停滞を考える場合でも，まず自分の能力や成果について考えていく必要性は高い。企業に入社してすぐの若手社員は，まずは最初に配属された部署で上司から指示された仕事を人並みにこなしていく能力を身につけることが最優先であろう。また，それまでいくつかの仕事をこなしてきた中高年社員は，環境変化に対応してさらに高度な仕事をこなす能力を身につけ，成果を挙げる必要がある。

それでは，能力や成果の観点からみたキャリアの停滞として，今後どのようなものを考えていく必要があるだろうか。個別の職業，職種ごとに考えると過度に細分化した議論になるため，ここでは，多くの組織で採用されているマネジメントの観点から考えてみたい。

近年では，潜在的な能力だけでなく，それを発揮して成果につなげるという成果主義の観点が重視され，社員のコンピテンシーが注目されてきた。これは，社内で高い業績・成果を生み出すために求められる社員の具体的な行動特性を示す。多くの職務に共通するコンピテンシーの項目として，プレゼンテーション，傾聴，情報の収集・整理・活用・発信などが挙げられる。そして，多くの企業がコンピテンシーに基づいた社員の採用，研修や評価を行うようになってきた。例えば，自社で成果を上げている社員の行動を評価の基準にすれば，どの社員にどのような能力，そしてそのための行動が不足しているかが把握できる。いい換えると，社員にコンピテンシーを身につけてもらうことは，社員としてキャリアの停滞を少しでも遅らせる組織のマネジメント手法と考えられる。逆にいえば，コンピテンシーに基づく社員の評価制度を導入している企業では，その評価が低いことがキャリアの停滞の指標となる。今後は，コンピテンシーと社員の評価との関係や社員の意識への影響などをより詳細に検討していく必要があるだろう。

コンピテンシー以外にも，必要とされる能力，資格や成果からみて，キャリアの停滞として考えられるものは存在する。例えば，第1章で取り上げた職能資格制度を導入している企業では，職能資格滞留期間が長いことがキャリアの停滞の指標となるだろう。

さて、これら以外にも、21世紀に生きるこれからの人々のキャリアの停滞として考えられるものがあるに違いない。今後とも、それらを探索していく必要があるだろう。同時に、本書で明らかにされた多様なキャリアの停滞を含む、働く人のキャリアの発達全体を見据えた、広い意味での「キャリア」の停滞とはどのようなものかを明らかにしていくことも求められる。

2-2 キャリアの停滞の国際比較の必要性

キャリアの停滞、特に昇進の停滞という現象自体は、わが国だけでなくほかの国々でも発生している（第1章）。それでは、キャリアの停滞は国が違っても同じようにみられるのだろうか。それとも、働く人や組織の所属する国の文化の影響を受け、大きく異なるものだろうか。キャリアの停滞における文化の違いをみていくにあたり、典型的なキャリア発達である昇進に関するわが国と諸外国との文化的な違いとして、「ゆっくりとした昇進」を考えてみよう。

これはわが国の組織でみられてきた慣行であり、入社後一定期間は同期入社社員（同じ年に入社した社員）の間で処遇上の差をつけないこと（横並び昇進）などによって、昇進が諸外国の組織より一般に遅いというものである（小池, 1981；労働政策研究・研修機構, 1998）。その結果、昇進に初めて差がつき始める時期や同期入社社員の多くが昇進の停滞を迎える時期が、わが国では遅く、欧米では早い（佐藤, 2002）。わが国の組織では一般に昇進の選抜が遅く、欧米の組織では早いといい換えてもよい。結果として、わが国の企業で経営トップに就任する人の平均年齢は他国と比較して高いことがいくつかの調査からわかってきている。これは、進出国において能力の高い人材がわが国の企業への入社を避ける大きな要因にもなっている（陳, 2013）。キャリアの停滞（またはその予想）が、組織に及ぼすマイナスの影響といえよう。また、ゆっくりした昇進によるキャリアの停滞が自身に及ぼすマイナスのインパクトは大きく、辞めてしまうことも多い。

ゆっくりとした昇進以外にも、わが国と諸外国との文化的な違いとしてよく挙げられるのが、内部昇進である。内部昇進とは、学校卒業以降転職せず1つの組織で勤務してきた社員（生え抜き社員）が昇進者の大半を占める、または

昇進に有利になるという慣行である。これに対し，欧米では転職経験者など外部からの直接採用者の比率が高い。これについては，わが国企業の社員を対象に，生え抜き社員と転職経験者の昇進の停滞の違いが調査されたが，全体として違いはみられなかった（山本，2014）。しかし，外国の組織と比較した調査はみられていない。

　さらに，仕事に関する文化的な違いとして，わが国の組織では，欧米よりチームワークやチームでの労働など集団主義的な仕事のやり方が重視されてきた。これも，重視されるようになってきた仕事におけるキャリアの停滞にどのように影響するかが注目される。

　また，キャリアの停滞やその逆の発達が社員に及ぼす影響に文化の違いがみられることもあるだろう。例えば，わが国企業の調査によると，社内の有望なキャリアパス（ある職位や職務に就くために必要な職務経験や異動のルート）の存在は，日本人社員の転職意思には影響しなかったが，中国人社員の転職意思にマイナスに影響し，そこにおける文化的な違いが示されている（瀧本・入江・王，2013）。

　本書で検討されたのはわが国におけるキャリアの停滞だけである。しかし，自分のキャリアを発達させていくことは文化の違いを越えて働く人すべてが求めることだろう。もともと，キャリアの停滞，特にキャリア・プラトー現象の研究は欧米で始まり，アメリカを中心とする欧米文化のもとにある組織の社員を対象に調査されてきた。欧米文化と異なることが予想される非欧米圏の国々を対象とした研究はまだまだ少ない。そこで，これからは非欧米諸国を含むような国際的な比較調査をする必要があるだろう。それによって，グローバル化が進展する中，国による文化の違いがキャリアの停滞に影響するかどうかが明らかにされる。

　その結果，企業経営の観点からいえば，多国籍企業のマネジメントに役立つデータが得られるだろう。近年，グローバル化の進展によって，多くの国で企業活動を展開する多国籍企業が増え，そこで仕事をする人々も増加している。多国籍企業では，所属する社員の（文化などの）多様性に配慮する必要がある。同時に，当然のことながら，1つの組織としてのまとまりも求められる。つま

り，文化の多様性に配慮しながらも，すべての社員がキャリアを発達できるような環境もつくっていかなければならないのだ。

　これはわが国でも同様である。まえがきや第6章でも触れられているように，近年わが国でも，社員自身および組織のマネジメントにおいて社員のキャリアを考えていく必要性が高まってきた。多くの人が目の前の仕事をこなしていくことだけではなく，就職，昇進，転職などの節目において長い目で自分のキャリアについて考えるようになってきたのである。また，組織もキャリア・デザイン研修[1]や社内人材公募制度（第1章）など，長期的な視点で社員のキャリア発達に役立つことを目的とした制度を導入するようになってきた。それに加えて，少子高齢化の急速な進行で国内市場の成長が望めない中，わが国の多くの企業は多国籍企業化していかなければならない。このように，わが国でも働く人のキャリアの重視と，（多くの人が自分のキャリアを発達させる場である）企業のグローバル化とが同時並行で進展してきたのである。本書がテーマとするキャリアの停滞についても，各方面からの協力を得た国際的な比較調査が求められるようになってきたといえよう。

第3節　結　語

　さて，賢明な読者の皆さんはすでにお気づきであろう。キャリアの停滞について述べてきた本書の多くの章で，同時に，役員への昇進，希望の部署への異動などキャリアの発達についていろいろな角度から触れられていることに…。結局のところ，キャリアの停滞とキャリアの発達とは合わせ鏡であり，もしあなたがご自分のキャリアの停滞に悩んでいるとしたら，それはとどのつまり，キャリアの発達を考えているということにつながるのである。異動をきっかけに，また異動や昇進をしなかったことをきっかけに，さらには，職場で仕事をしながら何気なくでも，自分のキャリアというものを意識するとしたら，それを是非大切にしてほしい。そのきっかけには，本書で触れた停滞という状況が含まれているかもしれないからだ。そしてそれは，自分にとっての将来のキャリアの発達を考えていく出発点になるからだ。

【注】

1）キャリア・デザイン研修

社員が自律的にキャリアを発達させることを支援するために実施される研修である。現在自分の持っているスキルを見つめ直す，強みを活かせるキャリアについて考える，これからのキャリアの方向性を明確にする等の内容を含む。

引用文献

陳宇蔚　2013　中国における日系企業のイメージと大学生が企業に求めること．リクルートマネジメントソリューションズ組織行動研究所研究レポート，**91**
http://www.recruit-ms.co.jp/research/report/120328_01.html

小池和男　1981　日本の熟練―すぐれた人材形成システム　有斐閣．

労働政策研究・研修機構（旧日本労働研究機構）　1998　国際比較：大卒ホワイトカラーの人材開発・雇用システム―日，米，独の大企業（2）アンケート調査編，調査研究報告書，**101**．

佐藤博樹　2002　キャリア形成と能力開発の日米独比較　小池和男・猪木武徳（編）ホワイトカラーの人材形成―日米英独の比較　東洋経済新報社，pp.249-267．

瀧本麗子・入江崇介・王鍼　2013　日本企業における中国人従業員の定着と活躍の促進要因に関する研究―上司との関係性および日中比較の観点から―　経営行動科学学会第16回年次大会発表論文集，327-332．

山本　寛　1990　職務満足と企業組織に関する実証的研究―電気機器製造会社の技術者を対象として―　応用心理学研究，**15**，17-28．

山本　寛　2008　転職とキャリアの研究［改訂版］―組織間キャリア発達の観点から　創成社．

山本　寛　2014　昇進の研究［増補改訂版］―キャリア・プラトー現象の観点から　創成社．

事項索引

A–Z
- M&A……………………………………42
- M-GTA…………………………………186
- OJT………………………………………30

ア
- アイデンティティ……………………204
- アウトプレースメント………………204
- アスリートキャリア…………………207
- ──発達段階モデル…………………209
- 新たなキャリア概念…………………141
- 移動………………………………………146
- 意欲喪失型の停滞感…………………110
- インフルエンス効果……………………37
- エンプロイアビリティ…………137, 216
- 遅い昇進…………………………………46
- オーバートレーニング症候群………213

カ
- 階層プラトー（現象）……4, 11, 20, 106
- 学習曲線………………………………217
- 学習者（新人）……………………………8
- 学習性無力感…………………………202
- 看護職者のキャリアの停滞…………164
- 看護職の基礎教育制度………………158
- 看護職の資格制度……………………157
- 管理職志向……………………………112
- 管理職の水膨れ………………………137
- 企業特殊的能力…………………………47
- 技術者年齢限界説……………………179
- 技術的能力の限界……………………178
- 期待価値理論…………………………108
- 期待理論…………………………………33
- 技能形成…………………………………31
- 客観的なプラトー（化）………8, 14, 56
- キャリア……………………2, 135, 204
- キャリア・アンカー………125, 178, 205
- ──理論………………………………219
- キャリアカウンセリング……………227
- キャリア教育…………………………227
- キャリアコンサルティング…………200
- キャリア・サバイバル………………125
- キャリアサポート……………………218
- ──センター…………………………224
- キャリア成熟…………………………221
- キャリア戦略……………………………17
- キャリアチェンジ……………………124
- キャリア中期…………………………164
- キャリア・デザイン……………………56
- ──研修………………………………253
- キャリア・トランジション…………212
- キャリア・ドリフト……………………52
- キャリアの危機………………………117
- キャリアの継続………………………184
- キャリアの停滞………………2, 55, 251
- キャリアパス…………………………252
- キャリア発達……………………………19
- ──理論………………………………205
- キャリア・プラトー（現象）……3, 55, 106, 142
- キャリア・ホープ………………………79
- キャリアマネジメント………………204
- キャリア・ミスト…………………55, 77
- ──＝ドリフト・マトリクス…………60
- キャリア・ライン………………………63
- キャリア・リニューアル……………124
- キャリア理論…………………………205
- 給与……………………………………152
- 境界のないキャリア（boundalyless career）……………55
- 競技参加動機…………………………211
- 競技不適応……………………………214
- クリニカルラダー（臨床看護実践能力習熟段階）………………………160
- グループダイナミクス（集団力学）…227

計画的偶発性理論……………………228
計画のグレシャムの法則 ………………65
結晶性知能……………………………180
権限委譲 ………………………23, 152
堅実な人々（有能なプラトー状態の
　人々）……………………………7, 8
現職位在任期間…………………………9
高度実践看護師………………………159
個人的にプラトー化した人々 …………8
コース別人事 …………………………32
古典的加齢パターン…………………180
コーピング……………………………208
コミュニケーション教育……………213
コンサルテーション…………………227
コンセプチュアル・スキル…………221
コンピテンシー………………………250

サ

ジェネラリスト………………………160
死観学理論……………………………205
シグナリング効果 ……………………37
自己申告 ………………………………24
自己推薦 ………………………………17
仕事競争 ………………………………30
仕事志向 …………………………113, 122
仕事人 ………………………………112
仕事（の）内容のプラトー …106, 107, 109
仕事におけるキャリアの停滞 ………18
仕事の動機づけ
　（work motivation）………………105
仕事をすることの心理
　（work psychology）………………105
自己認識トレーニング………………208
実践的キャリア・サポート…………223
社会化段階 ……………………………54
社内人材公募制度 ……………………24
従業員のプラトー化の進行段階……110
就業体験（インターンシップ）……224
修正版グラウンデッド・セオリー・
　アプローチ ………………………186
集団不適応……………………………213
主観的キャリアの成功………………124

主観的（な）プラトー（化・状態）
　………………………8, 14, 56, 168
昇進におけるキャリアの停滞 …………4
昇進のプラトー ………106, 107, 109
情報の非対称性…………………………47
処遇的専門職 …………………………15
処遇の資源 ……………………………31
職業上のストレス対処………………119
職能資格 ………………………………49
　────滞留年数 ………………11
職務特性理論…………………………107
女性技術者……………………………184
ジョブ・ローテーション ……………23
自律型キャリア………………………139
新天地志向……………………………111
心理的免疫機構…………………………95
進路（職業）選択理論………………205
スキル概念……………………………221
スター …………………………………8
ストレス………………………………207
　────コーピング……………227
　────耐性………………………208
　────反応………………………214
　────フリー……………………215
　────フル………………………215
　────マネジメント……………215
　────要因………………………208
ストレッサー…………………………214
スピルオーバー………………………207
スペシャリスト………………………161
スポーツ心理学………………………226
スポーツ選手…………………………204
スランプ…………………………1, 215
成人キャリア成熟理論………………221
セカンドキャリア……………………212
全員専門職 ……………………………16
専門看護師………………………159, 161
専門職志向……………………………112
専門職制度 ……………………………15
組織階層………………………………151
組織開発………………………………208
組織間キャリア………………………140
組織コミットメント……………………73

組織志向 …………………………113, 122
組織社会化 …………………………125
組織人 ………………………………112
組織心理学 …………………………226
組織的介入 …………………………208
組織的にプラトー化した人々 ………8
組織的要因 …………………………143
組織内キャリア ………………54, 140
── 発達 ……………………209
組織の三次元モデル ………………28
組織のフラット化 …………………137
ソーシャルサポート ………………208

タ

ダイバーシティ（多様性）…………229
──・マネジメント ………………138
多重役割 ……………………………207
── コンフリクト（葛藤）………213
漂い型のキャリア・ドリフト ………57
ダブルプラトー ……………………24
チームビルディング ………………213
中堅 …………………………………164
── 看護職者のキャリアの停滞
　　　　　　　　　　　　168, 169
中心方向への移動 …………………27
── の停滞 ………………………41
中年期の危機 ………………………62
抵抗段階 ……………………………10
ディスインセンティブ効果 ………49
適性配置 ……………………………23
テクニカル・スキル ………………221
伝統的なキャリア概念 ……………140
特定看護師 …………………………163
トランジション ……………………204
ドロップアウト ……………………212

ナ

内部昇進 ………………………38, 251
内容（的）プラトー（現象）……4, 19, 20,
　106, 148
流され型のキャリア・ドリフト ……57
ナースプラクティショナー ………159
ナラティヴ・アプローチ ……………98

認知バイアス ………………………95
認定看護管理者 ……………………162
認定看護師 …………………………161
ネットワークの構築 ………………17
年功主義 ……………………………197
年齢限界意識 ………………………180
能力限界感 …………………………179
ノン・プラトー ………………………8

ハ

バイオフィードバック ……………208
配属プラトー現象 …………………248
バウンダリーレス・キャリア……117, 141,
　204
ハーディネス ………………118, 208, 227
バーンアウト理論 …………………222
ピークパフォーマンス ……………215
ビジネスキャリア …………………207
ビジネス・プロフェッショナル …195
ヒューマン・スキル ………………221
ピラミッド型 ………………………139
ファシリテーター（変革推進者）…226
ファスト・トラック …………………36
フォルトライン（断層線）…………229
服従段階 ……………………………10
部内者化 ………………………19, 28, 54
プラトー ………………………1, 217
── 化の抑制 ………………171, 172
プロスポーツ選手 …………………204
プロティアン・キャリア ……117, 124, 141
プロフェッショナル・プラトー …109
本格的専門職 ………………………15

マ

見通し不全型の停滞感 ……………110
ミドルキャリア ………………………55
無用な人々（無能なプラトー状態の
　人々）………………………………7
メンター ……………………………211
メンタリング ………………………16
メンタルヘルス ……………………218
燃え尽き（バーンアウト）症候群 …213

ヤ	
ヤーキーズとドットソンの法則	215
役職階層	137
役職定年制度	16
役割葛藤	207
役割卒業理論	205
ゆっくりとした昇進	251
横並び昇進	251

ラ	
ライフキャリア	206
ライフコース理論	205
ライフ・プラトー現象	13
ラベリング	196
リアリティ・ショック	62, 211
理性的対応段階	10
リテンション・マネジメント	14
流動性知能	180
リラックス法	208
レジリエンス（精神的回復力）	118
労働市場	47
老年学理論	205
ローテーション制度	199

人名索引

<A-Z>

Allen, T. D.	25
Bardwick, J.	10, 13, 19
Ding, D. Z.	6
Eby, L. T.	25
Ference, T.	4, 7
McCleese, C. S.	25
Poteet, M. L.	25
Rosenbaum, J. E.	11
Russell, J. E. A.	25
Salami, S. O.	17
Schein, E. H.	20
Stoner, T.	4
Warner, M.	6
Warren, E. K.	4
Wen, C. Y.	6
Xiao, X. H.	6

<ア>

入江崇介	252
王　鍼	252

<カ>

川喜多喬	16
小池和男	251
高齢・障害・求職者雇用支援機構	15

<サ>

佐藤博樹	251
佐野陽子	16
シャイン（Schein, E. H.）	27, 146

<タ>

田尾雅夫	3
瀧本麗子	252
陳　宇蔚	251

<ヤ>

山口祐子	17
山本　寛	4, 9, 11, 13, 14, 248, 249, 252

<ラ>

労働政策研究・研修機構	251

《編著者紹介》

山本　寛（やまもと・ひろし）

早稲田大学政治経済学部卒業。
その後，銀行などに勤務，大学院を経て，現在青山学院大学経営学部・大学院経営学研究科教授。博士（経営学）。メルボルン大学客員研究員歴任。日本労務学会賞（奨励賞），経営科学文献賞，日本応用心理学会奨励賞，日本労務学会賞（学術賞），経営行動科学学会優秀事例賞，青山学術褒賞受賞。
＜専門領域＞人的資源管理論　組織行動論　キャリア・ディベロップメント
＜主要業績＞
著書（単著）：『昇進の研究［増補改訂版］―キャリア・プラトー現象の観点から―』（創成社 2014 年），『働く人のためのエンプロイアビリティ』（創成社 2014 年），『人材定着のマネジメント―経営組織のリテンション研究』（中央経済社 2009 年），『自分のキャリアを磨く方法―あなたの評価が低い理由』（創成社 2008 年），『転職とキャリアの研究［改訂版］―組織間キャリア発達の観点から』（創成社 2008 年）。
著書（主な共著・分担執筆）：『マネジメントの心理学―産業・組織心理学を働く人の視点で学ぶ』（ミネルヴァ書房 2014 年），『企業力を高める―女性の活躍推進と働き方改革』（経団連出版 2014 年），『産業・組織心理学―変革のパースペクティブ』（福村出版 2010 年），『現代の人的資源管理』（学文社 2004 年），『人的資源管理要論』（晃洋書房 2000 年）。その他論文多数。
e-mail：yamamoto@busi.aoyama.ac.jp
研究室ホームページ http://yamamoto-lab.jp/

（検印省略）

2016 年 5 月 20 日　初版発行　　　　　　　略称―キャリア停滞

働く人のキャリアの停滞
―伸び悩みから飛躍へのステップ―

編著者　山本　寛
発行者　塚田尚寛

発行所　東京都文京区春日 2-13-1　株式会社 創成社

電　話　03（3868）3867　　FAX　03（5802）6802
出版部　03（3868）3857　　FAX　03（5802）6801
http://www.books-sosei.com　振替　00150-9-191261

定価はカバーに表示してあります。

©2016 Hiroshi Yamamoto　　組版：緑舎　　印刷：エーヴィスシステムズ
ISBN978-4-7944-2480-8 C3034　製本：宮製本所
Printed in Japan　　落丁・乱丁本はお取り替えいたします。

―――― 経 営 選 書 ――――

働く人のキャリアの停滞 ―伸び悩みから飛躍へのステップ―	山本　寛	編著	2,650円
昇　進　の　研　究 ―キャリア・プラトー現象の観点から―	山本　寛	著	3,200円
転職とキャリアの研究 ―組織間キャリア発達の観点から―	山本　寛	著	3,200円
働く人のためのエンプロイアビリティ	山本　寛	著	3,400円
イチから学ぶビジネス ―高校生・大学生の経営学入門―	小野正人	著	1,700円
脱コモディティへのブランディング ―企業ミュージアム・情報倫理と「彫り込まれた」消費―	白石弘幸	著	3,100円
やさしく学ぶ経営学	海野　博 畑　　隆	編著	2,600円
豊かに暮らし社会を支えるための 教養としてのビジネス入門	石毛　宏	著	2,800円
テキスト経営・人事入門	宮下　清	著	2,400円
東北地方と自動車産業 ―トヨタ国内第3の拠点をめぐって―	折橋伸哉 目代武史 村山貴俊	編著	3,600円
おもてなしの経営学［実践編］ ―宮城のおかみが語るサービス経営の極意―	東北学院大学経営学部 おもてなし研究チーム みやぎ おかみ会	編著 協力	1,600円
おもてなしの経営学［理論編］ ―旅館経営への複合的アプローチ―	東北学院大学経営学部 おもてなし研究チーム	著	1,600円
おもてなしの経営学［震災編］ ―東日本大震災下で輝いたおもてなしの心―	東北学院大学経営学部 おもてなし研究チーム みやぎ おかみ会	編著 協力	1,600円
イノベーションと組織	首藤禎史 伊藤友章 平安山英成	訳	2,400円
経営情報システムとビジネスプロセス管理	大場允晶 藤川裕晃	編著	2,500円

（本体価格）

―――― 創 成 社 ――――